MANAGING CONVERSATIONS IN SPANISH

SECOND EDITION

¡Imagínate!

Kenneth Chastain
University of Virginia

Gail Guntermann
Arizona State University

Claire Kramsch, Series Editor
University of California at Berkeley

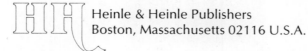

Heinle & Heinle Publishers
Boston, Massachusetts 02116 U.S.A.

S0-BYC-883

Publisher: Stanley J. Galek
Editorial Director: A. Marisa French
Assistant Editor: Erika Skantz
Project Coordinator: Kristin Swanson
Production Supervisor: Patricia Jalbert
Manufacturing Coordinator: Lisa McLaughlin
Text Design: Judy Poe
Cover Art and Design: Judy Poe
Illustrator: Len Shalansky

Copyright 1991 by Heinle & Heinle Publishers.

All rights reserved. No part of this publication may be
reproduced or transmitted in any form or by any means,
electronic or mechanical, including photocopy, recording, or
any information storage and retrieval system without permission
in writing from the publisher.

Heinle & Heinle Publishers is a division of Wadsworth, Inc.

Manufactured in the United States of America.

ISBN: 0-8384-1968-2

10 9 8 7 6 5 4 3 2 1

Since this Managing Conversations series first came out in 1985 for German and 1987 for French and Spanish, many advances have been made that can increase the oral proficiency of language learners. The importance given to interaction in the classroom, the emphasis put on natural forms of speech and the use of authentic materials and recordings, the suggestions made to break up the class in pairs and small groups, the development of oral proficiency tests—all these pedagogic advances have made the importance of teaching oral communication clear to everyone. But there are many ways to do so.

Some feel that it should be enough to give the students a topic of conversation and the vocabulary to go with it and to let them talk. However, even with the appropriate vocabulary, some students either don't have anything to say or feel unable to participate. Group work may remedy the situation, but some students are known to talk more than others and even to intimidate others. The term "gambit" has been used to characterize the formulaic phrases that native speakers use to take turns in conversation; if students don't talk, maybe they need a few gambits to "prime the pump." But even if they learn these gambits as they do lists of vocabulary, they still won't know when and how to use them for the desired effect.

The problem with these solutions is that they are compensatory. They leave the relationships of power and authority in the classroom intact. They leave untouched the instructional roles and relative status of teachers and students. In short, they try to teach natural discourse forms via traditional forms of schooled interaction.

The series Managing Conversations in German, French, and Spanish was designed precisely to help students make the jump from learning the forms of the language to learning how to use them in social encounters. It provides them with a variety of contexts of use in which speakers and listeners interact to achieve successful communication through speech. For each interactive strategy, both standard and nonstandard contexts are provided. The former are easier to master, and beginning learners get a sense of power when taught the essential routines and social etiquette of face-to-face interactions. The latter require general cognitive abilities to grasp the whole communicative situation and act upon it. Nonstandard contexts are more complex, but they allow for more creativity and less dependence on societal and cultural norms than standard communicative strategies. After all, it is the privilege of any learner to recognize the conventions of speech and to decide to flout these conventions!

Claire Kramsch

PREFACE

¡Imagínate! is designed for conversation courses at the "intermediate" level — the second and third years of college Spanish — or advanced high school Spanish courses. It can be used either in combination with other textbooks that have a grammatical and reading orientation, or singly as the basis for a conversation course. The beginning chapters can be used as early as the third semester. The text as a whole will challenge a fifth- or sixth-semester class. *¡Imagínate!* is flexible enough to adapt to the schedule of many classes and calendars.

Changes to the Second Edition

The second edition of *¡Imagínate!* has incorporated current research on listening comprehension and has placed more attention on setting concrete tasks for students to develop their listening strategies. Forty percent of the listening segments have been retaped for clarity. There are more preparatory and follow-up activities for each listening segment. The order of internal sections has been rearranged to accommodate the extra pre-listening activities and to facilitate the progression from one stage to another.

Principles of the Program

1. *¡Imagínate!* teaches practical strategies for effective communication in Spanish and is organized around high-frequency functions.

2. It is expected that students will bring the vocabulary and the grammatical structures with which they are already familiar as they complete the listening and conversation activities in *¡Imagínate!*.

3. The communication strategies help students recycle high-frequency phrases in their own conversations and build upon these gambits in more complex ways as they progress through the book.

4. The majority of the activities are communicative and designed for small groups of students. In the early chapters the activities require a limited number of exchanges—introductions, requests for help, and exchanges of concrete information. As the difficulty level increases, the students' abilities progress to more complex tasks such as interviews, explanations, stories, and discussions. Students do some role-playing; however, we have tried, wherever possible, to link the content of the activities to the students' own individual experiences and to ask them to work in situations that they might well encounter in a Spanish-speaking country.

5. The student audiocassette provides authentic conversations between native speakers of Spanish. Provided only with a situation and a bare outline, the native speakers interacted in the manner of improvisational theater.

6. Each chapter provides the functional vocabulary necessary to complete each task.

Components

- **Student text/tape package.** Each student text is packaged with a tape that provides three conversations per chapter. Corresponding pre- and post-listening activities are in the textbook.
- **Teacher's edition.** This edition contains the entire student textbook plus notes to the teacher, the tapescripts for the student and testing tapes, and additional writing and communicative activities.
- **Testing tape.** This tape provides additional listening segments for in-class use or testing.

Organization

¡Imagínate!, like any other text, is a tool for teachers to use. We invite you to study the format, the sequence, and the contents of this book carefully and to use it in the way that you consider best for you and for your students. However, we would like to present here a few brief comments on the text. We have included more detailed notes in the Instructor's Manual.

Each chapter begins with a short *Introducción* to the topic and to the communication function of that chapter. The purpose is to orient the students to what lies ahead and to get them into both the theme and the function(s) of the chapter.

The second section, *Escuchar y practicar*, contains the pre-listening, listening, and post-listening activities that accompany the three conversations on the student tape. The pre-listening activities are group brainstorming activities designed to recall related vocabulary and useful grammatical structures and to activate relevant and helpful schema for comprehending the to-be-assigned conversation. The listening activities are individual homework assignments designed to encourage the students to listen to the student tape at home and accomplish specific tasks, i.e., to manage successfully the task of comprehending the conversation. The post-listening activities are conversation activities designed to serve as follow-up activities in class and to give the students an opportunity to talk about the same or a related topic.

There are three major goals for this portion of the chapter. The first is affective. We hope to convince the students that they can learn to understand the message of conversations between native speakers of Spanish. The second is metacognitive. We want to help them develop strategies for coping with the often intimidating task of comprehending Spanish spoken at normal speed. The third is cognitive. We give them ideas and conversational activities related to the listening segments in the latter portions of each chapter.

In the third and fourth sections, *Actividades* and *Fuera de clase*, the text contains a variety of conversation activities for individual, pair, or group work. In fact, in most classes you will have to choose those that seem most likely to stimulate your students to participate. The principal difference between the two sections is that for the *Fuera de clase* activities, the students have some task to accomplish that involves out-of-class work such as calling someone on the phone or going to the library to look for an article in a Spanish newspaper or magazine. In both types of activities, the students have a specific communication task to complete and a report to give to the class.

Overall, the emphasis of the *Actividades* and *Fuera de clase* sections is on gaining more complete control of those strategies, functions, language components, and linguistic skills that enable speakers to interact with other speakers in the exchange of comprehensible messages.

At the end of each chapter there is a blank box for the students to list the words and phrases they would like most to remember for future use. The idea here is to provide a place for students to collect and save those words and expressions that they consider to be most important and to encourage them to think of these vocabulary and phrases as being for their personal use.

Although this is primarily a text for the development of listening and speaking skills, a few writing activities are suggested in the Instructor's Manual. In addition, the students may be better prepared for many of the speaking activities if they write out portions of the activity before coming to class.

We hope you and your students enjoy using *¡Imagínate!* and that they finish the text with much improved listening and speaking skills. We invite comments from one and all, and we extend our best wishes for a productive semester.

TO THE STUDENT

One of the goals of *¡Imagínate!* is to demonstrate to you that you know more Spanish than you think you do. In doing the activities, you should first draw on the words and structures that you already know. To the degree that you can "reactivate" this vocabulary and this grammatical knowledge, you will make great strides in developing your functional Spanish skills. You also may want to have access to a dictionary; in fact, we recommend that you get in the habit of using two dictionaries—a Spanish-English dictionary to locate the word you need and an all-Spanish dictionary to verify the exact meaning and usage of that word.

Obviously, the major part of a listening and conversation course is the work you do preparing for class and participating in the class conversation activities. You should anticipate the class activities and prepare carefully to be an active participant in each. Remember that if you want to develop listening and conversation skills, you must practice them at every opportunity. To receive the greatest benefit from the conversation activities in *¡Imagínate!*, work through the pre-listening activities, listen to the conversations and prepare for the classroom conversation activities. To the extent that you take these activities seriously, your participation in class will be that much easier and your progress will be that much greater.

The conversations you will hear on your student tape represent spontaneous and authentic interactions among native Spanish speakers. One of your major problems will be to learn to adjust to the staccato rhythm of Spanish, which makes the language sound very fast to the ear of an English speaker. In addition, you must remember that in oral speech, as opposed to written language, native speakers in any language run their words together, leaving clear separations only between groups of words. Consequently, in the beginning you will probably understand only small portions of each conversation the first time you listen to it. **Do not become frustrated!** Listen to the conversation several times following the sequence of the activities given in the text. The pre-listening, listening, and post-listening activities will help you to understand as much as necessary in order to comprehend the message, the goal of listening. Keep in mind that you do not need to understand every word to get the idea of the conversations. Gradually, with patience, practice and realistic expectations, your language ear will adjust, and your comprehension skills will surely improve.

Kenneth Chastain
Gail Guntermann

ACKNOWLEDGEMENTS

¡Imagínate! is part of a series of three conversation texts in German, French, and Spanish under the general editorship of Claire Kramsch (University of California at Berkeley). The first to appear was *Reden, Mitreden, Dazwischenreden*, authored by Kramsch and her colleague, Ellen Crocker. Appearing simultaneously with our first edition was *Du Tac au tac*, the French counterpart written by Jeannette Bragger of The Pennsylvania State University and Donald Rice of Hamline University. These books all strive to capture the newest ideas from research on the functional syllabus, discourse analysis, receptive skills, and communicative teaching methodology, and to incorporate these elements into an attractive, pedagogically exciting, and useful learning instrument.

We would like to acknowledge gratefully the contributions of the series editor, Claire Kramsch, as well as Renate Schulz, Constance K. Knop, and the following reviewers:

Second edition reviewers:

Alex Binkowski, The University of Illinois
Ed Brown, The University of Kentucky
Baltasar Fra-Molinero, Indiana University
John Gutiérrez, The Pennsylvania State University
Nancy Schnurr, Washington University
Greg Stone, Memphis State University

First edition reviewers:

Jack S. Bailey, The University of Texas at El Paso
David A. Bedford
Elaine Fuller Carter, St. Cloud State University
Raquel Halty Pfaff, Simmons College
Martha Marks
Donald Rice, Hamline University
Stephen Sadow, Northeastern University
Bill VanPatten, The University of Illinois

Special thanks go to Douglas Morgenstern of M.I.T., who helped coordinate the original recording sessions for the tapes which accompany this program.

We gratefully acknowledge the contributions of Charles Heinle, president, who supported and encouraged us during the conception of the first edition; Stanley Galek, vice president, Marisa French, editorial director, and Erika Skantz, assistant editor, who helped us convert concepts and reviewers' suggestions into the text's final format; Kris Swanson, production editor, who very ably transformed the manuscript into a textbook; Mercedes Cano and Teresa Valdivieso, who contributed many conversational expressions and improved the wording of the instructions in selected chapters; Theresa Chimienti, our copyeditor; Sarah Geoffrion, our native reviewer; Adam Wolman and Sheila McIntosh, our proofreaders; and Rudy Heller and the other native speakers who created the tape program. Many thanks to all.

Kenneth Chastain
Gail Guntermann

CONTENIDO

INTRODUCTION TO CONVERSATIONAL STRATEGIES AND LISTENING COMPREHENSION
«You can do it!» 2

Conversemos **2**   Strategies **2**   Situaciones **11**   Escuchemos **12**

1
INITIATING AND CLOSING CONVERSATIONS
«Mucho gusto!» 20

Escuchar y practicar **22**   Actividades **29**   Fuera de clase **31**

2
INITIATING AND BUILDING TOPICS
«¿Qué estudias?» 34

Escuchar y practicar **35**   Actividades **46**   Fuera de clase **49**

3
DESCRIPTION AND CIRCUMLOCUTION
«Descríbeme...» 52

Escuchar y practicar **54**   Actividades **63**   Fuera de clase **63**

4
REQUESTING AND PROVIDING INFORMATION
«¿Podría decirme...?» 66

Escuchar y practicar **67**   Actividades **78**   Fuera de clase **80**

5
PLANNING AND ORGANIZING
«Primero tenemos que decidir...» 82

Escuchar y practicar **83**   Actividades **92**   Fuera de clase **99**

6

RECOUNTING EVENTS, LISTENING TO ANECDOTES
«Erase una vez... » 102

Escuchar y practicar **103**   Actividades **112**   Fuera de clase **114**

7

MANAGING WISHES AND COMPLAINTS
«Siento tener que avisarles... » 116

Escuchar y practicar **118**   Actividades **126**   Fuera de clase **129**

8

GIVING AND RECEIVING ADVICE
«¿Qué hago?» 134

Escuchar y practicar **135**   Actividades **145**   Fuera de clase **147**

9

EXPRESSING AND REACTING TO FEELINGS
«¡Animo, amigo!» 150

Escuchar y practicar **152**   Actividades **163**   Fuera de clase **166**

10

EXPRESSING AND RESPONDING TO OPINIONS
«Pues, a mí me parece... » 168

Escuchar y practicar **169**   Actividades **178**   Fuera de clase **180**

11

ARGUING AND FIGHTING BACK
«Tengo razón o no?» 182

Escuchar y practicar **184**   Actividades **192**   Fuera de clase **196**

12

MANAGING A DISCUSSION
«En fin, creo... » 198

Escuchar y practicar **199**   Actividades **210**   Fuera de clase **212**

Introducción

INTRODUCTION TO CONVERSATIONAL STRATEGIES AND LISTENING COMPREHENSION

"*You can do it!*"

THROWING AND CATCHING THE BALL

CONVERSEMOS

YOU CAN DO IT!

Conversation is like a ball game. A good player knows how to put the ball in play, how to catch it, how and in which direction to throw it, how to keep it within bounds, and how to anticipate the other players' moves. These strategies are at least as important as having the right ball and the right equipment. We use similar strategies when carrying on a conversation.

What do you think about your ability to play the conversation game? You might think you don't have enough vocabulary. You might feel your grammar is too weak. So you don't know exactly what to say? Rest assured that most second-language learners feel the same way. That shouldn't, however, prevent you from playing the conversation game. What you need are communication strategies. They help native speakers and non-native speakers alike to communicate in real life.

Don't be hesitant; jump right in and play the game. Remember that you can get others to talk by asking for clarification or offering interpretations of things they say, you can build on what others say, and you can buy time to think of other ways of getting your ideas across. You *can* communicate effectively in Spanish!

Your efforts to communicate will improve your conversation skills, especially in the Hispanic world. Native speakers appreciate your efforts to speak their language with them, and they respond by helping you to express yourself. Keep trying, and you will be surprised at what you can do and pleased with all that you will learn.

STRATEGIES

¡Imagínate! will help you learn to use in Spanish many of the strategies for conversational management that you use in English. Since you may not be aware of all that you do in English, let's begin by reviewing a few of the techniques that are used in any language to initiate, maintain, and terminate conversations.

NONVERBAL COMMUNICATION

Much of the meaning that we receive and express is communicated in the form of gestures and body language.

<u>GESTURES</u>

A. With a classmate, describe and demonstrate the gestures that English speakers use to express the following ideas.

>ejemplo:
>I'm hungry.
>*We often rub or pat our stomachs and try to look weak and hungry.*

1. I'm thirsty. _____
_____

2. I'm angry. _____
_____

3. I don't know. _____
_____

4. That's perfect. _____
_____

5. Be careful. (Watch out.) _____
_____

6. Come here. _____
_____

7. Good-bye. _____
_____

"Ven acá."

"Adiós. Hasta luego."

B. Turn to your neighbor. Using gestures only, ask him (her) five questions. Your neighbor has to guess what the question is and answer with gestures only. Write down in Spanish the information given and check with your partner to see if this information is correct.

ejemplo:
You shiver questioningly as if to say, —**¿Tienes frío?** And your partner gestures a negative answer.

1. _____
2. _____
3. _____
4. _____
5. _____

Now here and on page 3 are some gestures from the Hispanic world. But be careful—there are differences even among Spanish-speaking countries. What is an acceptable gesture in one country may be indecent in another.

"¡Ojo!"

"¿Que se yo?"

"¿Sabes que Roberto es muy tacaño?"

"Elena bebe demasiado."

4   ¡Imagínate!

BODY LANGUAGE

C. How would you interpret the attitudes of the following people? Check with a classmate to see if he or she perceives them in the same way.

Now compare your interpretations to the following.

In Hispanic cultures, the person in the first picture might be seen as sloppy, lazy, and not very interested in other people. In some parts of the world his posture would be seen as scandalous, because one's foot should not be pointed at anyone and one's legs should not be crossed.

The second person's behavior is completely unacceptable in most of the Hispanic world, where people should keep their shoes on and their feet off tables.

Person 3 is probably quite proper and alert, to most Hispanic eyes. Again, in some cultures it is scandalous to cross one's legs.

The fourth may seem to us honest, open, and alert. To others she may appear to be overly aggressive, even challenging. In many cultures people are taught to avert their eyes, especially when talking to someone older or of higher social standing.

In the fifth picture the people are standing at a very appropriate distance for conversation by Hispanic standards. Stand close to a classmate and converse with him or her. Does it make you feel uncomfortable? What is a comfortable distance for you?

RESPONDING TO OTHER SPEAKERS

Have you ever spoken to someone who showed no response at all? How did you interpret this? To keep a conversation going, it is necessary to react to what other people say.

CH. With one or two classmates, decide on reactions in English and in Spanish to each of the following situations. What do we say when we hear such information? What do we do?

1. showing surprise: **Tu profesor(a) es en realidad un(a) espía.**

   You say: _____

   _____

   You do: _____

   _____

   En español: _____

¡Imagínese! (¡Imagínate!)	*Imagine that!*
¡No me diga(s)!	*You don't say!*
¡Qué sorpresa!	*What a surprise!*
¡Qué cosa!	*Such a thing! (Wow, really!)*

2. showing interest: **Oí que la universidad va a abrir un nuevo centro de estudios en España.**

   You say: _____

   _____

   You do: _____

   _____

   En español: _____

¿Ah?	*Oh?*
¿De veras?	*Really?*
Ah, es cierto.	*Oh, that's right.*
¡Qué interesante!	*How interesting!*
¡Buena idea!	*Good idea!*
¡Magnífico!	*Wonderful!*
No sabía eso.	*I didn't know that.*

3. showing agreement: **Los americanos deben aprender más lenguas extranjeras.**

   You say: _____

   _____

   You do: _____

   _____

   En español: _____

Es cierto.	*That's right.*
Sí, es verdad.	*Yes, that's true.*
Sí, tiene(s) razón.	*Yes, you're right.*
Estoy de acuerdo.	*I agree.*

4. asking for clarification: **El pluscuamperfecto es una forma que se utiliza para expresar una acción que tuvo lugar antes de cierto momento en el pasado.**

You say: _____

_____

You do: _____

_____

En español: _____

¿Quiere(s) decir que...?	*Do you mean that . . . ?*
No sé si comprendo bien.	*I don't know if I really understand.*
¿Qué quiere(s) decir, exactamente?	*What do you mean, exactly?*
¿Repita, por favor?	*Will you repeat that, please?*
¿Qué significa eso?	*What does that mean?*
¿Me lo quiere explicar un poco más, por favor?	*Will you explain that a little more, please?*

5. paraphrasing to check meaning: **Yo pienso que el aborto es justificable en algunos casos de emergencia personal.**

You say: _____

_____

You do: _____

_____

En español: _____

Me parece que quiere(s) decir que... .	*I think you mean . . . .*
Si no estoy equivocado(a), está(s) diciendo que... .	*If I'm not mistaken, you're saying that . . . .*
A ver si comprendo bien.	*Let's see if I understand right.*
¿Está(s) diciendo que...?	*Are you saying that . . . ?*

Use these strategies liberally, and you will encourage other people to talk with you.

GETTING YOUR FOOT IN THE DOOR

D. What would you and your classmates say in English and in Spanish in the following situations?

1. The person who is talking hesitates a moment: **Es cierto que necesitamos dedicar más recursos al mejoramiento de la educación en este país. Yo estoy en contra de aumentar los impuestos, pero, pues, este... .**

You say: _____

_____

En español: _____

Sí, pero creo que... .	*Yes, but I think . . . .*
Sí, y... .	*Yes, and . . . .*
Pero me pregunto si... .	*But I wonder if . . . .*
Ah, sí. También,... .	*Oh, yes. Also, ...*
No, pero... .	*No, but . . . .*

2. The person who is talking keeps chattering without taking a breath: **Bueno, en ese caso, lo que pienso yo es que no se puede aceptar una idea tan ridícula, yo siempre—tú me conoces bien, tú sabes como soy yo, yo digo la verdad como es y me gusta bla bla bla...**

You say: _____

_____

En español: _____

Sí, pero un momento....	*Yes, but just a minute . . . .*
No, pero, mire(a)....	*No, but look, ...*
Tengo que decir una cosa.	*I have to say one thing.*
Bueno, bueno,....	*Well, good (OK, OK), ...*
Quiero decir algo.	*I want to say something.*
Pero déjeme (déjame) decir....	*But let me say . . . .*
Pero permítame (permíteme) decir....	*But let me say . . . .*
Mire(a), yo digo que....	*Look, I say that . . . .*
Ah, y también....	*Oh, and also . . . .*
¡No diga(s) eso! Yo creo que....	*Don't say that! I think that . . . .*

3. The other person goes on talking and changes the topic in the process, but you want to comment on something he or she said earlier: **Sí, estoy de acuerdo, porque no es justo que un profesor le niegue al estudiante enfermo que tome el examen. Pero debes conocer a mi profesor de biología, que es un verdadero tirano, y....**

You say: _____

_____

En español: _____

Volviendo al tema de... ,	*Going back to the topic of . . . .*
Quiero decir que....	*I want to say that . . . .*
Quisiera volver a lo que dijo (dijiste) antes....	*I would like to go back to what you said before, ...*
Volviendo a lo que dijo (dijiste) antes,....	*Going back to what you said before, ...*
Pero volviendo al otro tema de....	*But to go back to the other topic of . . . .*

In addition to talking louder and faster, how do we keep the floor long enough to finish what we want to say?

E. Discuss what you might do in English and Spanish to accomplish the following.

1. hesitating

   We say: _____

   _____

   En español:

Eh...	*Umm . . .*
Y este...	*And uh . . .*
Y, ¿cómo era?	*And, how did it go?*
Y, usted sabe (tú sabes)...	*And, you know . . .*
Es decir,...	*That is to say, . . .*
Y, bien,...	*And, well, . . .*
Pues...	*Well . . .*
Es que...	*It's just that . . .*
Y en fin...	*And so . . .*

2. buying time

   We say: _____

   _____

   En español:

Un momento...	*Just a minute . . .*
Espere (Espera)...	*Wait . . .*
Déjeme (Déjame) pensar (ver).	*Let me think (see).*
Y... ¿cómo se llama,... ?	*And . . . what's it called, . . . ?*

3. asking for help

   We say: _____

   _____

   En español:

Ayúdeme (Ayúdame).	*Help me.*
¿Cómo se dice... ?	*How do you say . . . ?*
¿Cómo era... ?	*How was . . . ?*
¿Entiende(s)? (¿Comprende(s)?)	*Do you understand?*

4. expanding a point

   We say: _____

   _____

   En español:

Y también...	*And also . . .*
Y además...	*And besides . . .*
Y quisiera agregar (añadir) que...	*And I'd like to add that . . .*
Y, ¿qué más? Pues,...	*And, what else? Well, . . .*
¡Ah! Y también...	*Oh! And also . . .*

5. finding another way to say something when you can't think of a word or expression (circumlocution)

We say: _____

_____

En español: _____

Oh, ¿cómo es que se llama?	*Oh, how is it that you say that?*
Bueno, no recuerdo cómo se dice, pero es....	*Well, I don't remember how you say it, but it's ....*
Oh, usted sabe (tú sabes), es esa cosa (persona) que....	*Oh, you know, it's that thing (person) that (who) ....*
No puedo explicarlo, pero....	*I can't explain it, but ....*

6. clarifying, restating

We say: _____

_____

En español: _____

Quiero decir que...	*I mean that ...*
Es decir,...	*That is to say, ...*
Permítame (Permíteme) repetir...	*Let me repeat ...*

Now tell a classmate about the most exciting event of your last vacation. Keep talking so she (he) can't interrupt before you have finished sharing your story.

ENCOURAGING OTHERS TO PARTICIPATE

What about the quiet person, who doesn't participate? In most Hispanic circles, the strong, silent type is not admired; such behavior is seen as antisocial.

F. How do we encourage others to get involved? One thing we can *do* is to look at the person and wait for him or her to say something. In addition, what can we *say*?

1. asking for an opinion or information

We say: _____

_____

En español: _____

¿Y usted (tú), Diego?	*And you, Diego?*
Y ¿qué piensa usted (piensas tú), Diego?	*And what do you think, Diego?*
Diego, creo que dijo (dijiste) una vez que....	*Diego, I think you said once that ....*

2. pointing out a person's expertise

We say: _____

_____

En español: _____

Ana sabe mucho de eso, ¿verdad, Ana?	*Ana knows a lot about that, right, Ana?*
Algo semejante le pasó a Ana, ¿no, Ana?	*Something similar happened to Ana, right, Ana?*

PRACTICA

G. Study the following conversations. What do you and your classmates think the italicized phrases mean? How are they used? Discuss them and compare your opinions.

1. — *¡No me vas a creer! ¿Sabes lo que me pasó?*
   — ¿Qué te pasó?
   — Estaba leyendo tranquilamente en la sala cuando entró papá y me acusó de haber chocado el auto contra el muro esta mañana porque el carro está arruinado.
   — *¡No me digas!*
   — Sí, y lo peor es que él piensa que fui yo... .
   — *¿Me estás diciendo que* no lo hiciste?

2. — Descríbeme a tu familia, por favor.
   — *Bueno,...* Tengo tres hermanos y mis padres. Todos viven juntos en Idaho. También tengo muchísimos *ah... un momento, no me digas la palabra...* ¡primos!

3. — Les voy a explicar cómo preparar arroz con pollo. Primero, hay que tener listos los *ah,... este... ¿Cómo se dice?*
   — ¿Los ingredientes?
   — Sí, gracias. Se necesita, por supuesto, arroz y pollo... y también... *ah, no sé cómo se llama, pero es una especia amarilla que se usa mucho en España.*
   — ¿Azafrán?
   — Sí, claro.

4. — Marcos no me prestó atención ayer. Me puse el vestido nuevo y a cada rato le dirigí la palabra, pero... *Y en fin,* ese hombre es un tonto. Pero *te voy a contar lo que me pasó ayer. Fíjate que* yo apenas había llegado al trabajo cuando la loca de Mercedes me dice que... .
   — *Pero espera un momento. Volviendo al tema de Marcos,* estoy de acuerdo con lo que dijiste. No debes perder tu tiempo... .

5. — Ven, hijo, cómete las espinacas. Son muy buenas para la salud. Te darán mucha energía y... .
   — *¡Ay, mamá,* no me gustan! Las odio. ¡Qué asco! Huelen mal y saben mal y... .
   — *Muy bien, muy bien.* ¿Qué tal un poco de helado después?
   — *Claro, como no,* mami. Dame mucho.

SITUACIONES

H. For each of the following situations, choose at least one Spanish expression from this chapter that you could use. Discuss the possibilities with one or two classmates.

1. A friend of yours is telling you about something that he (she) saw today, but he (she) can't think of a word that he (she) needs.
2. You are telling the class how to do something that you know how to do very well, but a key word slips your mind.
3. Your friend is informing you about something that you really need to know, but he (she) loses his (her) train of thought.
4. You are excitedly talking about what happened to a dear friend of yours. You want to be listened to, and you don't want to be interrupted. Someone else seems about to jump in.
5. Someone just said something that you were about to say, and you wish to add a point.
6. A classmate of yours corners you before class and talks steadily about something that doesn't interest you. You need to ask her (him) a question about the assignment before the instructor arrives.

Throughout this book you will continue to learn more about managing different kinds of conversations. The expressions that you have practiced here should be useful in all sorts of situations. Keep them in mind as you deal with the topics of the other chapters, and return to review these introductory pages whenever it is necessary.

La Otra Cara de la Moneda:
Salud Natural

Controversial programa donde el Dr. Norman González y el Lic. Carlos Pérez Sierra comentan todo lo que ocurre y se produce en los medios noticiosos relacionado a la salud, religión y ambiente ecológico. ¡No se lo pierda!

Horario:
Domingos de
12:30 a 2:00 P.M.

Radio Sistema
Informativo Red Alerta

WAEL - Radio A.M. 600 - Mayaguez
WRAI - Radio A.M. 1120 - San Juan
WPAB - Radio A.M. 550 - Ponce

¡Imagínate! le ayudará a entender programas hispánicos en la radio, tal como éste.

ESCUCHEMOS

A major purpose of *¡Imagínate!* is to help you learn to understand what people say in Spanish when they speak at natural speed and to help you use expressions that are manipulated by native speakers to manage conversations effectively. You can understand much more than you may think at first! Here are some good strategies to use as you listen to the tape and do the exercises, and as you listen to native speakers on television or radio, in the supermarket, or wherever you may hear Spanish spoken.

1. Don't expect to understand everything. It is important just to get used to hearing the language.
2. Try to see how much you *can* understand; don't worry about the parts of the conversation that are undecipherable to you. Think about what you do understand; often it will all come together. What you do understand will give you a general idea or hint at the meaning of the rest of the conversation.
3. Pay close attention to the context of the conversation at first, just as you would if you were overhearing a conversation at a nearby table in a restaurant. Who is talking? How do they seem to feel about what they are saying? What is the tone of the conversation? How formal are they being with each other? What might their relationships be? What seems to be their purpose? (For example, is one trying to convince the other? Are they planning something? Are they arguing? Is one telling a story to the other(s)?)
4. Listen to each conversation several times; you will comprehend more each time. By the time you are ready to go on to the next conversation, you will be amazed at how much you have progressed!
5. Remember that you do not have to understand every word or even every idea of each conversation. In real life, we often miss some things, even in our native language.

CONVERSACION 1: UNOS CHISMES

ANTES DE ESCUCHAR

I. In English, when we tell an anecdote about something that happened to us, what expressions do we use to get and keep our listeners' attention? What would you expect your listener to say to show interest and surprise? Make lists of what you might say, and the expressions that the other person might use . . .

1. to get your listener's attention:
   Hey, guess what happened last night.
   _____
   _____

2. to show interest:
   What? Tell me.
   _____

3. to show surprise:
   _____

4. to show sympathy:
   _____

J. Getting along with our friends is difficult sometimes, especially if they don't explain their actions. What would you think, and what would you do if your friend did the following things?

1. Se lleva tu ropa sin pedir permiso: _____
   _____

2. Te dice que te ayudará a estudiar para un examen, y luego no te ayuda: _____
   _____

3. Sale con tu novio(a): _____
   _____

4. Te invita a su apartamento para comer, pero cuando llegas, él (ella) no está: _____
   _____

5. No te dice la verdad: _____
   _____

6. Les cuenta a otros amigos una historia falsa sobre ti: _____
   _____

¿Qué harías si alguien pintó un bigote en un retrato de tu hermana?

ESCUCHAR

L. En la primera conversación de la cinta, una joven cuenta a su amigo lo que le ocurrió cuando salió a cenar con otra amiga. Escucha la conversación una vez para averiguar…

1. ¿Qué emoción siente la joven? ¿Está triste? ¿Alegre? ¿Enojada? ¿Sorprendida? ¿Confusa? ¿Agitada? ¿Se siente mal o bien?
2. ¿Cómo contesta el amigo? ¿Muestra interés? ¿Quiere ayudar, o trata de regañar (*to scold*) a la señorita?
3. ¿De quién están hablando? ¿Qué hizo ella?

LL. Escucha tantas veces como sea necesario para averiguar si las siguientes oraciones son ciertas (C) o falsas (F).

1. La joven salió con su amiga María Luisa.   C   F
2. Fueron a la cafetería de la universidad para comer.   C   F
3. De pronto la amiga de la joven se levantó y salió corriendo.   C   F
4. El próximo día la amiga la llamó por teléfono para pedirle perdón
   de lo que pasó.   C   F
5. Al amigo no le importa mucho porque cree que hay una explicación
   razonable.   C   F

M. Ahora escucha otra vez y escribe en inglés las siguientes expresiones, según lo que tú dirías en el mismo contexto.

1. Marcos, ¡lo que te tengo que contar de María Luisa! _____

_____

2. A ver, cuéntame. _____

3. Ah, ¿sí? _____

4. Imagínate que… _____

5. No me digas. _____

6. ¿De verdad? _____

7. Y tú, ¿qué hiciste? _____

8. Ay, pobre de ti. _____

9. Ojalá que no le pase nada. _____

_____

DESPUES DE ESCUCHAR

N. Con un(a) compañero(a), completen la siguiente conversación de una manera imaginativa. Prepárense para presentar su conversación delante de la clase.

PERSONA A: ¡Imagínate lo que me pasó ayer!

PERSONA B: _____

PERSONA A: Pues, yo andaba solo(a) por la Calle Ocho, cuando…

_____

PERSONA B: _____

PERSONA A: Sí, y no sólo eso, sino que luego _____

_____

PERSONA B: _____

PERSONA A: Pues, estoy muy _____

y quiero _____

PERSONA B: _____

Ñ. Fórmense grupos de cuatro. Cada miembro del grupo debe describir oralmente una situación familiar o entre amigos en la que una persona no entiende lo que hizo otra persona. Los demás harán el papel de la famosa consejera Ann Landers, y le explicarán el por qué de sus acciones. (Está bien si los tres recomiendan algo diferente.)

CONVERSACION 2: UNA REACCION QUIMICA

O. En la segunda conversación un profesor le explica algo a una joven pero ella no lo entiende. Para ayudarlos a comprender la conversación aquí hay algunas palabras claves. A ver si todos los estudiantes de esta clase saben definir estos términos. ¿Pueden dar unos ejemplos de cada palabra o usarla en una frase?

1. explicar _____

    _____

2. vacuna _____

    _____

3. sintética _____

    _____

4. reacción química _____

    _____

5. catalizador _____

    _____

6. sustancia _____

    _____

ESCUCHAR

P. Ahora escucha la conversación e indica el orden de las siguientes expresiones a medida que las oigas.

_____ ¿Usted sabe qué es eso?

_____ producto biológico

_____ Explíqueme…

_____ … y esa reacción es muy lenta…

_____ sustancia mediadora

_____ … reactantes producen un tercer producto…

_____ organismo biológico

_____ eso último

_____ Vuelvo otra vez

_____ dos sustancias se juntan

Q. Escucha la conversación varias veces y llena los espacios en blanco con las palabras que faltan.

1. —Mire, Teresita, le voy a com… le voy a _____ un

    asunto que en términos _____ puede sonar difícil para la

    mayoría de las _____ . Se trata en este momento de

    cómo se está fabricando la vacuna contra la _____ , una

    vacuna _____ .

2. —¿Qué _____ _____

   sintético?

   —Sintético quiere decir que no es un producto _____

   sino que es un producto hecho por el _____ en una

   forma _____ , a expensas de reacciones químicas o…

3. —Ay… no _____ , profesor. _____

   _____

4. —Y, entonces, estas sustancias, entre _____

   _____ , que se llaman reactantes, producen un tercer

   _____ que es el que vamos a llamar sintético. Porque el

   medio ha sido creado por fuera de un _____ _____ .

5. —Bueno, O.K., vuelvo otra vez. Ah, dos sustancias se juntan en un medio adecuado

   y para que la reacción sea _____ , se usa una

   _____ sustancia que _____

   catalizador y da un _____ . Y este producto es el

   que viene siendo finalmente la _____

   _____ que se va a utilizar después, eh, contra cualquier

   _____ .

DESPUES DE ESCUCHAR

R. Ven a clase preparado(a) a explicar un proceso sencillo, definir una palabra o describir a una persona, un animal o una cosa sin decir lo que es. Los demás tratarán de adivinar de qué hablas.

CONVERSACION 3: OPINIONES SOBRE UNA PELICULA

ANTES DE ESCUCHAR

RR. En la tercera conversación tres amigos conversan sobre una película que vieron recientemente. Con tus compañeros de clase contesta las siguientes preguntas.

1. ¿Te gustaría ver la película que aparece en la página 17? ¿Por qué?
2. ¿Qué tipo de película prefieres?

   _____ las románticas

   _____ las de horror

   _____ las de aventuras

   _____ las musicales

   _____ las cómicas

   _____ las documentales

   _____ las que tienen un mensaje intelectual

   _____ ??

3. ¿Para qué vas al cine?

_____ para divertirme

_____ para aprender

_____ para ver la escenografía

_____ para ver la actuación de los artistas

_____ para escaparme de la vida diaria

_____ para formar una opinión sobre el mensaje

_____ ??

ESCUCHAR

S. Escucha la tercera conversación recordando que hablan bastante rápido y que no vas a entender todas las palabras. Escucha pensando en las siguientes preguntas. Escucha tantas veces como sea necesario. Cada vez comprenderás un poco más.

1. ¿De qué película hablan? _____

2. ¿Qué opinan de la película? _____

3. ¿Qué aspectos de la película les gustaron más? _____

_____

_____

_____

4. ¿En qué no están de acuerdo? _____

_____

memomemomemon

Expresiones útiles para hablar de las películas

Oye, ¿viste la película... ?	Listen/Say, did you see the movie . . . ?
¡Qué película!	What a movie!
Me gustó mucho.	I liked it a lot.
Me pareció una película fascinante.	It seemed to me like a fascinating movie.
Es muy divertida.	It's a lot of fun.
Fíjate que la actuación es impresionante.	The acting is really impressive.
Y la escenografía es maravillosa.	And the scenery is marvelous.
Los actores son increíbles.	The actors are incredible.
Por supuesto, me divertí mucho.	Of course, I had a great time.
Debes ir.	You should go.
Vale la pena.	It's really worthwhile.
Te va a gustar.	You're going to like it.
(No) es fácil de entender.	It's (not) easy to understand.
Tiene lugar en México.	It takes place in Mexico.
Hay un desenlace inesperado, pero feliz.	There is a surprise ending, but it's a happy one.

T. Hablas con un(a) amigo(a) de una película nueva que acabas de ver. Trata de convencerle que vaya a verla sin contarle el argumento (*plot*). (¡O que **no** vaya a verla!) Puedes hablar de lo que quieras incluso el tipo de película, los actores, el lugar, la actuación, el mensaje y la escenografía. Después, tu compañero(a) te hablará de otra película que ha visto él (ella). Recuerda que el (la) que escucha también hace un papel importante en la conversación, y debe comentar, reaccionar, preguntar y prestar mucha atención.

¿Estás listo(a) para conversar y comprender?

En este capítulo preliminar hemos presentado muchas frases y estrategias que te ayudarán a conversar mejor en español. Esperamos que entiendas el enfoque de este libro y que ahora te sientas más preparado(a) para empezar a manejar conversaciones en español. En los próximos capítulos vas a tener muchísimas oportunidades de practicar y de aprender más. Estamos seguros de que después de terminar este libro tendrás una mayor habilidad para participar en conversaciones con otras personas que hablan español a un nivel mucho más alto.

¡Buena suerte!

¡Sigamos adelante!

Capítulo 1

¡Mucho gusto!

NUEVOS AMIGOS

INTRODUCCION

etc.

Nombre: María E. Cardona.
Dirección: Av. Roberto Díaz #186 (Bajos), Cayey 00633, PUERTO RICO.
Edad: 21 años.
Pasatiempos: Escribir, practicar deportes, escuchar música, bailar y tener amigos alrededor del mundo.

Nombre: Benita Hernández.
Dirección: P.O. Box 337, Richgrove, Ca. 93261-0337, ESTADOS UNIDOS.
Edad: 19 años.
Pasatiempos: Leer revistas, escribir, escuchar música, practicar deportes, bailar, ir al cine y tener muchos amigos.

Nombre: Ramón Ruano Gomera.
Dirección: Aguacate #509, Apto. 206, e/Sol y Muralla, Habana 1, CUBA.
Edad: 17 años.
Pasatiempos: Leer, escribir, escuchar música y tener muchos amigos en todas partes del mundo.

Nombre: Eladio M. Otañez.
Dirección: Clemente Guzmán #23, Manoguayabo, Santo Domingo, REPUBLICA DOMINICANA.
Edad: 22 años.
Pasatiempos: Pescar, practicar deportes, leer, escuchar música, bailar, conversar y tener amigos por correspondencia.

etc.

■ **Flor Salvaje.** Viuda, 55 años, ama de casa. De mediana estatura, tez blanca, cabellos negros, dulce, cariñosa, extravertida, amigable. Quisiera conocer a "chicos Cosmo" de cualquier edad. Me encanta escribir, he escrito un libro.
Dirección: Cra. 2a. Oeste #10-74, Apto. 100, Santa Teresita, Cali, Colombia.

■ **Beatriz Parada.** Soltera, 26 años, administradora. Morena clara, atractiva, alegre, cariñosa y hogareña. Deseo conocer a joven rubio, de ojos azules, cariñoso.
Dirección: Casilla 2535, Sta. Cruz, Bolivia.

etc.

■ **Raúl Romero Díaz.** Profesor soltero de 34 años. Hogareño, fiel, desea encontrar a una señorita de 20-28 años, alegre, moderna, sencilla, esbelta, talentosa y católica, para casarse en corto plazo.
Dirección: Aptdo. Postal 818, Mérida, Yucatán, México.

¿Quieres ponerte en contacto con amigos de todas partes? Envíanos tus datos utilizando este cupón.

Nombre: _____

Dirección: _____

Edad: _____
Pasatiempos: _____

El cupón dirígelo a:
LINEA DIRECTA REVISTA TU
(Ver dirección en la pág. 3)

A. Amistad internacional. A todos nos gusta tener amigos agradables, y en este curso vas a conocer a muchos amigos nuevos—¡hablando en español, por supuesto! Vas a conocer bien a tus compañeros de clase, y es muy importante que ustedes sean buenos amigos. También conocerás a otras personas que hablan español. En tu universidad y en la ciudad donde vives, seguramente puedes encontrarte con algunos hispanohablantes. En general, son muy amables. También escribirás cartas a otras personas de habla española.

¿Qué te parecen las personas que han mandado sus datos personales a las revistas *Tú Internacional* y *Cosmopolitán de México*? Llena tu propio formulario; describe bien tus mejores cualidades y tus pasatiempos favoritos y compara tus datos con los de estas otras personas. ¿Con cuál de ellas tienes más en común? Escribe su nombre aquí:

B. Nuestras amistades. ¿Cómo saludamos? ¿Cómo nos presentamos? ¿Cómo conversamos?

Pedro Pregúntalotodo es un estudiante de inglés que acaba de llegar a los Estados Unidos, donde va a estudiar este año. Es muy simpático y quiere saber cómo comportarse correctamente en los Estados Unidos. Quiere tener muchos amigos. Contesta sus preguntas (en inglés, porque él necesita practicarlo).

1. Cuando saludas a tus mejores amigos en inglés, ¿qué haces y qué dices? (¿Les das la mano? ¿Los abrazas? ¿Los besas? ¿Depende de si son hombres o mujeres?)

_____

2. ¿Cómo saludas a tus profesores? (¿Qué haces? ¿Qué les dices?) _____

_____

3. Al despedirte, ¿qué haces?

A los mejores amigos: _____

A los profesores: _____

4. Cuando presentas a dos personas, ¿cómo lo haces? Por ejemplo,

Dos amigos tuyos: _____

Una señora mayor y un amigo: _____

5. Cuando te presentan a otra persona, ¿qué haces? ¿Qué dices? _____

_____

6. Si dos personas están hablando, y tú quieres tomar parte en la conversación, ¿qué

dices? _____

7. Y finalmente, si tienes prisa o no quieres continuar más la conversación, ¿qué dices?

¿Cómo terminas la conversación? _____

_____

A.

C. ¿Y los hispanos? En el mundo hispánico, cuando dos personas se conocen, se dan la mano. También, al saludarse, los buenos amigos y los familiares se dan la mano, se abrazan o se besan en la mejilla. Con un(a) compañero(a), busquen la mejor descripción de las que aparecen en la página 22 para cada dibujo.

C.

B.

_____ 1. Dos viejos amigos se encuentran después de muchos años.

_____ 2. Dos personas se encuentran por primera vez.

_____ 3. Dos personas que pasan mucho tiempo juntas, se saludan como siempre.

En esta lección vas a tener oportunidad de conocer y saludar a muchas personas. ¡No te olvides de darles la mano, por lo menos!

Expresiones útiles para presentarse a otras personas	
Hola, yo soy…	Hi, I'm . . . .
Me llamo…	My name is . . . .
Mucho gusto.	I'm glad to meet you.
¿Qué estudias?	What are you studying?
¿Cuál es tu especialización?	What is your major?
¿Cuándo te gradúas?	When do you graduate?
Quiero presentarles a…	I want you to meet . . . .
Les presento a…	This is . . . .

CH. ¿Conoces a tus compañeros de clase? Si no conoces a algunos de tus compañeros, ¿qué te gustaría saber de ellos? Escriban en la pizarra cinco o seis preguntas que podrías utilizar para conocerlos un poco mejor. Luego, acércate a un(a) estudiante a quien no conozcas, salúdalo(la) (dale la mano), hazle preguntas, apunta las respuestas y presenta a tu nuevo(a) amigo(a) ante la clase. El (Ella) te presentará a ti también.

ESCUCHAR Y PRACTICAR

CONVERSACION 1: LAS VACACIONES Y LAS CLASES

ANTES DE ESCUCHAR

D. ¿Cómo te fue en las vacaciones? En la primera conversación, dos estudiantes, amigos, se encuentran en la universidad después de las vacaciones de verano. Haz una lista de lo que hiciste en tus últimas vacaciones y pregúntales a otros estudiantes lo mismo. ¿Qué actividades semejantes hicieron?

Lo que hice yo: _____

_____

Lo que hicieron ellos: _____

_____

E. ¿Qué clases estás tomando? ¿A qué horas las tomas? En la conversación, los dos estudiantes descubren que van a estar juntos en una clase. Entrevista a un(a) compañero(a) y llena el siguiente horario con las horas de clase que tiene él (ella), sus horas de trabajo, las de las comidas, etc.

HORARIO DE CLASES

ESCUELA SUPERIOR POLITECNICA DEL LITORAL

TERMINO:
PARALELO:
UNIDAD ACADEMICA.

AÑO LECTIVO 19 — 19

HORAS	LUNES	MARTES	MIERCOLES	JUEVES	VIERNES	SABADO
07h00 — 08h00						
08h00 — 09h00						
09h00 — 10h00						
10h00 — 11h00						
11h00 — 12h00						
12h00 — 13h00						
13h00 — 14h00						
14h00 — 15h00						
15h00 — 16h00						

ESCUCHAR

F. Ahora, escucha la primera conversación de tu cinta y contesta las siguientes preguntas.

¿De qué hablan primero? _____

¿Qué clase van a tener en común? _____

¿A qué hora van a tener esa clase? _____

G. ¿Qué dirías tú en inglés?   Escucha otra vez y apunta los equivalentes en inglés de las expresiones para…

1. saludar: Hola, Carlos, ¿qué tal? ¿Cómo te va? _____
_____
_____

2. hablar del tema de las vacaciones: Mira, ¿cómo te fue en las vacaciones? _____
_____

3. hablar del tema de las clases: ¿Qué clases estás tomando esta mañana? _____
_____

4. expresar sorpresa: ¡No me digas! _____

5. expresar alegría: Oye, ¡qué gusto! _____

   ¡Qué maravilla! _____

6. despedirse: Nos vemos en clase, entonces. _____
_____

DESPUES DE ESCUCHAR

memomemomeome

Expresiones útiles para iniciar una conversación y expresar placer

¿Cómo te ha ido?	How's everything gone for you?
¿Qué tal tus vacaciones?	How was your vacation?
¿Lo pasaste bien?	Did it go well?/Did you have a good time?
Me alegro de verte otra vez.	It's great to see you again.
¿Qué clases tienes? **¿Qué cursos sigues?**	What classes are you taking?
Fíjate que yo también tengo…	Hey, I have . . . , too.
¡Estupendo!	Stupendous!
¡Fantástico!	Fantastic!
¡Fabuloso!	Fabulous!
¡Fenomenal!	Phenomenal!
¡Chévere! **¡Macanudo!**	Cool!
Bueno, te dejo. Nos vemos en la clase, entonces.	Okay, I'll leave you. I'll see you in class, then.
Bueno, tengo que irme.	Well, I have to go now.
Tengo mucha prisa. Hasta pronto.	I have to run. I'll see you soon.
Espérame en (la esquina).	Wait for me on/in/at (the corner).
Bueno, te espero.	Okay, I'll wait for you.
Chao.	Bye.

H. **¿Estás en mi clase de…?** Comparando los horarios que llenaron antes de escuchar la conversación, busca en tu clase a algún(a) estudiante que tenga otra clase contigo. Si nadie coincide contigo en otra clase, trabaja con un(a) compañero(a) de la clase de español. Situación: Se encuentran después de las vacaciones y están muy contentos al darse cuenta de que tienen algo en común.

CONVERSACION 2: ¡CREO QUE YA NOS CONOCEMOS!

ANTES DE ESCUCHAR

I. **¿No es que ya te conozco?** En la segunda conversación, los tres jóvenes emplean unas expresiones muy interesantes cuando creen que ya se conocen. Con un(a) compañero(a), combina las expresiones con las traducciones más lógicas.

_____ 1. ¡Ay… ahora caigo!

_____ 2. ¿Te acuerdas?

_____ 3. ¡Qué gusto de verte otra vez!

_____ 4. Este mundo es un pañuelo.

_____ 5. Le das recuerdos a Margarita cuando la veas.

_____ 6. ¿Puedo interrumpir?

a. It's so great to see you again.
b. It's a small world!
c. May I interrupt?
d. Oh, now I get it!
e. Give my regards/Say hello to Margarita when you see her.
f. Do you remember?

J. ¿Cuál es tu nombre? ¿Y tu apellido?   Llena tu propia tarjeta de visita abajo.

<u>ESCUCHAR</u>

L. Ahora, escucha la segunda conversación, en la que dos jóvenes conversan y el tercero se acerca; se hacen las presentaciones y terminan dándose cuenta de que ya se conocían. Escribe **C** (cierto), **F** (falso) o **O** (no hay suficientes datos) y corrige las frases que sean falsas.

_____ 1. Carmencita es hermana de Margarita Zapata.

_____

_____ 2. Cristián y Carmencita se habían conocido en una fiesta.

_____

_____ 3. Se conocieron en Bogotá.

_____

_____ 4. Cristián está casado con Carmencita.

_____

_____ 5. Los dos están muy contentos de verse otra vez.

_____

_____ 6. Cristián ha viajado por todo el mundo.

_____

LL. ¿Cómo lo dirías tú en inglés? Escucha otra vez y apunta lo que se dice en inglés en una situación semejante, para...

1. interrumpir: Eh, ¿puedo interrumpir? _____

2. presentarse: Buenas tardes. Yo soy Cristián Rodríguez. _____

3. presentar a otra persona: Mira, te presento a mi prima. _____

4. ser presentado(a): Ah, mucho gusto. Encantada. _____

5. terminar la conversación: Bueno, yo las dejo. _____

6. despedirse: Bueno, ¡que te vaya bien! _____

DESPUES DE ESCUCHAR

Expresiones útiles para entablar una conversación

¿No nos conocemos?	Don't I know you?
Creo que ya nos conocemos.	I think we've met before.
Tengo la impresión de que te conozco.	I have the impression that I've met you before.
Creo que fue (en casa de mis tíos.)	I think it was (at my aunt and uncle's house).
¿No lo recuerdas?	Don't you remember?
¡Ah, es cierto!	Oh, that's right!
Ya me acuerdo.	Now I remember.
¡Qué pequeño es este mundo!	What a small world this is!

M. ¡Hola, yo soy...! Con otros dos estudiantes, practica las presentaciones. Haz el papel de la persona que hace la presentación y también el de una de las personas presentadas.

N. Conversaciones

1. Dos estudiantes están hablando de sus vacaciones y de sus clases, cuando otro(a) se acerca e interrumpe para participar en la conversación.
2. Tú y otro(a) estudiante se encuentran en la clase de español el primer día del semestre y tienen la impresión de que se han conocido antes. Traten de recordar dónde se conocieron y cuándo.

<u>ANTES DE ESCUCHAR</u>

Ñ. **Quiero presentarte a… .**   Con otros estudiantes, compartan las expresiones que usarían en español para presentar a dos personas que no se conocen, si los dos fueran jóvenes amigos suyos.

Expresiones: _____

_____

Ahora, hagan una lista de expresiones que podrían usar para invitar a otra persona a tomar algo después de la clase.

_____

_____

_____

<u>ESCUCHAR</u>

O. **¿Qué dijeron?**   Escucha la tercera conversación y escribe las expresiones que faltan.

— Carmen, _____

_____ _____

mi amiga, María José.

— _____ _____ ,

María José. ¿Cómo _____ ?

— Muy bien. Mucho _____

en _____ .

— ¿Qué les _____

si después de clase _____

a tomarnos un _____ ?

— A mí _____ _____

muy buena idea. ¿Por qué no nos vamos?

— _____

_____ sí. ¡Vamos!

— Ya. Entonces, vamos a clase y _____

_____ _____

a la salida y vamos al café.

— _____ . Hasta

_____ .

— Muy bien. Nos _____

en una _____ .

memor

Expresiones útiles para hacer y aceptar invitaciones

Encantado(a).	I'm pleased to meet you.
¿Les gustaría (tomar un café) después de clase?	Would you like (to have a cup of coffee) after class?
¿Por qué no vamos a (la cafetería)?	Why don't we go to (the cafeteria)?
¡Me encantaría!	I'd love to!
¡Sí! ¿Por qué no?	Yes, why not?
¡Fenomenal!	Great!

P. Este(a) es... Ahora, con dos compañeros, a) se saludan, b) uno(a) presenta a los otros dos, que no se conocen y c) deciden tomar algo después de clase.

¿TU, USTED O VOS?

¿Cuándo se usa **tú** y cuándo se usa **usted?** Según las normas tradicionales, se tratan de **tú**...

- los niños, los jóvenes, los estudiantes (entre sí);
- muchas veces, pero no siempre, los miembros de un grupo especial, como un club, o los compañeros de trabajo;
- los parientes y los amigos íntimos;
- los adultos a los niños.

Generalmente se tratan de **usted:**

- los niños a los adultos;
- los adultos que no se conocen bien, especialmente en situaciones de cierta formalidad;
- los adultos de diferentes niveles sociales o de diferente jerarquía en el trabajo.

En algunos países ya se tutea (se usa el **tú**) casi todo el mundo. En otros países y regiones se mantiene la distancia tradicional entre personas de diferente edad o posición social, usando la forma de **usted.**

Además, el asunto se complica más en las regiones donde se usa el **vos.** En Costa Rica y la Argentina, por ejemplo, no se oye el **tú (tú sabes, eres tú)** sino el **vos (vos sabés, sos vos).** **Vos** es un pronombre personal que viene del español antiguo, y no es plural, sino singular; se usa para hablar con una persona: **vos sos = tú eres.** En España se usa otra forma, **vosotros,** cuando se habla con más de una persona: **vosotros sois** (España) = **ustedes son** (Hispanoamérica).

Por ahora, no te preocupes por el **vos;** no lo necesitas, aunque es muy posible que lo oigas.

ACTIVIDADES

SITUACIONES

Q. Encuentros. Vas a participar ahora en unos encuentros imaginarios, como si no estuvieras en la clase sino en otros sitios. Con un(a) compañero(a), practica una de las siguientes situaciones y preséntenla a la clase.

1. Tienes un(a) nuevo(a) compañero(a) de cuarto en una residencia universitaria. Entras en el cuarto, y allí está tu nuevo(a) compañero(a). ¿Qué haces? ¿Qué dices? Entabla una conversación breve y despídete de él (ella).

2. Viven en apartamentos y son nuevos(as) vecinos(as). Uno(a) de ustedes es adulto(a), el (la) otro(a) es un(a) niño(a) de diez años. Se encuentran en el patio. ¿Qué dicen ustedes? Entablen una conversación.

3. Ustedes no se conocen. Están en un autobús que va de Guadalajara a la Ciudad de México. Tienen asientos vecinos. Conversen.

4. Uno(a) de ustedes está en problemas. Ha salido de su casa sin las llaves y ha cerrado la puerta dejando adentro las llaves. Va a la casa del (de la) otro(a) para usar el teléfono.

memo

Expresiones útiles para terminar una conversación

Bueno, tengo que irme.	Well, I have to go now.
Bueno, ha sido un placer.	Well, it has been a pleasure.
Bueno, nos vemos, entonces.	Okay, I'll see you, then.
¿Cuándo nos vemos otra vez?	When will we see each other again?
Hasta luego/pronto/más tarde.	See you later/soon/later.
¡Que te diviertas!	Have a good time!

R. ¡En una fiesta internacional! En casa, busca en una revista una fotografía grande de una persona y recórtala. Inventa un nombre, una historia y una personalidad para la persona. Tú vas a hacer el papel de esa persona en la siguiente situación. Practícala antes de venir a clase.

Situación: Todos están asistiendo a una reunión internacional, donde representan a sus universidades. Como no se conocen, dan una fiesta para conocerse. Habla con todas las personas que puedas. Recuerda que tienes que representar bien a tu institución.

UNIVERSIDAD DE SANTIAGO DE CHILE

RR. ¿En qué se parecen? En casa, llena el siguiente cuestionario con tus propios datos. En clase, compara tus respuestas con las de tres o cuatro compañeros para ver qué tienen en común. ¿Con cuál de ellos tienes más en común?

AMIGOS, S.A.

Cuestionario   Datos personales

Nombre: _____

Fecha de nacimiento: _____

Lugar de nacimiento: _____

Cursos favoritos: _____

Música predilecta: _____

Pasatiempos favoritos: _____

Talentos y destrezas especiales: _____

_____

Lugar favorito: _____

Color favorito: _____

Clubes y organizaciones: _____

_____

Otras características que considero importantes: _____

_____

_____

Expresiones útiles para presentar a otras personas

Este(a) es mi hermano(a).	This is my brother/sister.
Este(a) soy yo.	This is me.
Aquí estoy con mi amigo(a).	Here I am with my friend.
Mi amigo(a) es muy inteligente.	My friend is very intelligent.
Es abogado(a).	He's (She's) a lawyer.
¿Es soltero(a)?	Is he (she) single?
No, es casado(a).	No, he's (she's) married.
viudo(a).	widowed.
está divorciado(a).	divorced.
Lo (La) quiero mucho.	I love him (her) very much.
¿Hace cuánto tiempo que lo (la) conoces?	How long have you known him (her)?
¡Qué guapo(a)!	How good-looking!
¡Qué bueno/bien!	That's great!

memomen

S. Les presento a mi hermana. Trae a clase una foto de un(a) miembro(a) de tu familia o de un(a) amigo(a) y presenta a esta persona a un grupo de compañeros de clase. Tus compañeros te harán preguntas para conocerla mejor.

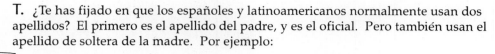

T. ¿Te has fijado en que los españoles y latinoamericanos normalmente usan dos apellidos? El primero es el apellido del padre, y es el oficial. Pero también usan el apellido de soltera de la madre. Por ejemplo:

Carlos	**Moreno**	**Delgado**
(nombre)	(apellido paterno)	(apellido materno)

Ahora, pregúntales a cinco compañeros su apellido paterno y materno y su número de teléfono. Hagan una guía telefónica de la clase para llamarse durante todo el curso. (En una lista de nombres, el apellido del padre está en orden alfabético.)

Nombre	**Apellido paterno**	**Apellido materno**	**Teléfono**

Ahora, en casa, llama a un(a) compañero(a) de clase para conocerlo(la) mejor. Si quieren, pueden hacer un plan para hacer algo más tarde u otro día.

U. Ya has tenido la oportunidad de conocer a muchas personas, tanto verdaderas como imaginarias y has conversado con ellas. ¿Te gustaría trabar amistad con una persona de habla española fuera de clase? Algunos posibles amigos podrían ser:

- alumnos extranjeros estudiando en escuelas secundarias y universidades;
- estudiantes en los centros especiales de educación para adultos, cuyo idioma materno es el español;
- jubilados que viven en comunidades especiales para personas mayores y en asilos para ancianos—¡A muchos les encantaría ayudarte y participar en tus proyectos!;
- comerciantes extranjeros que trabajan en empresas internacionales, y sus familias;
- dueños de restaurantes hispánicos;
- otros profesores de español.

También puedes consultar con los consulados de varios países y hablar con los que han servido en el Cuerpo de Paz (*Peace Corps*) de los Estados Unidos y otros que han vivido en países hispánicos. Si no hay nadie más, siempre puedes entrevistar a estudiantes más avanzados.

Busca a tal persona y entrevístala. Haz una lista de preguntas como la que hiciste para entrevistar a tus compañeros de clase. Toma apuntes o graba la conversación para escuchar la cinta en clase.

V. En tu ciudad o universidad, ¿hay algún canal en español? En muchas ciudades de nuestro país se reciben transmisiones de la cadena Univisión, totalmente en español. Mira unos cuantos programas para ver cómo se saluda la gente, cómo se despide, cómo se presenta y cómo conversa. Toma apuntes y haz un informe para la clase.

1

vocabulario

palabras y expresiones que
quiero recordar

Capítulo 2

INITIATING AND BUILDING TOPICS

«¿Qué estudias?»

LA VIDA UNIVERSITARIA

INTRODUCCION

A. Iniciando una conversación. Muchas veces, queremos iniciar una conversación con alguien nuevo(a), pero no sabemos qué decir. Una buena manera de empezar es encontrar un tema que podemos discutir fácilmente—alguna cosa que tenemos en común con la persona a quien queremos conocer. Hablar de la vida universitaria y los cursos es una manera fácil de iniciar una conversación animada con un(a) desconocido(a).

Empezar y mantener una conversación requiere la atención y la ayuda de todos los participantes. Todos tienen que escuchar, pensar y expresarse de tal manera que los otros puedan entender. Si no entienden, es necesario resolver el problema. ¿Por qué no entienden? ¿Qué puedo decirles para aclarar mis ideas?

El objetivo de este capítulo es aprender a iniciar y desarrollar una conversación dentro del contexto de la universidad. Usando las materias sobre cursos que aparecen abajo como tema, inicia una conversación con un(a) compañero(a) de clase sobre las asignaturas que necesitas en tu propia carrera. ¡No olvides de presentarte primero!

GRADOS Y DIPLOMAS QUE OTORGA LA UNIVERSIDAD DE PUERTO RICO EN EL RECINTO DE RIO PIEDRAS

DIPLOMAS
Facultad de Administración de Empresas: Diploma en Ciencia Secretarial

BACHILLER EN ADMINISTRACION COMERCIAL
Facultad de Administración de Empresas: Programa General y Especializaciones en Contabilidad, Economía, Estadísticas, Finanzas

Gerencia de Operaciones, Mercadotecnia, Administración de los Recursos Humanos de la Empresa y Sistemas Computarizados de Información

BACHILLER EN ARTES
Facultad de Ciencias Sociales: Programa General y especializaciones en Antropología, Bienestar Social, C___ ___ias Políticas, Cooperativismo, Economía, Geografía, Psicología, Rela___ ___ y Sociología.

Facultad de Estudios Generales:

Facultad de Humanidades: Pr___
Drama, Estudios Hispánicos, E___
Historia del Arte, Inglés, Lite___

Facultad de Pedagogía: Prog___
ciones en Arte, Ciencias, E___
Enseñanza de Inglés a His___
Música y Teatro, Programa General en A___
Educación Secundaria con especializaciones en A___
logía, Ciencias, Educación Comercial (Programa General y Sec___
cación Física, Educación Vocacional Indusrial, Enseñanza de Inglés ___
___ ___parlantes, Español, Estudios Sociales, Economía Doméstica, Física,
___ ___ ___ros, Inglés, Matemáticas, Música, Química y

BACHILLER EN CIENCIAS
Facultad de Ciencias Natura___
Biología, Física, Química, M___
Facultad de Pedagogía: En ___
General y especializaciones ___
Nutrición y Dietética.

___NCIA S

ESTRUCTURA GLOBAL DE LA CARRERA

ASIGNATURAS	Nº DE ASIGNATURAS	Nº DE CREDITOS
CIENCIAS BASICAS	11	80
BASICAS DE INGENIERIA	13	46
BASICAS DE ESPECIALIDAD	11	62
PROFESIONALES DE ESPECIALIDAD	13	68
COMPLEMENTARIAS	4	8
TOTALES	52	264

ESCUCHAR Y PRACTICAR

CONVERSACION 1: ES HORA DE PENSAR EN EL FUTURO

<u>ANTES DE ESCUCHAR</u>

B. ¿Qué quieres hacer en el futuro? Durante los últimos años de la escuela secundaria los estudiantes empiezan a pensar en lo que quieren hacer en el futuro. Están terminando una época de su vida y comienzan a hacer planes para otra. Piensan. Hablan con sus amigos. Consultan a los consejeros. Leen libros. Conversan con sus padres. Parece que hay cuatro cuestiones principales:

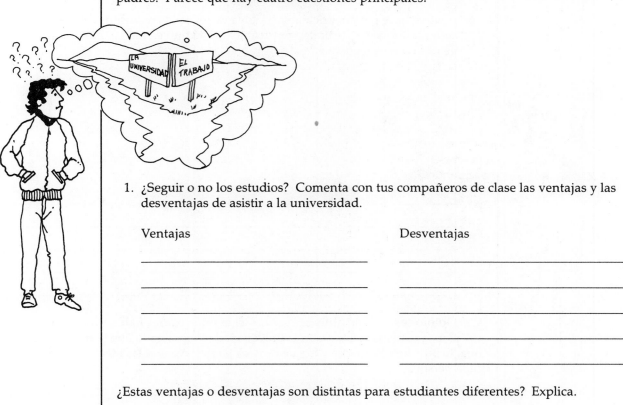

1. ¿Seguir o no los estudios? Comenta con tus compañeros de clase las ventajas y las desventajas de asistir a la universidad.

Ventajas	Desventajas
_____	_____
_____	_____
_____	_____
_____	_____
_____	_____

¿Estas ventajas o desventajas son distintas para estudiantes diferentes? Explica.

2. ¿Qué universidad? Piensa con tus compañeros en la variedad de universidades y «colleges» que existen en los EE.UU. ¿Cuáles son los aspectos más importantes que se deben considerar antes de decidirse a asistir a determinada universidad?

_____

_____

_____

3. ¿Cómo pagar los gastos? Considera con los demás cuánto cuesta asistir a la universidad y cómo se puede ganar el dinero para pagar todos los gastos. ¿Qué posibilidades hay?

_____

_____

_____

4. ¿Qué se hace para matricularse? Habla de todos los requisitos con los que tiene que cumplir uno antes de poder matricularse en la universidad. ¿Puedes hacer una lista de tres de esos requisitos?

_____

_____

_____

_____

_____

_____

C. Opiniones. En la primera conversación unos padres hablan con su hija acerca de sus planes para matricularse en la universidad. Piensa en lo que te parece que diría la hija, lo que diría su madre y lo que diría su padre. Apunta las ideas más importantes de cada persona.

hija: _____

_____

madre: _____

_____

padre: _____

_____

ESCUCHAR

CH. La matrícula. Ya tienes algunas ideas y ya sabes algunas palabras relacionadas con el tema de la matrícula. Recuérdalas mientras escuches la conversación. Probablemente no vas a comprender todo lo que se dice en la cinta. Sigue escuchando la conversación varias veces prestando más atención cada vez a cierto aspecto de la conversación hasta que comprendas casi todo lo que dicen. Recuerda que no es necesario entender todas las palabras para comprender la conversación.

Ahora, escucha la primera conversación fijándote en la actitud de las tres personas y contesta las siguientes preguntas.

1. ¿Cuál es la actitud de Marta, la hija?

_____

   a. ¿Quiere seguir estudios en la universidad?

      _____

   b. ¿Quiere hablar de eso con sus padres?

      _____

2. ¿Cuál es la actitud de los padres?

   a. ¿el padre?

      _____

   b. ¿la madre?

      _____

D. Distintos puntos de vista.   Ahora, escucha la conversación otra vez fijándote en el punto de vista de cada persona y contesta las siguientes preguntas.

1. Desde el punto de vista del padre

   a. ¿Qué es importante? ¿Por qué?

      _____

   b. ¿Con qué tiene uno que cumplir?

      _____

   c. ¿Qué tiene uno que escribir?

      _____

2. Desde el punto de vista de la madre

   a. ¿Qué necesita la hija?

      1. _____
      2. _____

3. Desde el punto de vista de la hija

   a. ¿Sabe a qué universidad quiere asistir?

      _____

   b. ¿Sabe a quién puede pedir una carta de recomendación?

      _____

   c. ¿Cómo está ella al final de la conversación?

      _____

E. En realidad…   Compara el contenido de la conversación con lo que esperabas oír, es decir, con lo que creías que dirían. (Ejercicio **C**.)

1. Semejanzas—De las ideas que había en tu lista, ¿cuáles trataron?

_____

_____

2. Diferencias—¿Cuáles omitieron?

_____

_____

2

BANCO DE ESPAÑA

El Banco de España convoca

16 BECAS

de dos años de duración, para cursar estudios de postgrado en su **Centro de Estudios Monetarios y Financieros**. Estos Estudios, dirigidos a formar especialistas de alto nivel, se realizarán en régimen de dedicación exclusiva.

Los becarios deberán poseer una licenciatura universitaria o título equivalente de Escuela Técnica Superior, así como un conocimiento suficiente del idioma inglés.

La selección se efectuará considerando tanto el expediente académico como el resultado de unas pruebas que incluirán una entrevista personal. El plazo de presentación de solicitudes terminará a las 14 horas del día 4 de junio de 1990.

Más información, dirigirse al Centro de Estudios Monetarios y Financieros, calle San Marcos, 39. 28004 Madrid, teléfono (91) 5211298

Greater Boston Bank

Préstamos para todo tipo de estudiantes.

- Universidad
- Escuela de Enfermería
- Escuela Graduada
- Escuela Técnica
- Escuela Vocacional

Permita que Greater Boston Bank le ayude a financiar el costo de su educación. Visite o llame a una de nuestras oficinas hoy mismo.

Brighton Main Office: 414 Washington Street
Allston Office: 157 Brighton Avenue
Jamaica Plain Office: 675 Centre Street
Conecta todas las oficinas 782-5570

(Información legal sobre su cuenta bancaria está disponible en inglés solamente).

F. ¿Quién habla?   Escucha la conversación una vez más, e indica con una **P** (padre), una **M** (madre) o una **H** (hija), ¿qué persona dijo lo siguiente?

1. es importante que pienses en la matrícula _____

2. incluso solicitas formularios para pedir una beca _____

3. son muy, muy costosas _____

4. es importante pedir referencias _____

5. tendrás que escribir una… un ensayo _____

6. ustedes me pueden ayudar _____

7. me estoy entusiasmando _____

G. ¿Qué hará Marta?   Escucha otra vez, si es necesario, para saber lo que va a hacer Marta para comenzar a tramitar su matrícula.

1. _____

2. _____

3. _____

Expresiones útiles para empezar y continuar una conversación

Hola, ¿qué tal?	Hi, how are you?
¿Qué hay de nuevo?	What's new?
¿Qué hay?	What's up?
¡Qué va!	Nonsense!
¡Claro!	Of course!
¡Exacto!	That's right!
Eso es cierto.	That's true.
¿Verdad?	Really?
No me digas.	You don't say.
¿Y qué mas?	And what else?
Oye, ¿sabes una cosa?	Listen, do you know what?
Sigue. Dime más.	Go on. Tell me more.

Expresiones útiles para hablar del ingreso a la universidad

¿Piensas seguir con tus estudios?	Do you intend to continue your studies?
¿A qué universidad vas a asistir?	What university are you going to attend?
¿Quieres asistir a una universidad pública o a una privada? ¿Por qué?	Do you want to attend a public or a private university? Why?
¿Quieres asistir a alguna universidad que esté dentro del estado o a una situada en otro estado? ¿Por qué?	Do you want to attend an in-state or an out-of-state university? Why?
¿Qué quieres estudiar?	What do you want to study?
¿Cómo vas a pagar los gastos?	How are you going to pay your expenses?
¿Has pensado en los trámites de matrícula?	Have you thought about application procedures?
¿Qué has hecho? (hablar con tus padres y tus amigos, pedir informes a tu consejero/a, pedir consejos a tus profesores, pedir formularios de solicitud, llenarlos, pedir referencias, escribir el ensayo y enviarlo todo a la oficina de matrícula)	What have you done? (talk to your parents and friends, ask your counselor for information, ask your professors for advice, request application forms, fill them out, ask for references, write an essay and send everything to the admissions office)

H. ¿Qué opinan? Comenta el ingreso a la universidad con tus compañeros.

1. Tú estás en el último año de escuela secundaria. Hablas con un(a) amigo(a) que piensa matricularse en la universidad. Prepara una lista de preguntas, por lo menos diez, que puedas hacerle para averiguar lo que ya ha hecho y lo que le queda por hacer.

2. Habla de la matrícula con algún(a) compañero(a) y háganse las preguntas ya preparadas. También, debes hacerle otras preguntas que se te ocurran durante la conversación.

3. Diles a los demás todo lo que sabes sobre los planes de matrícula de tu compañero(a).

CONVERSACION 2: LAS CLASES QUE TOMAMOS

ANTES DE ESCUCHAR

I. Actividades diarias.   Con tus compañeros comenta las actividades de los estudiantes y de los profesores.

1. Las clases que se dan
2. Los días
3. Las horas
4. El horario de los estudiantes
    a. Las clases   b. Las tareas   c. Las actividades sociales   d. Otras actividades
5. El horario de los profesores
    a. Las clases   b. La preparación de clases   c. La investigación   d. Las actividades sociales   e. Otras actividades

Es obvio que todos estamos muy ocupados y que por lo menos en los EE.UU. vivimos de acuerdo con el trabajo que tenemos. El reloj nos ayuda a organizar las actividades, incluso los deberes y los placeres del día. Así podemos disfrutar mejor de todas las posibilidades que nos presenta la vida.

J. ¿Cómo es tu horario?   La segunda conversación trata del horario de dos estudiantes. Antes de escucharla, piensa en tu propio horario.

1. ¿Qué clases tomas?

    _____

2. ¿En qué días tienes clases?

    _____

3. ¿A qué hora son las clases?

    _____

4. ¿A qué hora comes?

    _____

ESCUCHAR

L. ¡Tengo mucho que hacer!   Ahora, escucha la primera parte de la segunda conversación, en la que dos estudiantes conversan sobre su horario, y escribe las palabras que faltan.

    — José, _____ _____

    estoy tomando demasiados créditos _____

    _____ .

    — Y eso, ¿ _____ _____, Rodolfo?

    — Me _____ _____ demasiadas clases.

    — No, _____ eso es _____

    elimina algunos _____ .

— Pero no, ya estoy _____ en todos y no puedo

_____ ahora. Pero _____

una cosa. ¿Tú estás tomando _____ ?

— Sí, _____ _____

_____ de filosofía a las tres con el

_____ _____ .

LL. **¿Qué pasó?** Ahora escucha toda la conversación para enterarte de algunas cosas generales.

1. ¿Por qué se preocupa Rodolfo?

_____

2. ¿Qué le sorprende a él?

_____

3. ¿En qué días quiere almorzar con José?

_____

4. ¿A qué hora puede almorzar?

_____

M. **¿Qué dirías tú en inglés… ?** A veces es posible entender una palabra desconocida fijándose en otras palabras de la oración, es decir, en el contexto. Escucha las otras palabras, piensa en el contexto y escribe lo que se dice en inglés en lugar de las siguientes palabras o expresiones.

1. Me asignan… _____

2. … ya estoy inscrito en todos… _____

3. … no puedo dejarlos ahora… _____

4. … a pasar la materia. _____

5. … almuerzas. _____

6. … sino cenar nada más. _____

DEPARTAMENTO DE IDIOMAS

PROGRAMA	MENCIONES	ESPECIALIDADES	GRADO
MAESTRIA EN ARTES	LINGÜISTICA	LINGÜISTICA HISPANICA LINGÜISTICA INGLESA	MAGISTER ARTIUM EN LINGÜISTICA
	LITERATURA	LITERATURA CHILENA	MAGISTER ARTIUM EN LITERATURA

memomemomemom

Expresiones útiles para informarse sobre el horario

Dime, por favor, ¿qué haces a las ocho?	Tell me, please. What do you do at eight o'clock?
¿A qué hora almuerzas?	What time do you eat lunch?
¿Hasta qué hora estudias?	Until what time do you study?
¿Tu clase dura hasta las nueve?	Does your class go on until nine?
¿Y la cena? ¿A qué hora cenas?	And dinner? What time do you eat dinner?
Pero, hombre (mujer), ¿no duermes?	But, good heavens, don't you sleep?
¿Vas a la clase a las diez en punto?	Do you go to class at ten sharp?
¿Con quién almuerzas?	With whom do you eat lunch?
¿Siempre llegas a tiempo?	Do you always arrive on time?
No, a veces llego tarde (temprano).	No, sometimes I arrive late (early).
¿Cuánto tiempo dura la clase?	How long does the class last?
¿Siempre asistes a todas las clases?	Do you always attend all the classes?
No, a veces falto a una.	No, sometimes I miss one.
¿Qué clase tomas a la una?	What class do you have at one o'clock?
¿A qué hora es la clase?	What time is the class?
¿Qué días tienes esa clase?	What days do you have that class?

N. ¿Cómo es tu día?   Habla con un(a) compañero(a) de clase del horario.

1. Mira el horario que está en la página 43 y prepara las preguntas apropiadas para pedirle a un(a) compañero(a) de clase los datos necesarios para prepararle su horario.

2. Hazle a un(a) compañero(a) las preguntas que preparaste y llena su horario en la página 43. Luego, entrégale el horario llenado a ver si todo está bien.

3. Explícales el horario de tu compañero(a) a los demás estudiantes de la clase.

CONVERSACION 3: NOS INTERESA ESTUDIAR EN EL EXTRANJERO

ANTES DE ESCUCHAR

Ñ. Estudiar en el extranjero.   Se dice que el mundo es cada vez más pequeño y parece que esto es la verdad. Hoy en día sabemos más que nunca de otros países y recibimos muchos de sus productos. Del mismo modo, hay turistas por todas partes. Como consecuencia muchos estudiantes quieren estudiar en el extranjero. Aunque hay más estudiantes de otros países que quieren estudiar aquí en los EE.UU., también hay muchos norteamericanos que van a estudiar un semestre o un año en el extranjero.

	lunes	martes	miércoles	jueves	viernes
7:00					
8:00					
9:00					
10:00					
11:00					
12:00					
13:00					
14:00					
15:00					
16:00					
17:00					
18:00					
19:00					
20:00					
21:00					

En clase, piensen ustedes en todas las respuestas que puedan dar a las tres siguientes preguntas.

1. ¿Por qué estudian tantos jóvenes en el extranjero?
2. ¿Qué beneficios sacan de ello?
3. ¿Qué pasos previos deben darse para estudiar en el extranjero?
   a. Para matricularse
   b. Para viajar al país

O. Programas de estudio en el extranjero. En la tercera conversación algunos estudiantes que quieren estudiar en el extranjero hablan con la profesora García. Antes de escuchar la conversación, piensa en las preguntas que harías tú sobre los programas de estudio en el extranjero.

1. _____
2. _____
3. _____
4. _____
5. _____
6. _____
7. _____

ESCUCHAR

P. ¿Qué pasó? Escucha la tercera conversación entre los estudiantes y la profesora e indica el orden de los cuatro temas más importantes.

_____ requisitos   _____ dónde vivir

_____ propósitos   _____ por cuánto tiempo

Q. ¡Buena idea! La profesora tiene una actitud favorable. Escucha la conversación otra vez y escribe lo que dice ella para entusiasmar a los estudiantes cuando oye lo siguiente.

1. Eh, concretamente a la Universidad de Salamanca en España.

   _____

2. Pero la experiencia me gustaría… me gustaría tenerla.

   _____

R. Quisiera saber… Los estudiantes van a la profesora para pedirle informes sobre los programas de estudio en el extranjero, pero ni ellos ni la profesora hace muchas preguntas. (Está claro que es posible obtener informes sin hacer preguntas.) Escucha y apunta las cuatro preguntas que hacen. Indica las de la profesora (**P**) y las de los estudiantes (**E**).

1. _____
2. _____
3. _____
4. _____

RR. Más información. Escucha la conversación otra vez para poder contestar las siguientes preguntas.

1. Los estudiantes hablan de tres razones para estudiar en el extranjero. ¿Cuáles son?

   a. _____
   b. _____
   c. _____

2. ¿Cuánto tiempo piensan pasar en el país?

   _____

3. ¿Por qué les recomienda la profesora que vivan con una familia?

   a. _____

   b. _____

   c. _____

4. ¿Cuáles son los dos requisitos?

   a. _____

   b. _____

DESPUES DE ESCUCHAR

Expresiones útiles para mantener la conversación en marcha

Entiendo todo, pero, ¿me lo podrías explicar otra vez?	I understand everything, but can you explain it to me again?
Pero, tú sabes que eso me importa mucho.	But you know that that is very important to me.
Un momento.	Just a moment.
Yo también. (Ni yo tampoco.)	Me, too. (Neither do I.)
Claro que sí, pero no es tan sencillo.	Of course, but it isn't so simple.
(Vamos) A ver.	Let's see.
¿De qué depende?	On what does it depend?

Expresiones útiles para expresar opiniones

Desde mi punto de vista, es necesario... .	From my point of view, it's necessary . . . .
Por otra parte,... .	On the other hand, ...
Lo que (no) me gusta es... .	What I (don't) like is . . . .
Y ¿a ti?	And you?
A mí, también,... .	Me, too . . . .
A mí, no.	Not me.
A mí, sí.	I do.
Tienes razón, pero... .	You're right, but . . . .
A mí me parece que... .	It seems like . . . .
Es importante... .	It is important . . . .
No estoy de acuerdo.	I don't agree.
¿Qué piensas tú?	What do you think?
A ti, ¿qué te parece?	What do you think?

S. **¿Y Uds.?**   Habla con dos compañeros sobre la posibilidad de estudiar en el extranjero.

1. Piensa en las razones para ir al extranjero a pasar un año estudiando y en las razones para quedarte en tu propia universidad. Apunta las que están a favor y las que están en contra.

Razones a favor	Razones en contra
_____	_____
_____	_____
_____	_____
_____	_____
_____	_____

2. Comenta con los demás estudiantes las razones principales para seguir sus estudios en otro país o aquí en los EE.UU.

ACTIVIDADES

SITUACIONES

T. Para ganar una beca… ¿Quieres estudiar en el extranjero? En casa, llena el formulario que se encuentra en la página 47 para solicitar una beca como estudiante de intercambio en la Universidad Autónoma de San Gerónimo.

Forma un equipo con otros tres compañeros(as) y, de entre otro grupo de cuatro estudiantes, seleccionen a uno(a) para el programa de intercambio. Primero hagan una lista de las cualidades más importantes que debe tener un(a) estudiante de intercambio. Si quieren, pueden usar estas expresiones para empezar.

Es importante saber el idioma.
Creo que el (la) mejor aspirante es el (la) que…
Y además, debe…
Y otra cualidad importante es…

_____
_____
_____
_____
_____

Ahora, estudien las solicitudes del otro grupo (mientras que el otro grupo estudia las solicitudes de ustedes) y escojan los (las) dos aspirantes que les parezcan mejores. Si quieren, pueden usar estas expresiones para empezar.

Bueno, éste(a) tiene (es) más…
Pero por otra parte…
Pero fíjense que…

Entrevisten a los dos estudiantes que han escogido. Preparen tres preguntas para averiguar si tienen las cualidades que a ustedes les parecen importantes en un(a) estudiante de intercambio.

PROGRAMA DE INTERCAMBIO

Su universidad: _____

Nombre y apellidos: _____

_____

Dirección: _____

_____

Teléfono: _____ Edad: _____ Estado civil: _____

Especialización en los estudios: _____

Promedio de las calificaciones: _____

Promedio de calificaciones en español: _____

Estancia en otros países:

    ¿Ha vivido en otro país? _____   _____
                                   Sí   No

    Si la respuesta es afirmativa, ¿en qué país(es) ha vivido y durante cuánto tiempo vivió allí?

    País   De . . .

_____

En San Gerónimo prefiero vivir:

    en una pensión _____   en una residencia universitaria _____

    con una familia _____   en un apartamento con otros

                                           estudiantes norteamericanos _____

Escriba un párrafo en el que explica las razones por las cuales usted desea estudiar en la Universidad de San Gerónimo.

_____

_____

_____

_____

1. _____

_____

2. _____

_____

3. _____

_____

Anota a continuación las respuestas de los estudiantes.

1. a. _____

_____

    b. _____

2. a. _____
_____
_____

b. _____
_____

3. a. _____
_____

b. _____
_____

Decidan entre ustedes cuál de los aspirantes satisface mejor los requisitos y anuncien su decisión al otro grupo.

EL EXAMEN PARA LA BECA

Cinco chicos presentaron un examen para una beca. Este constaba de cinco materias: latín, inglés, ciencias, matemáticas e historia. Cada una de ellas valía 60 puntos, los cuales se dividirían entre los 5 chicos. Curiosamente, cada chico fue primero en una materia, segundo en otra, tercero en otra, cuarto en otra y quinto en la otra. Sin embargo, las sumas de sus puntos obtenidos, diferían. La obtención de la beca estaba basada en las puntuaciones totales.

Se informaron los hechos siguientes:

Alfred obtuvo el tercer lugar en latín. Sin embargo en inglés obtuvo 27 puntos contra los 26 de David.

Bertram obtuvo 12 puntos en ciencias y fue el penúltimo lugar en matemáticas con sólo 2 puntos.

Cyril fue el último en historia con 10 puntos.

David, con 18 puntos, obtuvo el tercer lugar en matemáticas.

Egbert logró el primer lugar en historia, pero el último en ciencias, con sólo 9 puntos.

La máxima calificación en latín fue de 14 puntos.

¿Quién ganó la beca, y cuál fue la puntuación total del ganador y sus rivales?

U. ¿Quién gana la beca?   Con un(a) compañero(a) traten de resolver el problema arriba para ver cuál de los estudiantes gana la beca. Lean la descripción de la dificultad y conversen, tratando de formular una estrategia para solucionarla. Cuando hayan llegado a una decisión, comparen el resultado con los resultados de las otras parejas. Su profesor(a) les dará la solución correcta.

V. Especialidades. En un grupo de tres compañeros, comparen sus especialidades, las ventajas y desventajas de cada una y por qué a cada uno le gusta la suya. Hablen, por ejemplo, de los requisitos, del número de horas que tienen que estudiar cada día, de si tienen laboratorio o alguna otra tarea especial fuera de clase, del costo de los libros, del número de estudiantes en cada clase, de si conocen bien a los profesores y de las oportunidades futuras que ofrece cada especialidad.

X. Una buena conversación. Tu profesor(a) te va a dar una lista de los datos que debes conseguir de dos de tus compañeros. Ellos también te harán preguntas a ti. Háganse las preguntas, pero no se limiten a un simple procedimiento de preguntas y respuestas, sino que traten de añadir otros temas como en una verdadera conversación y al contestar las preguntas de sus compañeros, agreguen más datos, comentarios interesantes y anécdotas personales.

Y. Una escena. Es una conversación entre un(a) estudiante universitario(a) y su padre o madre. El (La) muchacho(a) ya ha terminado su primer año y acaba de volver a casa para las vacaciones de verano. Una noche su padre (madre) empieza a hablarle del futuro y de su especialidad.

El padre (La madre) cree que todavía quiere ser médico(a) y que sigue en el programa de «pre-med.» Está orgulloso(a) de su hijo(a) y sabe que la medicina es una buena carrera con buena reputación y mucho dinero. Está empeñado(a) en que su hijo (a) sea médico(a).

El (La) hijo(a) no le ha dicho que ha cambiado de parecer. No le gustan los cursos que se tienen que estudiar en «pre-med» ni tampoco quiere ser médico(a). Piensa especializarse en lenguas extranjeras o en cualquier otro campo. Ama mucho a su padre (madre) y no quiere decirle lo que piensa hacer. Comprende el punto de vista de su padre (madre), pero no tiene más remedio que decírselo. Trata de explicarlo todo de tal manera que su padre (madre) comprenda y que esté de acuerdo con sus deseos.

FUERA DE CLASE

Z. Ve a la biblioteca para buscar y estudiar los programas de alguna universidad de un país de habla española. ¿En qué son semejantes o diferentes a los de las universidades norteamericanas? Explícales a tus compañeros de clase lo que averiguaste.

AA. Ve a la oficina de programas para estudiar en el extranjero que tienen en tu universidad y lee lo referente a los estudios en países de habla española. Describe el programa a tus compañeros de clase.

BB. Si en tu universidad hay estudiantes o profesores que hayan estudiado en el extranjero, entrevista a uno(a) de ellos y pregúntale qué consejos les daría a aquellos estudiantes que quieren estudiar en el extranjero.

Hacer

1. _____
2. _____
3. _____

No hacer

1. _____
2. _____
3. _____

Tener cuidado

1. _____
2. _____
3. _____

Evitar

1. _____
2. _____
3. _____

¿Qué les puede chocar más?

1. _____
2. _____
3. _____

¿Cómo se van a sentir fuera de su país?

1. _____
2. _____
3. _____

vocabulario palabras y expresiones que quiero recordar

Capítulo 3

DESCRIPTION AND CIRCUMLOCUTION

«Descríbeme...»

GENTE, COSAS Y LUGARES

INTRODUCCION

A. No conozco la palabra, pero puedo describir lo que es. ¿Cómo explicas una cosa cuando no sabes decirla en español? Con un(a) compañero(a), escriban una descripción para cada una de las siguientes cosas, y luego compárenla con la descripción de otros dos estudiantes. Por último, busquen la palabra en español en el diccionario.

1. **diving board**

   nuestra explicación: _____

   _____

   la(s) palabra(s) en español: _____

2. **to hitchhike**

   nuestra explicación: _____

   _____

   la(s) palabra(s) en español: _____

BUSCO UNA COSA, NO SÉ CÓMO SE LLAMA EN ESPAÑOL, PERO ES COMO UNA BOLSA DE TELA PARA LLEVAR LOS LIBROS Y TIENE UN BOLSILLO PARA COSAS PEQUEÑAS. LOS ESTUDIANTES LO LLEVAMOS A LA ESPALDA O EN EL HOMBRO. ¿COMPRENDE?

AH ¿BUSCA UNA MOCHILA?

INFORMACIÓN

3. **gift-wrapped**

   nuestra explicación: _____

   _____

   la(s) palabra(s) en español: _____

4. **to daydream**

   nuestra explicación: _____

   _____

   la(s) palabra(s) en español: _____

5. **subway**

   nuestra explicación: _____

   _____

   la(s) palabra(s) en español: _____

memo

Expresiones útiles para dar instrucciones

Camina hacia abajo.	Go down.
arriba y a la derecha.	up and to the right.
izquierda.	left.
Sigue derecho/recto.	Continue straight ahead.
¡Párate!	Stop!
Vuelve atrás.	Go back.
Dobla a la derecha/izquierda.	Turn to the right/left.

B. Laberinto.   Un(a) compañero(a) «ciego(a)» quiere trazar con un lápiz o bolígrafo el camino que hay que seguir para llegar al Gimnasio los Flacos desde la Heladería Dulcinea. Dale instrucciones para que llegue al gimnasio con los ojos cerrados, sin salir del camino. ¡El (La) compañero(a) no debe abrir los ojos! Usa la forma **tú** con tu compañero(a).

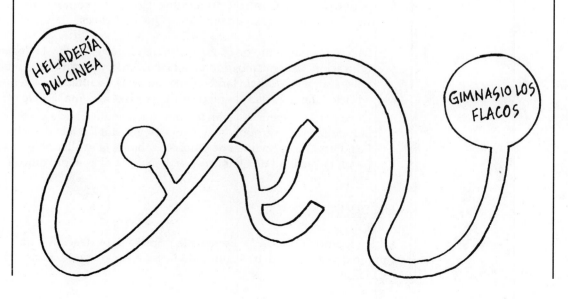

ESCUCHAR Y PRACTICAR

CONVERSACION 1: INSTRUCCIONES PARA LLEGAR A UN LUGAR

ANTES DE ESCUCHAR

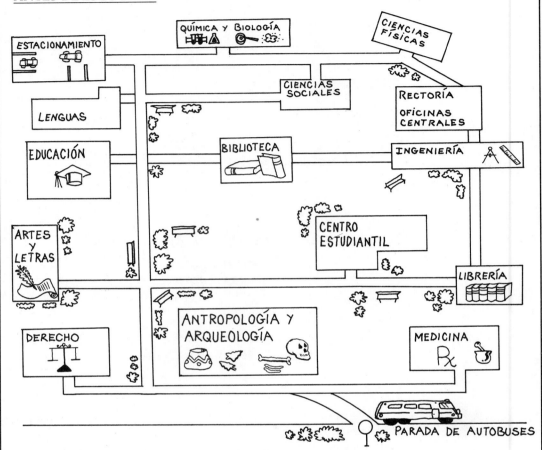

C. ¿Cómo llego al Centro Estudiantil?   Con un(a) compañero(a), sigue las instrucciones para llegar a un edificio. ¿Qué edificio es?

1. Del estacionamiento de coches, caminen hacia el sur hasta llegar a la Facultad de Educación. Allí mismo, doblen a la izquierda y pasen por la biblioteca. Sigan recto y llegarán a un edificio largo. Creo que es la Facultad de Ingeniería. Frente a ese edificio, al norte, está el que buscan. ¿Cómo se llama? ¿Qué oficinas tiene?

2. De la parada de buses, sigan la acera que conduce hacia el oeste, y después de pasar la Facultad de Antropología y Arqueología, doblen a la derecha. Sigan derecho hasta llegar a la Facultad de Química y Biología, y allí doblen a la derecha otra vez y pasen la Facultad de Química y Biología. ¿Cuál es el próximo edificio a la izquierda?

ESCUCHAR

CH. ¿Cómo llego a...? Escucha la primera conversación y traza en el mapa el camino que el joven debe seguir para llegar a la casa de Mariana. Escribe una **X** donde está la casa.

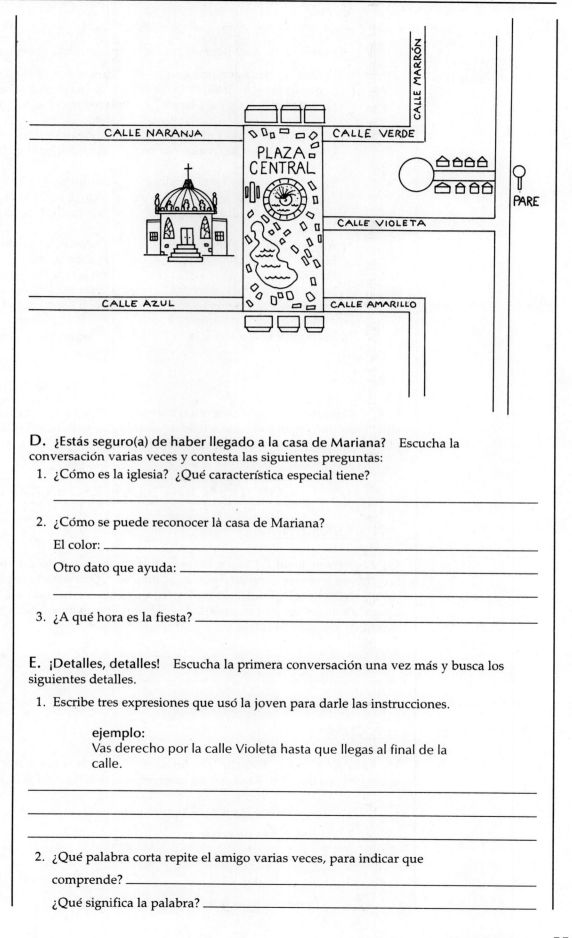

D. ¿Estás seguro(a) de haber llegado a la casa de Mariana? Escucha la conversación varias veces y contesta las siguientes preguntas:

1. ¿Cómo es la iglesia? ¿Qué característica especial tiene?

   _____

2. ¿Cómo se puede reconocer là casa de Mariana?

   El color: _____

   Otro dato que ayuda: _____

   _____

3. ¿A qué hora es la fiesta? _____

E. ¡Detalles, detalles! Escucha la primera conversación una vez más y busca los siguientes detalles.

1. Escribe tres expresiones que usó la joven para darle las instrucciones.

   ejemplo:
   Vas derecho por la calle Violeta hasta que llegas al final de la calle.

   _____

   _____

   _____

2. ¿Qué palabra corta repite el amigo varias veces, para indicar que

   comprende? _____

   ¿Qué significa la palabra? _____

memomemomor

Expresiones útiles para preguntar y explicar cómo se llega a un lugar

Perdón, ¿puede decirme dónde queda (la Catedral)?	Excuse me, could you tell me where (the Cathedral) is?
¿Por qué calle voy para llegar a...?	What street should I follow to get to . . . ?
¿Cómo puedo llegar al...?	How can I get to . . . ?
Doble a la derecha/izquierda en la Avenida....	Turn right/left on . . . Avenue.
Siga derecho/recto tres cuadras por la Calle....	Continue straight for three blocks along . . . Street.
Camine una cuadra y media más.	Walk another block and a half.
Allí está, frente a (la iglesia).	There it is, opposite (the church).
Está allí a la vuelta.	It's there around the corner.
Está al fondo.	It's clear at the back (end).
Está a la izquierda/derecha.	It's on the left/right.
Está en la esquina de la Avenida... y la Calle....	It's on the corner of . . . Avenue and . . . Street.
Está entre la Calle... y la....	It's between . . . and . . . Streets.

F. Un plano de... Explícale a un(a) compañero(a) cómo llegar adonde tú vives o a algún otro sitio importante que quede cerca de la universidad. El (Ella) debe dibujar un plano y hacerte preguntas para poder llegar al sitio.

CONVERSACION 2: LA PERSONA IDEAL

ANTES DE ESCUCHAR

G. La persona ideal. Cierren los ojos, todos, y piensen en el hombre o la mujer que les gustaría tener como novio o novia. ¿Cómo es? ¿Qué aspecto tiene? ¿Qué personalidad tiene? ¿Cuál es su profesión? ¿Quisieras tener una cita con la persona? Luego, abran los ojos, y con un(a) compañero(a), hagan una lista de las palabras que describen a su persona ideal.

alto(a) _____   _____   _____

_____   _____   _____

_____   _____   _____

ESCUCHAR

H. La cita de Rosa. Escucha la segunda conversación y marca con una **X** lo que oyes sobre una cita que tuvo Rosa con un joven muy agradable. No marques lo que no oigas.

_____ 1. Rosa salió con el joven el viernes pasado.

_____ 2. Lo conoció en una clase.

_____ 3. El se llama Roberto Avila.

_____ 4. Es alto y guapo.

_____ 5. Es moreno y tiene buen sentido de humor.

_____ 6. Va a ser ingeniero.

_____ 7. Roberto fue a buscar a Rosa en su casa.

_____ 8. Cenaron juntos, bailaron y fueron a una fiesta.

_____ 9. Pasaron toda la noche juntos.

_____ 10. Roberto dice que van a salir juntos otra vez el próximo fin de semana.

I. ¿Qué dirías tú...? Escucha otra vez la conversación y escribe las expresiones que usarías tú en inglés para expresar lo que las dos chicas dicen con las frases siguientes.

1. ¡Qué casualidad! _____

2. Justo la persona a quien quería ver. _____

_____

3. ¿Qué cita? ¡No me digas! _____

_____

4. Y ¿qué tal es? _____

5. Uy, pero, ¡qué bien! _____

6. Ay, pero, Rosa, ¡qué maravilla! _____

DESPUES DE ESCUCHAR

J. Chismes. Junto con un(a) compañero(a), describan a tres personas. Mencionen a) los aspectos físicos, b) la personalidad y c) algo que hace y cómo lo hace. A ver si tus compañeros pueden identificar a las tres personas descritas. Refiérete a las expresiones en la página 59, si necesitas.

1. _____ : _____
   (Nombre secreto)

_____

_____

_____

2. _____ : _____

_____

_____

_____

3. _____ : _____

_____

_____

_____

Posibles víctimas de sus chismes:

Michael Jackson   Saddam Hussein

Julio Iglesias   Jesse Jackson

George Bush   su profesor(a)

Meryl Streep   el (la) rector(a) (presidente)

Mikhail Gorbachev   de su universidad

L. Quiromancia (*Palmistry*).   a) Lee las siguientes descripciones de un joven y una muchacha conocidos, basadas en el estudio de su fecha de nacimiento y de las líneas de la palma de la mano. Subraya los adjetivos y otras palabras descriptivas y busca en el diccionario el significado de las palabras que no conoces. b) Llena el "Cupón de participación" con tus propios datos. c) Estudia el cupón y la mano de otro(a) estudiante e inventa una descripción de su personalidad.

QUIROMANCIA

Si quieres saber más de tu carácter y de tu porvenir, MIA te brinda la oportunidad. Hazte una fotocopia de la palma izquierda y envíanosla junto con el cupón debidamente relleno. Semanalmente publicaremos el estudio de un personaje popular, y el de aquel lector cuya carta haya sido seleccionada.

Tolerante y práctico.

Antonio Banderas

Leo

Carácter extravertido y vital. Decidido e impulsivo. De mediana imaginación. Naturaleza sensual. Personalidad emocional y apasionado en los sentimientos. Ambicioso y fatalista. Confiado y tolerante con los demás. Individualista. Espíritu más práctico que ingenioso. Sexualmente activo. Los 31 años marcarán para ti el inicio de una época y unos años de tu vida intensos y llenos de responsabilidad... Hasta los 38 ó 39 años

vivirás uno de los períodos más fecundos y fuertes de tu existencia; con todo lo bueno y lo malo que eso representará en tu vida. Serán estos años muy importantes porque de ellos y lo que saques en claro dependerán muchos aspectos de los años futuros. En un principio, los mayores cambios los introducirás en el terreno personal y no solamete dependerán de ti; después esa evolución se filtrará en tu medio de vida y en tu trabajo de forma sutil y significativa. Profesionalmente, esos años serán positivos para ti.
En el amor y en los sentimientos sufrirás una profunda decepción, después de varios años de una intensa relación irrepetible en el amor, y que creará un gran

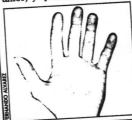

desconcierto al final de esa etapa de tu existencia. Además de esa mujer, llegarán a marcar tu destino dos personas más y en distintos momentos de tu vida. Sin embargo, ninguna de ellas será nunca como la primera. Pasados lo 39 años, las circunstancias de tu entorno te obligarán a modificar el lugar donde vivas y el ambiente donde te relaciones. Lo harás lejos de tus raíces y durante varios años permanecerás alejado de todo... No vivirás en este continente y lo harás en un lugar por el que pasará el trópico de cáncer. De cuatro a siete años después, regresarás para quedarte definitivamente en tu tierra e intentar rehacer y recomenzar las cosas. Vivirás pocos años más de los 64. ■

Este estudio lo realiza J. Barucci, especialista en quiromancia, y si os interesa acudir a su consulta podéis llamar al teléfono 308 32 79, de Madrid.

Próximo personaje
Pastora Vega

María Luisa

10 marzo 1945

De espíritu independiente y pragmático. Calculadora y poco arriesgada. Carácter temperamental y persuasivo. Sentimentalmente escéptica. Sexualmente apasionada. Personalidad decidida y fiel a sí misma. Materialista. Responsable y tolerante con todos los que te rodean. El amor ha representado una parte esencial de un destino incierto y desafortunado, en ese sentido profundo y lúdico de la vida. Dos hombres amaste con intensidad, especialmente el segundo y no existirá un tercero.
A pesar de la importancia que ha tenido el amor en tu existencia, el futuro no será esperanzador en ese sentido y prevalecerá el lado práctico y despersonalizado en tus relaciones con los hombres, en los que no llegarás a encontrar lo que con tanto anhelo buscas. En el terreno

material, de momento y en estos años inmediatos, no habrá ninguna variación significativa; únicamente tienes que tener en cuenta el período que venga a partir del año 90 ya que es un período corto, posiblemente sólo sea de escasos meses, pero que motivará cambios en tu medio de vida de una impor-

tancia impredecible. No será una etapa llana y sin dificultades, pero será postiva para ti, a pesar del riesgo que comportará su ejecución. La parte material siempre la tendrás cubierta en tu vida y en ella no sufrirás desequilibrios, ni contratiempos. Vivirás más de 74 años y el final será natural. ■

CUPON DE PARTICIPACION

Nombre _____
Apellidos _____
Dirección _____
Número _____ Piso _____
Código Postal _____ Población _____
Provincia _____ Teléfono _____
F. de nacto. _____ Prof./actividad _____
MIA Quiromancia. Paseo de la Castellana, n.º 18. 28046 Madrid

ESCRITO EN LAS ESTRELLAS

...erto en astrología analizará...
...los, los peores, l...
...ersonal...

...onsecuencias que se derivan de ello: los...

Expresiones útiles para describir a alguien

Es moreno(a)	rubio(a)	dark complected	blond(e)
fuerte	débil	strong	weak
bajo(a)	alto(a)	short	tall
pequeño(a)	grande	small	large, big
delgado(a)	grueso(a)	thin	fat
flaco(a)	gordo(a)	skinny	fat
feo(a)	guapo(a)	ugly	good-looking
alegre	triste	happy	sad
antipático(a)	simpático(a)	unpleasant	nice
liberal	conservador(a)	liberal	conservative
tonto(a)	inteligente, listo (a)	dumb, silly	intelligent
imprudente	prudente	impulsive	careful
optimista	pesimista	optimist	pessimist
trabajador(a)	perezoso(a)	hard-working	lazy
aburrido(a)	fascinante	boring	fascinating
Habla/baila/escribe...		He (She) speaks/dances/writes . . .	
muy bien	muy mal	very well	very badly
divinamente	horrorosamente	beautifully	horribly
rápidamente	lentamente	fast	slowly
sin cuidado	cuidadosamente	impulsively	carefully
con gracia	sin gracia	gracefully, wittily	without grace, clumsily
de una manera	extraña	in a strange way	
	linda		lovely
	fea		ugly
	(des)agradable		(dis)agreeable, (un)pleasant
	exquisita		exquisite

CONVERSACION 3: EL CASO DEL ANILLO PERDIDO

ANTES DE ESCUCHAR

LL. Una situación difícil.   En la tercera conversación, una joven trata de explicar a un plomero la siguiente situación. ¿Podrías decirlo en inglés? ¿Cómo explicarías la situación en inglés y en español? Trabaja con otro estudiante, sin usar el diccionario. Si no saben una palabra, busquen otra manera de explicar lo que quieren decir.

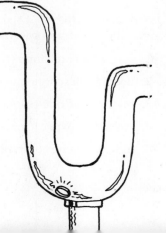

ESCUCHAR

M. Una conversación con el plomero.   Escucha la tercera conversación y contesta las siguientes preguntas.

1. ¿Cuál es el tono de la conversación? ¿Cómo se siente la señora? ¿Cómo se siente el hombre? _____

_____

_____

2. ¿Se comprenden bien los dos? ¿Cómo sabes que sí o que no? _____

_____

_____

3. Finalmente, ¿cómo van a resolver el problema? _____

_____

_____

N. ¿Qué pasó?   Escucha la conversación varias veces y lee el siguiente resumen, llenando los espacios en blanco con palabras claves de la situación.

Una señora llama por teléfono a un plomero. La compañía se llama

_____ San Vicente _____

Limitada. La señora le dice al plomero que está _____ porque

ha perdido su _____ de _____ .

El plomero le contesta que son una compañía experta en plomería y no son

_____ . La señora explica que ha perdido su anillo en el

_____ . No lo perdió en la tina ni en el inodoro, sino en el

_____ . El plomero quiere saber exactamente dónde lo

perdió, pero la señora no sabe explicarle bien; solamente sabe decir que está

_____ . Por fin el plomero se da cuenta de que

probablemente está en la tubería y le pregunta si hay un

_____ que cubra el lavamanos. Le dice que abra la puerta

del armario y allí estará la tubería. El plomero, para ahorrarle el costo de un viaje a su

casa, le recomienda que utilice una _____ inglesa para

desarmar la tubería, pero ella no comprende nada. El plomero le dice, —¡Ay, señora!

OK, mire, estaré allí en _____ minutos y la

_____ de este percance.

Ñ. ¿Qué dijeron para… ?   Escucha la conversación una vez más y escoge las expresiones que han usado para…

_____ 1. contestar el teléfono (el plomero)

_____ 2. decirle a la señora que se tranquilice (el plomero)

_____ 3. preguntarle qué es lo que quiere (el plomero)

_____ 4. pedir más explicaciones (el plomero)

_____ 5. indicar que no comprende (la señora)

a. Explíquese.

b. Cálmese, señora.

c. Plomería San Vicente y Hermanos, Limitada, a la orden.

d. ¿Qué es eso de la llave inglesa?

e. ¿En qué le podemos ayudar?

DESPUES DE ESCUCHAR

Expresiones útiles para describir algo

Se parece a (un gato).	It looks like (a cat).
Parece (muy grande).	It looks/seems (very big).
Es como (una caja).	It's like (a box).
Parece ser (más grande de lo que es).	It seems (bigger than it is).
Huele a (azufre).	It smells like/of (sulphur).
Sabe a (limón).	It tastes like (lemon).
Suena como (un pito).	It sounds like (a whistle).
Es del color de (la hierba).	It's the color of (grass).
Se usa para... .	It's used for/to . . . .
Es de tamaño muy grande.	It's a very large size.
pequeño.	small.
regular.	medium.
Es redondo(a).	It's round.
cuadrado(a).	square.
rectangular.	rectangular.
triangular.	triangular.
tubular.	tubular.
Es suave.	It's smooth.
blando(a).	soft.
duro(a).	hard.
Es agrio(a).	It's sour.
amargo(a).	bitter.
dulce.	sweet.
Es fragante.	It's fragrant.
maloliente.	smelly.

O. Cómo describir pertenencias perdidas.   Todos entregan una cosa al (a la) profesor(a). (Los compañeros no deben verla.) El (La) profesor(a) pondrá todas las cosas juntas en el escritorio. Para que cada estudiante consiga que le devuelvan su prenda, tendrá que describirla a otro(a) compañero(a), sin decirle la palabra exacta. Este (a) compañero(a) irá al escritorio para recogerla y devolvérsela al (a la) dueño(a).

> ejemplo:
> Es alargado, de color amarillo. Es duro y liso. Tiene un borrador y lo uso para escribir. (Es un lápiz.)

P. ¿Dónde está...?   Para describir dónde está algo, hay que saber las preposiciones. Observa el cuadro que se presenta a continuación. ¡Pobre Santiago no está bien despierto! Por favor, junto con un(a) compañero(a), díganle dónde están sus cosas. No usen el diccionario. Si hay palabras que no saben, describan las cosas.

memor

Expresiones útiles para explicar que uno no sabe la palabra

Yo no sé qué es eso.	I don't know what that is.
No recuerdo la palabra, pero es una cosa… .	I don't remember the word, but it's a thing . . . .
No sé cómo se dice (se llama), pero… .	I don't know how you say (what it's called), but . . . .
Debo (Puedo) describirlo.	I ought to (can) describe it.
¿Me comprende(s)?	Do you understand me?
¿Sabe(s) lo que quiero decir?	Do you know what I mean?

Q. Mi cuarto. Formen grupos de dos estudiantes. Uno(a) describirá su cuarto, mientras que el (la) otro(a) lo dibujará exactamente como se lo describe. Luego, cambien de papel.

ejemplo:
Es un cuarto grande. La ventana está en la pared del norte. La puerta está en la pared del sur. Tengo una cama pequeña que está a la derecha de la ventana, etc.

R. La lotería. Acabas de ganar diez millones de dólares en la lotería, y quieres construir una casa ideal. Describe la casa que quieres a uno de tus compañeros, quien hará el papel de un famoso arquitecto.

1. Deberán conversar de lo siguiente:

- ¿Dónde quieres construir la casa?
- ¿De qué quieres construirla?
- ¿Cuántos cuartos quieres y con qué propósito?
- ¿Qué deseas para cada cuarto en particular?
- ¿Qué otras cosas piensas construir? ¿Una piscina? ¿Una cancha de tenis? ¿Un jardín interno?
- ¿Qué tipo de árboles, arbustos y plantas quieres alrededor de la casa?

2. Después de decidir en conjunto cómo va a ser la casa, preparen un dibujo de ella.

RR. Un anuncio comercial. ¿Tienes algo que te gustaría vender? Prepara una buena descripción de un artículo y un anuncio comercial para la televisión en español. Presenta tu anuncio ante la clase o grábala en vídeo.

S. Juego de palabras. Formen grupos de dos parejas. El (La) profesor(a) les dará cinco palabras diferentes a cada pareja. Una pareja le dará a la otra una definición de la palabra. Si no la adivina la primera vez, la primera pareja seguirá describiéndola hasta que la otra pareja acierte.

FUERA DE CLASE

T. Pídele a alguna persona de habla española—de preferencia a alguien que haya nacido en un país hispánico—que describa su país natal, la ciudad donde vivía de niño(a), el piso o la casa en que vivía su familia. Haz una grabación de la descripción y hazla oír a la clase.

U. Formen grupos de tres o cuatro estudiantes. Preparen una lista de descripciones de diez cosas que se pueden traer a clase. Den una copia de su lista a otro grupo. Los estudiantes de ese grupo deben buscar todas las cosas y traer las que encuentren a la clase siguiente. En esa clase deberán comparar las descripciones de su lista con las cosas que ha traído el otro grupo. El grupo que traiga el mayor número de las cosas descritas, gana.

ejemplo:
Es redonda. Es roja, amarilla o verde. Tiene corteza. Es dulce y jugosa. (una manzana)

3

vocabulario
palabras y expresiones que quiero recordar

4

REQUESTING AND PROVIDING INFORMATION

«¿*Podría decirme...*?»

EMPLEOS Y PROFESIONES

INTRODUCCION

A. La señora no entiende.   ¿Qué piden los dos? ¿Qué cree la señora que buscan? ¿Qué les ofrece ella? ¿Por qué se van? ¿Cómo están al irse? ¿Cómo queda la señora?

B. En cuanto al trabajo...   En este capítulo vamos a concentrarnos en el modo de preguntar y responder sobre los empleos y profesiones. Contesta las siguientes preguntas y luego conversa con dos compañeros de clase sobre estos temas.

1. Los empleos
   ¿Has solicitado empleo alguna vez?
   ¿Qué preguntas te hizo el (la) director(a) de personal?
   ¿Qué preguntas le hiciste tú a él (ella)?
2. Las profesiones
   ¿Ya sabes la carrera que quieres seguir?
   ¿Has consultado a un(a) consejero(a) sobre las profesiones?
   ¿Qué preguntas te hizo él (ella)?
   ¿Qué preguntas le hiciste tú?

ESCUCHAR Y PRACTICAR

CONVERSACION 1: COMO SOLICITAR EMPLEO: DATOS PERSONALES

<u>ANTES DE ESCUCHAR</u>

C. ¿Cómo solicito empleo? Con tus compañeros describe el proceso de solicitar empleo. Trata de pensar en todas las ideas y todo el vocabulario posible.

1. **¿Dónde?** Por ejemplo, ¿dónde se encuentran los anuncios? ¿Dónde se consigue un formulario de solicitud? ¿Adónde se va para la entrevista?
2. **¿Cómo?** Por ejemplo, ¿cómo se arregla una cita? ¿Cómo se presenta para la entrevista? ¿Cómo se viste? ¿Cómo se porta?
3. **¿Quiénes?** Por ejemplo, ¿con quién hay que hablar? ¿Quiénes están presentes durante la entrevista?
4. **¿Qué?** Por ejemplo, ¿qué datos personales le piden al aspirante?
5. **¿Cuál?** Por ejemplo, ¿cuál debe ser la preparación del aspirante? ¿Cuáles son los aspectos más importantes del puesto?
6. **???** (¿Se te ocurren algunos otros aspectos del proceso?)

CH. Mis datos personales. La primera conversación trata de los datos personales de alguien que está solicitando un empleo. Imagínate que tú eres director(a) de personal. ¿Qué datos personales le pedirías al (a la) solicitante? Prepara una lista para utilizar durante la entrevista.

1. _____
2. _____
3. _____
4. _____
5. _____

<u>ESCUCHAR</u>

D. Para empezar. Ahora, escucha la primera conversación para acostumbrarte a las voces de los que hablan para enterarte de quién es la directora de personal y quién es el aspirante, para saber los datos personales que pide la directora de personal y para saber todos los datos personales del aspirante. (No vas a comprender todo lo que dicen las personas porque hablan rápido, pero escucha con el objetivo de obtener la información pedida. Es mejor no tratar de entender cada palabra. Mientras escuches, piensa en el contenido que más te interesa.)

1. Apunta los datos personales que pide la directora de personal. (Basta escribir una palabra o una frase. No es necesario escribir toda la pregunta o toda la respuesta.)

    a. _____
    b. _____
    c. _____
    ch. _____
    d. _____
    e. _____
    f. _____

2. Escribe los datos personales del aspirante.

a. _____

b. _____

c. _____

ch. _____

d. _____

e. _____

f. _____

E. Una comparación. Compara las preguntas de la directora de personal con las que preparaste tú. ¿En qué se parecen? ¿En qué se diferencian?

F. En mi opinión… Después de haber escuchado la primera parte de la entrevista, ¿qué opinas tú…

1. de la entrevista?   2. de la directora de personal?   3. del aspirante?

G. Otra vez. Ahora, escucha la conversación otra vez y contesta las siguientes preguntas sobre la entrevista.

1. ¿Qué puesto solicita el aspirante?

_____

2. ¿A qué palabra inglesa se refiere la palabra «empresa»?

_____

3. ¿Qué quiere decir «segundo apellido»?

_____

4. ¿Cómo contesta el aspirante cuando la directora de personal le pregunta su segundo apellido?

_____

5. ¿Cómo expresa el aspirante su número de teléfono?

_____

H. ¿Cómo se lo dice en inglés? Escucha la conversación una
siguientes expresiones: Ah, Así es, y, Eh, Muy bien, Ajá, y Pues.
¿Cómo se dirían estas expresiones en inglés en un contexto s

DESPUES DE ESCUCHAR

Expresiones útiles para solicitar datos personales

Dígame su dirección.	Tell me your address.
Quisiera saber dónde vive.	I would like to know where you live.
Me gustaría saber la fecha de su nacimiento.	I would like to know your birth date.
¿Me puede decir el lugar de su nacimiento?	Can you tell me your place of birth?
¿Me podría hablar de sus planes para el futuro?	Could you tell me about your future plans?
¿Cuál es su número de teléfono?	What is your telephone number?
¿Y su nacionalidad?	And your nationality?
¿De dónde es usted?	Where are you from?
¿Es usted casado(a) o soltero(a)?	Are you married or single?
¿Qué idiomas (lenguas) habla?	What languages do you speak?
¿Cuál es su nacionalidad?	What is your nationality?

Expresiones útiles para responder

Con mucho gusto.	I would be glad to.
¡Cómo no!	Of course.
Bueno.	O.K.
Pues, creo que sí (no).	Well, I think so (not).
Sí, lo soy.	Yes, I am.

D≡S
DIVISION OF EMPLOYMENT SECURITY

es su agencia de empleos.

I. Pídele a un(a) compañero(a) sus datos personales.

1. Estudia la «Solicitud de empleo» que está en la página 70. Prepara las preguntas necesarias para pedirle a un(a) compañero(a) de clase sus datos personales y llena la solicitud en la próxima clase.

2. Hazle las preguntas sobre sus datos personales a un(a) compañero(a) de clase y llena su «Solicitud de empleo.» Después, los dos deben leerla con cuidado para asegurarse de que todos los datos personales estén bien.

3. Presenta al (a la) aspirante a la clase.

SOLICITUD DE EMPLEO

DATOS PERSONALES

APELLIDOS: 1º _____ 2º _____

NOMBRE _____ NACIONALIDAD: _____

FECHA DE NACIMIENTO: _____ LUGAR DE NACIMIENTO: _____

SEXO : _____ ESTADO CIVIL : _____ Nº HIJOS : _____

NOMBRE DEL PADRE : _____ NOMBRE DE LA MADRE : _____

NOMBRE Y APELLIDOS DEL CONYUGE : _____

NACIONALIDAD DEL CONYUGE : _____

DOMICILIO : calle _____

localidad _____ TELEFONO : _____

D.N.I. o Pasaporte nº _____ Expedido en _____ el _____ de _____

Permiso de Residencia nº _____ Expedido en _____ el _____ por cuenta (1) _____

Nº de Afiliación a la Seguridad Social _____ Situación presente (2) _____

Profesión habitual : _____

ESTUDIOS : Por favor, rellene todos los datos requeridos con el mayor detalle posible.

Estudios realizados	Fechas Desde Hasta	Nº de cursos académicos	Nombre del Centro	Título o Diploma

IDIOMAS : Indicar segun proceda, NO - NOCIONES - REGULAR - BIEN - MUY BIEN.

IDIOMAS	HABLA	LEE	TRADUCE	ENTIENDE HABLADO	GRAMATICA	REDACCION PROPIA	TAQUI.	MECA.	SECRET.	INTERP.

Empresa : _____ Teléfono : _____

Domicilio de la Empresa : _____

Trabajó desde : _____ hasta _____ Categoria _____

Descripcion del puesto que desempeñaba _____

_____

Motivo del abandono del puesto _____ Ultima retribución _____

REFERENCIAS (De Compañías o personas conocidas profesionalmente).

NOMBRE	DOMICILIO Y TELEFONO

CONVERSACION 2: SOLICITAR UN EMPLEO: LA PREPARACION

<u>ANTES DE ESCUCHAR</u>

J. Los requisitos. Tú eres gerente de una empresa. ¿Qué te gustaría saber acerca de la persona que pide un puesto?

1. educación
2. experiencia
3. personalidad
4. preparación
5. motivación
6. planes para el futuro
7. ???

L. Mi propia lista. Ya escuchaste la primera parte de la entrevista en la primera conversación. Ahora, prepara una lista de preguntas que le harías tú al aspirante al puesto de vendedor.

1. _____
2. _____
3. _____
4. _____
5. _____

<u>ESCUCHAR</u>

LL. La preparación. Escucha la segunda conversación para enterarte de cuál es la preparación que le parece importante a la directora de personal y completa las siguientes frases.

1. los datos que quiere la directora de personal:

    a. _____

    b. _____

    c. _____

2. las respuestas del aspirante al puesto:

    a. _____

    b. _____

    c. _____

M. ¿Cómo es? ¿Qué te parece el aspirante? ¿Cuáles son sus características buenas? ¿Y las malas? ¿Qué más te gustaría saber acerca de él?

N. ¿Qué más? Ahora, escucha la conversación otra vez y contesta las siguientes preguntas.

1. ¿Por qué quiere trabajar en esa empresa?

    _____

2. ¿Cuál prefiere el aspirante—un puesto de vendedor sencillo o uno de gerente?

    _____

3. ¿Qué preparación tiene el aspirante?

    _____

4. ¿Cuál es el equivalente en los Estados Unidos de un título de administración de empresas?

_____

5. El aspirante cree que la empresa tiene mucha «prestancia». ¿Qué quiere decir eso?

_____

Ñ. ¿Cómo se dice en inglés?   Escucha una vez más prestando atención a las siguientes expresiones: **Bueno, Ajá, Muy bien** y **Pues sí.** Escribe las expresiones equivalentes que usarías tú en inglés para cada una.

_____

_____

DESPUES DE ESCUCHAR

Expresiones útiles para averiguar qué preparación tiene un(a) aspirante

Me gustaría que hablara de su último empleo.	I would like for you to talk about your last job.
¿Cuáles son sus habilidades?	What are your qualifications?
¿Cómo se describiría usted a si mismo?	How would you describe yourself?
¿Dónde estudió?	Where did you go to school?
¿Cuál fue su especialización?	What was your major?
¿Por qué se especializó en administración de empresas?	Why did you major in business administration?
¿Dónde ha trabajado?	Where have you worked?
¿Por qué dejó su último empleo?	Why did you leave your last job?
¿Cuántos años trabajó allí?	How many years did you work there?
¿Por qué quiere trabajar aquí?	Why do you want to work here?
¿Y sus planes futuros?	And your future plans?

Expresiones que se usan para explicar su candidatura

Pues sí (no).	Well, yes (no).
Yo sé que soy buen(a) vendedor(a).	I know I am a good salesperson.
Porque es una buena empresa.	Because it's a good company.
Me han dicho que ustedes pagan los gastos de transporte.	They have told me that you pay transportation costs.
Es que yo quiero ser gerente.	The fact is that I want to be a manager.
Sé que puedo llevarme bien con mi jefe(a).	I know that I can get along well with my boss.

O. Estoy preparado(a)...   Estudia los siguientes anuncios clasificados en la página 73. Escoge uno de los empleos ofrecidos y prepárate para explicar por qué crees que estás capacitado(a) para ocupar ese puesto.

Presenta tu solicitud a un equipo formado por tus compañeros de clase. Si otro(a) estudiante ha escogido el mismo empleo, explica por qué tú estás mejor capacitado(a) que él (ella). El equipo entrevistador te hará preguntas y comentarios. Si quieres, puedes usar las expresiones en la página 73.

Quiero presentarme para el puesto de...
Me he preparado bien...

P. Mi trabajo. ¿Tienes algún empleo o has trabajado anteriormente? Tus compañeros de clase van a hacerte preguntas sobre tu trabajo: las horas, el sueldo, las ventajas y desventajas, etc. ¿Les recomendarías tu trabajo? Hazles preguntas a ellos también. (Recuerda las expresiones útiles que aprendiste para hacer preguntas, para pedir aclaraciones y para interrumpir.)

CONVERSACION 3: SOLICITAR UN EMPLEO: INFORMACION SOBRE EL PUESTO

ANTES DE ESCUCHAR

Q. ¿Qué quieres saber tú? Ahora, supongamos que ustedes están solicitando un puesto, ¿qué les gustaría saber sobre el empleo y sobre la empresa?

1. el trabajo
2. el sueldo
3. las prestaciones
4. las oportunidades
5. la empresa
6. ???

R. ¿Cómo son las condiciones de trabajo? Son también importantes las condiciones de trabajo. En la última conversación, es decir en la última parte de la entrevista, el aspirante le hace preguntas a la directora de personal sobre las condiciones de trabajo.

Prepara una lista de preguntas para el puesto de vendedor para hacerle a la directora de personal durante la entrevista. A ver si sabes de antemano algunas de las preguntas que hará el aspirante.

1. _____
2. _____
3. _____
4. _____
5. _____

ESCUCHAR

RR. Ahora le toca a él. Durante la tercera parte de la entrevista le toca al aspirante hacer preguntas. Escucha la conversación sobre las condiciones de trabajo y contesta las siguientes preguntas.

1. ¿Qué quiere saber el aspirante?

   a. _____
   b. _____
   c. _____
   ch. _____
   d. _____
   e. _____
   f. _____

2. ¿Qué le dice la directora de personal?

   a. _____
   b. _____
   c. _____
   ch. _____
   d. _____
   e. _____
   f. _____

S. **¿Qué más?** Escucha la tercera parte de la entrevista una vez más y contesta las siguientes preguntas.

1. ¿Qué le importa más al aspirante a este puesto?

_____

2. ¿Por qué pregunta si le van a proporcionar carro?

_____

3. ¿Crees tú que la directora de personal tiene en realidad un puesto importante en la empresa? Explica por qué sí o por qué no.

_____

4. ¿Crees que el aspirante tiene mucha confianza en si mismo? ¿Por qué te parece que sí o que no?

_____

T. **¿Cómo se diría en inglés?** Escucha una vez más la tercera conversación pensando en el sentido de las siguientes expresiones. ¿Qué expresiones usarías tú en inglés para expresar cada una de ellas?

1. Dígame,… _____

2. Ya entonces… _____

3. Pero, perdone la pregunta… _____

4. La verdad es que… _____

5. Bueno,… _____

6. En realidad… _____

7. Sí, como no. _____

8. Ya, muy bien. _____

9. Le hago otra pregunta. _____

10. Ajá. _____

11. Luego,… _____

12. Entonces, así, sí. _____

13. Le agradezco mucho su tiempo. _____

14. Muy amable. _____

15. Muchas gracias. _____

U. **¿Qué dijeron?** Escucha la última parte de la tercera conversación y escribe las partes que faltan.

— Ah, _____ . Y _____ , eh, ¿quién sería mi

_____ ? ¿Mi jefe _____ es vendedor?

— No, su jefe sería uno… uno de los _____ de la región.

— Ah, ya, ya. Y los productos, eh, ¿se venden _____ o es

_____ ?

— O, sí, _____ _____ . Todo el mundo está,

eh, muy contento con nuestros productos.

— Ah, _____ , _____ así, sí... .

— Sí. _____ , eh, señor Martínez, _____

_____ _____ y _____ le

avisaremos de nuestra decisión.

— _____ , _____ _____

mucho su tiempo, señorita. _____ _____ .

— _____ _____ .

DESPUES DE ESCUCHAR

Expresiones útiles para pedir informes sobre un empleo

Perdone la pregunta.	Pardon the question.
Otra pregunta.	Another question.
¿Aquí pagan bien?	Do they pay well here?
¿Cuántos empleados hay aquí?	How many employees are there here?
¿Quién sería mi jefe?	Who would be my boss?
¿Es fácil o difícil?	Is it easy or difficult?
¿Me puede explicar las prestaciones?	Can you explain the benefits?
¿Me podría describir el ambiente de trabajo?	Would you please describe the work atmosphere?
¿Hay posibilidades de desarrollo profesional?	Are there professional advancement opportunities?
Me gustaría saber algo de las condiciones de trabajo.	I would like to know something about the working conditions.
¿Cuál es el sueldo?	What is the salary?

Expresiones útiles para dar informes sobre un empleo

La verdad es que son buenos.	The truth is that they are good.
Sí, claro.	Yes, of course.
Pues, me parece que tienes razón.	Well, it seems to me that you're right.
Si no me acuerdo mal, como veinte.	If I don't remember incorrectly, about twenty.
Eso no sé.	That I don't know.
¡Cómo no!	Of course.
A mí me parece bien.	It seems good to me.
Y con razón.	And rightly so.
No se preocupe.	Don't worry.

V. ¿Qué opinas tú? ¿Qué recomiendas? ¿Deben ofrecerle al aspirante el puesto de vendedor? Por qué sí o por qué no?

X. Los «Seis C.» Según algunos expertos, hay seis tipos vocacionales, los «Seis C.» En grupos de tres estudiantes, lean las seis categorías; luego, clasifiquen cada uno de los trabajos que se encuentran a continuación.

C-1: Comerciante, tiene tendencias hacia las actividades de venta, supervisión y transacción comercial.

C-2: Concreto, con tendencias hacia el manejo concreto y práctico de elementos y circunstancias, la objetividad, el realismo y el trabajo manual.

C-3: Conformista, prefiere hacer lo que la sociedad prescribe; es conservador y sociable; se viste de acuerdo con lo establecido.

C-4: Cooperativo, tiende a asumir actividades que demuestran su interés por los demás; sociable, eficiente y responsable.

C-5: Creativo, tiende a guiarse por la emoción, los sentimientos y la imaginación; introspectivo pero sociable; impulsivo y expresivo.

C-6: Curioso, con tendencia al empleo de la inteligencia para resolver los problemas de la vida mediante el análisis lógico y el manejo de las ideas.

(Adapted from: *Como descubrir tu vocación,* Francisco d'Egremy A., Anaya Editores, S.A., Editora Mexicana de Periódicos, Libros y Revista, S.A., pp. 92–97.)

mecánico(a) _____

administrador(a) _____

contador(a) _____

peluquero(a) _____

músico(a) _____

licenciado(a) en mercadotécnica _____

biólogo(a) _____

banquero(a) _____

fotógrafo(a) _____

filósofo(a) _____

Comparen sus clasificaciones con las de los otros estudiantes.

Y. La selección de una carrera.   Ahora, con un(a) compañero(a), haz tú el papel de un(a) estudiante que no sabe qué carrera debe seguir y el otro el papel de un(a) consejero(a) universitario(a) que te hace preguntas para orientarte. Para prepararse, hagan ambos una lista de preguntas apropiadas.

_____

_____

_____

_____

_____

El (La) consejero(a) puede tomar apuntes durante la entrevista y consultar con el (la) estudiante para hacerle una recomendación.

_____

_____

_____

_____

_____

ACTIVIDADES

SITUACIONES

Z. Los objetivos profesionales de tus compañeros de clase.   1) Con tres compañeros de clase piensen en los aspectos que les parezcan más importantes de un empleo. Por ejemplo, ¿qué creen que es más importante, un buen sueldo o la seguridad en el empleo? 2) Preparen una lista en la pizarra de todas las ideas de los estudiantes. 3) Luego, hagan una encuesta para saber cuáles les parezcan más o menos importantes. 4) Por último, cuéntales a tus compañeros tus planes futuros y explícales por qué has escogido esa carrera.

AA. Un buen trabajo.   ¿Cómo se consigue un buen trabajo? En grupos, preparen ustedes una lista de las observaciones y recomendaciones que puedan ser útiles cuando se está buscando un buen empleo. Después, comparen sus listas con las de los otros grupos.

1. cómo averiguar cuáles son las ofertas de trabajo y las plazas vacantes que hay:_____

    _____

    _____

    _____

2. cómo solicitar el puesto:_____

    _____

    _____

    _____

3. cómo presentarse favorablemente en una entrevista:_____

    _____

    _____

    _____

4. cómo mantener el puesto y no perderlo:_____

    _____

    _____

    _____

BB. Nuevas oportunidades de trabajo.   Con un(a) compañero(a), estudia las siguientes oportunidades de trabajo e inventa tres más.

1. Trabajos nuevos:

    a. _____

    b. _____

    c. _____

2. Hagan juntos una lista de las cualidades esenciales del (de la) aspirante ideal para cada puesto.

    a. _____

INVENTOR DE BROMAS	PROBADOR DE CASCOS

INVESTIGADORA DE LA HORA	CAZADOR DE PECECITOS TROPICALES

b. _____
_____
_____
_____

c. _____
_____
_____
_____

3. Luego, presenten sus listas inventadas a los otros miembros de la clase. Si quieren, pueden pedir solicitudes y escoger al (a la) mejor candidato(a) para cada uno de los trabajos.

CC. Los anuncios clasificados. Formen grupos de dos. El (La) profesor(a) les dará un anuncio diferente a cada uno del grupo.

1. Lee el anuncio y decide si te gusta o no y por qué.
2. El (La) compañero(a) te hará preguntas sobre el empleo y sobre tus deseos, o falta de deseos, para obtenerlo.
3. El (La) compañero(a) le describirá el empleo a la clase, y le dirá si lo quieres o no y por qué.

CHCH. Una escena. Entrevista para un puesto como mesero(a) en un restaurante.

1. El director de personal trata de asustar al (a la) aspirante porque quiere que un(a) amigo(a) suyo(a) consiga el puesto. Le habla de las desventajas del empleo.
2. El aspirante al puesto no tiene trabajo desde hace seis meses y está desesperado. Le importa muchísimo causarle buena impresión al (a la) director(a) de personal y conseguir el puesto.

DD. Consigue un periódico de alguna ciudad grande y lee la sección de anuncios. Haz una lista de los puestos en que piden conocimientos de español o de otros idiomas. (La biblioteca de la universidad suele tener muchos periódicos de las ciudades principales del mundo.) Prepara para la clase un informe sobre el tema.

apuntes—ciudad, periódico, empleo, idioma(s)_____

_____

_____

_____

_____

_____

EE. Llama por teléfono la oficina de tres compañías o agencias del gobierno para averiguar qué oportunidades de trabajo hay en los países de habla española.

1. Preguntas: _____

_____

_____

_____

_____

2. Respuestas: _____

_____

_____

_____

_____

vocabulario palabras y expresiones que quiero recordar

Capítulo 5

PLANNING AND ORGANIZING

«*Primero tenemos que decidir…*»

LOS VIAJES

INTRODUCCION

A. ¡Organicémonos! ¿Tú planeas con cuidado tus días? ¿Usas una libreta o un calendario especial para apuntar todo lo que vas a hacer? ¿Hasta qué punto es necesario o es buena idea planear la vida? ¿Cuándo hay que hacer planes? Con un(a) compañero(a), conversa sobre lo que ambos piensan.

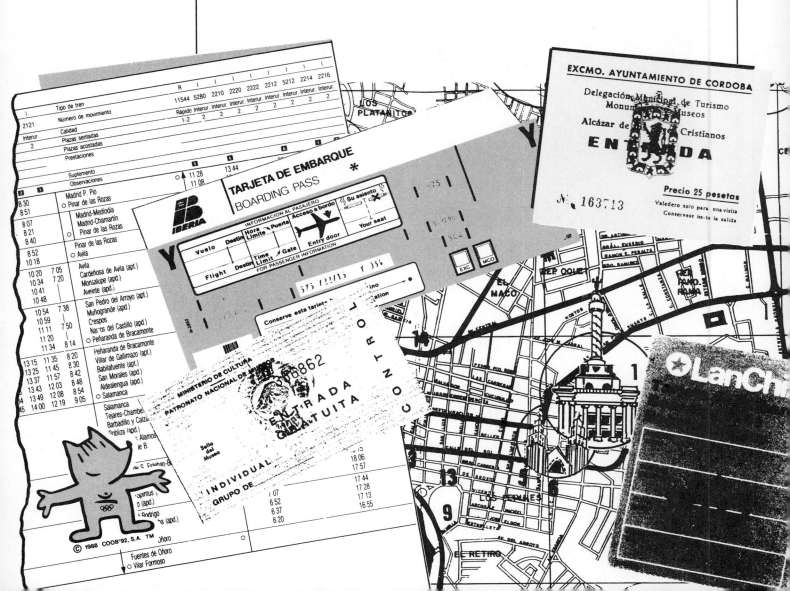

B. Las vacaciones. ¿Cuándo tienes vacaciones otra vez? ¿Adónde irás? ¿Qué harás? Contesta estas preguntas y luego conversa con dos compañeros de clase y toma nota de sus planes.

Mis planes: Estaré de vacaciones_____ .

Iré/Pienso ir/Quiero ir/Me gustaría ir/Quisiera ir a_____ ,

donde_____ .

Los planes de mis compañeros:

_____ : _____
   (Nombre)

_____

_____

_____ : _____

_____

_____

C. Los planes. Para ir a los lugares que apuntaste arriba, ¿qué ropa y otras cosas van a necesitar? Hagan una lista:

Lugar	Ropa y ??

ESCUCHAR Y PRACTICAR

CONVERSACION 1: ¿ADONDE VAMOS?

ANTES DE ESCUCHAR

CH. Mi lugar preferido. Para prepararte a escuchar la primera conversación, piensa en la siguiente situación y conversa con otros estudiantes. Tú y tus compañeros han ganado un viaje de dos semanas, todo pagado, y pueden ir juntos a cualquiera de los siguientes lugares. Escucha las opiniones de tus compañeros y coloca en orden de preferencia (1, 2, 3,...) los siguientes lugares. (¿Necesitan buscar datos en la biblioteca?)

_____ México, D.F. (la capital; la ciudad más populosa del mundo)

_____ Puerto Vallarta y Acapulco (playas)

_____ Guatemala (las ruinas mayas y los pueblos indígenas de la Meseta Central)

_____ Costa Rica (San José; las playas del Pacífico; la selva de la costa del Caribe)

_____ Colombia (Bogotá, en los Andes; Cartagena, en la costa del Caribe)

_____ Ecuador (Quito y otros lugares interesantes de los Andes; las Islas Galápagos)

_____ Perú (Lima, la capital; Cuzco, ciudad indígena y colonial; y Machu Picchu, las ruinas antiguas de los Incas en la selva)

_____ Chile (Santiago y la costa del sur)

_____ Argentina (Buenos Aires y la Pampa)

_____ España (Madrid, Barcelona y la Costa del Sol)

ESCUCHAR

D. ¿Qué haremos? En la primera conversación, tres personas planean un viaje a Sudamérica. Escucha la grabación y marca con un círculo en el mapa los países, las ciudades y las otras atracciones que quieren visitar los tres jóvenes.

LAS ISLAS GALÁPAGOS

CARTAGENA

SALTO ÁNGEL

QUITO

MACHU PICCHU
CUZCO
TÍAHUANACO

ASUNCIÓN
CATARATAS DEL IGUAZÚ
RÍO DE JANEIRO

SANTIAGO
BUENOS AIRES
MONTEVIDEO
MAR DEL PLATA

SAN CARLOS DE BARILOCHE

LA CATEDRAL DE QUITO

GAUCHOS DE LA PAMPA

E. Más sobre los planes. Escucha la conversación otra vez y contesta las siguientes preguntas.

1. ¿Cuánto tiempo de vacaciones tienen? ____________________
2. ¿En qué fecha comenzarán las vacaciones? ____________________
3. ¿Con qué país piensa comenzar la muchacha? ____________________

   ¿Por qué? ¿Qué hay allí? ____________________
4. ¿Qué palabras usaron para describir los lugares?

   ejemplo:
   Sudamérica: **genial.**

   Quito: ____________________

   Montevideo: ____________________

   Machu Picchu y Tiahuanaco: ____________________

F. ¿Cómo dicen... ? Escucha una vez más y apunta las palabras que usan para expresar las siguientes ideas.

1. "Listen to this." ____________________
2. Otra expresión que significa "dos semanas" ____________________
3. "Shall we go together?" ____________________
4. "Good idea." ____________________
5. "I would love to go to Ecuador." ____________________

   ____
6. "really"/"actually" ____________________
7. "I've heard of that." ____________________
8. "Wait and see." ____________________

<u>DESPUES DE ESCUCHAR</u>

memome

Expresiones útiles para describir y explicar algo

Ese(a) soy yo.	That's me.
A mi lado está mi tía.	At my side is my aunt.
Este es mi perro.	This is my dog.
Estos (Esos) son unos turistas.	These (Those) are some tourists.
¿Pueden ver los animales?	Can you see the animals?
La ciudad es muy grande... .	The city is very large . . . .
Es muy verde, porque llueve mucho.	It's very green because it rains a lot.
Es un lugar muy antiguo/moderno.	It's a very ancient/modern place.
Fue muy divertido (aburrido/interesante).	It was a lot of fun (very boring/interesting).

G. Lo bueno y lo malo de... Si pudieras escoger entre las Islas Galápagos, Machu Picchu y la Argentina ¿adónde irías? Junto con otro(a) estudiante, discutan las ventajas y desventajas de los tres lugares.

H. ¿A qué lugares has viajado? Escoge un lugar muy bonito que conozcas y descríbelo a un grupo de compañeros. Trae a la clase unas tarjetas postales, fotografías o diapositivas y explícaselas a tu grupo.

CONVERSACION 2: LOS PLANES PARA EL VIAJE

ANTES DE ESCUCHAR

I. Los quehaceres. ¿Qué hay que hacer para planear un viaje a otro país? Con dos compañeros, hagan una lista de los preparativos necesarios para viajar a España, por ejemplo.

Conseguir pasaporte. _____

_____

_____

_____

_____

ESCUCHAR

J. Tú te encargas de... En la segunda conversación, otro grupo de amigos discuten los preparativos que tienen que hacer para sus vacaciones. ¿De qué cosas tienen que encargarse? Escucha la conversación y haz una lista de los preparativos.

los pasaportes _____ _____

_____ _____

_____ _____

L. Apuntes. Escucha otra vez la conversación y apunta las formas de **encargarse de,** *to take charge of,* que oyes.

ejemplo:
Yo me voy a encargar de la organización de esto.

_____

_____

_____

LL. Para hablar de las tareas. ¿Qué otras expresiones usan para planear quién va a hacer las varias tareas? Escucha y llena los espacios en blanco.

— ¿Quién _____ _____

_____ los pasaportes?

— Yo _____ buscarlos.

— ¿ _____ las reservaciones?

—Sí, en cuanto tú nos _____ cuándo

_____ _____

volar, _____ las reservaciones.

—Ah, _____ _____

otra cosa, los pasajes aéreos. Yo _____ los

pasajes aéreos. Y… _____

_____ _____ una

lista de todas las cosas que _____

_____ llevar.

—Sí, porque _____

_____ _____ ropa

para clima _____ y ropa para

_____ caliente.

—¿Qué _____ _____

cámaras creen que _____ mejor traer? ¿Video

o cámara _____ ?

—De ambas. Tú te encargas de _____ cámaras y

tú _____ las películas y los bombillos,

_____ _____

_____ .

—¿Y cuántas _____ cada uno _____

_____ ?

—Cuando _____ las reservaciones del avión,

ellos _____ _____

DESPUES DE ESCUCHAR

memomen

Expresiones útiles para planear un viaje

Bueno, ¿por dónde comenzamos?	OK, where shall we begin?
Primero tenemos que (decidir adónde vamos).	First we have to (decide where we're going).
¿Vamos a (alquilar un coche)?	Shall we (rent a car)?
Propongo que (vayamos a…)	I propose (we go to . . . .)
No, yo prefiero… .	No, I prefer . . . .
¿Por qué quieres (acampar)?	Why do you want (to camp)?
… está más cerca.	. . . is closer.
¿Qué te parece la idea?	Do you like the idea?
¡Qué buena idea!	What a good idea!
Eso (no) me gusta mucho.	I (don't) like that a lot.
¿A qué hora salimos de… ?	What time do we leave . . . ?
(llegamos a)… ?	(arrive at) . . . ?

M. Las vacaciones ideales. Con dos compañeros, planea unas vacaciones ideales.
¿Adónde irán? ¿Con quién? ¿Qué harán? ¿Cómo van a viajar? ¿Cuánto tiempo
pasarán en cada lugar? ¿Dónde se alojarán?

lugares   **fechas**   **medios de transporte**

_____   _____   _____

_____   _____   _____

_____   _____   _____

actividades   **hospedaje (hoteles, etc.)**

_____   _____

_____   _____

_____   _____

_____   _____

_____

Ahora, con los mismos compañeros, hagan una lista de preparativos y decidan quién se
encargará de cada uno.

Preparativo   **Persona encargada**

_____   _____

_____   _____

_____   _____

_____   _____

CONVERSACION 3: LOS ULTIMOS PREPARATIVOS

ANTES DE ESCUCHAR

N. ¡Ya llegó el día!   Vas a viajar a otro país. ¿Qué tienes que hacer? Contesta las siguientes preguntas.

1. ¿Cómo vas a ir al aeropuerto internacional?_____
   _____

2. En el aeropuerto, ¿qué haces con las maletas?_____
   _____
   _____

3. ¿Qué haces con el pasaje?_____
   _____

4. ¿Cómo consigues el asiento? ¿Qué asiento prefieres, pasillo o ventanilla?_____
   _____

5. ¿Tienes que pasar por la oficina de emigración y pagar algún impuesto?_____
   _____

6. ¿Qué quieres comprar en la tienda libre de impuestos?_____
   _____

ESCUCHAR

Ñ. ¡Planes y más planes! En la tercera conversación, los tres amigos planean lo que van a hacer al día siguiente, cuando comiencen su viaje. Hacen un plan, pero después recuerdan que hay mucho que hacer en el aeropuerto y van a necesitar más tiempo.

Escucha la tercera conversación varias veces y contesta las siguientes preguntas.

1. ¿Cómo van a ir al aeropuerto?_____

_____

2. ¿Qué necesitan hacer en el aeropuerto? Apunta al menos tres cosas que tienen que hacer.

   a._____

   b._____

   c._____

_____

3. Finalmente, ¿a qué hora piensan estar en el aeropuerto?_____

_____

4. ¿A qué hora van a recoger a la primera señorita?_____

_____

   ¿Y a la segunda?_____

5. ¿Van a alquilar un carro en Quito, o van a ir al hotel en autobús?_____

6. ¿Cómo se sienten los amigos?_____

O. ¿Qué dijeron? Escucha la conversación otra vez y escribe las siguientes expresiones en español.

1. How exciting!_____

2. Exactly._____

3. Oh, yes, of course._____

4. shortwave radio_____

5. Perfect!_____

6. 7:45_____

7. I'll pick you up . . . _____

8. Fantastic! I can't wait._____

_____

9. I'm dying to get going._____

10. I'm ready to travel right now!_____

_____

DESPUES DE ESCUCHAR

P. Para ir al aeropuerto. Tú y tu compañero(a) están en Madrid, donde han pasado unas vacaciones maravillosas, pero ahora tienen que regresar a su casa. El avión sale a las 10:30 de la mañana, y ustedes pueden ir al aeropuerto en taxi, en bus o por el metro.

HORARIO DE SALIDA

Horarios de salidas en días LABORABLES

HORA	COLON (MINUTOS)	AEROPUERTO (MINUTOS)
4	45	
5	45	45
6	00 - 15 - 30 - 45 - 54	17
7	02 - 11 - 20 - 28 - 36 - 45 - 55	17 - 32 - 47
8	06 - 17 - 28 - 38 - 49	02 - 17 - 26 - 36 - 46 - 56
9	00 - 10 - 21 - 32 - 43 - 53	06 - 16 - 27 - 37 - 48 - 59
10	04 - 15 - 25 - 36 - 47 - 58	10 - 20 - 31 - 42 - 52
11	08 - 19 - 30 - 40 - 51	03 - 14 - 25 - 35 - 46 - 57
12	02 - 13 - 23 - 34 - 45 - 55	07 - 18 - 29 - 40 - 50
13	06 - 17 - 28 - 38 - 49	01 - 12 - 22 - 33 - 44 - 55
14	00 - 10 - 21 - 32 - 43 - 53	05 - 16 - 27 - 37 - 48 - 59
15	04 - 15 - 25 - 36 - 47 - 58	10 - 20 - 31 - 42 - 52
16	08 - 19 - 30 - 41 - 52	03 - 14 - 25 - 35 - 46 - 57
17	04 - 15 - 27 - 38 - 50	08 - 19 - 30 - 41 - 53
18	01 - 12 - 24 - 35 - 47 - 58	04 - 16 - 27 - 38 - 50
19	10 - 21 - 32 - 44 - 55	01 - 13 - 24 - 36 - 47 - 58
20	07 - 18 - 29 - 40 - 50	10 - 21 - 33 - 44 - 56
21	00 - 11 - 23 - 35 - 50	07 - 17 - 27 - 38 - 49
22	05 - 20 - 40 - 59	00 - 10 - 20 - 30 - 40 - 51
23	21 - 45	02 - 12 - 26 - 40 - 54
24	15 - 45 - 55	14 - 34 - 54
1	15	17 - 47
		17 - 51

- LA DURACION APROXIMADA DEL RECORRIDO ES DE 30 MINUTOS
- CONSIGNA DE EQUIPAJES EN LA TERMINAL DE COLON
- SERVICIO DE TAXIS EN LAS TERMINALES

para cualquier consulta dirijase a:
CENTRO DE INFORMACION E. M. T. Tel. 401 99 00

Deciden tomar el bus. Estudien el horario de salida, y decidan a qué hora necesitan salir de la terminal de Colón. No se olviden de que tienen que estar en el aeropuerto dos horas antes de la salida para los vuelos internacionales, porque hay que hacer cola para que revisen la documentación.

Necesitamos tomar el bus de las_____ .

momenr

Expresiones útiles para dar consejos

Hay que (llegar temprano).	One must (arrive early).
Es necesario (ir por la autopista).	It's necessary (to use the freeway).
No te olvides de (preparar algunos sándwiches).	Don't forget to (make some sandwiches).
No te olvides de que (vamos a nadar).	Don't forget that (we're going to swim).
No lleven (demasiada ropa).	Don't take (too much clothing).
Les recomiendo que (llevemos una linterna).	I recommend (we take a flashlight).

Q. ¿Qué hacemos mañana? Mañana vas a pasearte con dos compañeros a algún lugar: un parque, una playa, las montañas, etc. Primero, decidan adónde van.

_____

Luego, hagan un plan de viaje. ¿Quién va a manejar?_____

_____

¿A qué hora recogerá a cada uno de los otros, o a qué hora se reunirán en algún lugar para salir juntos de allí?_____

_____

¿Qué necesitan llevar? ¿Qué van a hacer al llegar?_____

_____

_____

ACTIVIDADES

SITUACIONES

R. **¿Eres un(a) buen(a) viajero(a)?** Tú vas a viajar a México con un(a) compañero(a). Tomen el siguiente examen, para ver si son buenos viajeros y para averiguar si se van a entender. Las preguntas fueron formuladas a base de entrevistas con docenas de agentes de viajes, funcionarios y guías de turismo, que señalaron las cualidades de los buenos viajeros. Si no han viajado a otro país, contesten como les parece que reaccionarían.

¿Sí o No?

_____ 1. ¿Tienes miedo de viajar solo(a)?

_____ 2. ¿Te enojas cuando estás en un hotel que no tiene agua caliente, papel higiénico ni otras cosas a las que estás acostumbrado(a) en casa?

_____ 3. ¿Tratas de conocer las costumbres y la historia de un país antes de visitarlo?

_____ 4. ¿Tiendes a unirte a algún (alguna) compañero(a) de viaje?

_____ 5. ¿Tiendes a discutir si piensas que te están cobrando de más, o si esperan que les des una propina?

_____ 6. ¿Tratas de hablar el idioma del lugar?

_____ 7. ¿Te alejas de los lugares más frecuentados por los turistas?

_____ 8. Cuando regresas a casa, ¿encuentras tu equipaje repleto de ropa que nunca usaste durante el viaje?

_____ 9. ¿Haces esperar a tus compañeros de viaje mientras tomas fotografías?

_____ 10. ¿Te gusta probar platos nuevos o diferentes?

_____ 11. ¿Llevas siempre un pequeño botiquín de primeros auxilios pensando que puede ocurrir una emergencia?

_____ 12. ¿Estás obsesionado(a) por la posibilidad de perder tus joyas o tu dinero durante el viaje?

_____ 13. ¿Protestas en voz alta si no te agrada el restaurante, motel, posada u hotel?

_____ 14. ¿Tratas de imitar a los naturales del país que visitas, en cuanto a las costumbres y al modo de vestir?

_____ 15. Cuando estás de viaje, ¿te preocupas por lo que estará sucediendo en casa?

Respuestas

Tus respuestas deben ser **NO** a todas las preguntas excepto 3, 6, 7, 10 y 11.

Puntuación

12 a 15 correctas: El mundo es tuyo. Eres un(a) viajero(a) nato(a) que disfruta de todas las nuevas experiencias y, lo que es más, eres un(a) buen(a) embajador(a) de tu país o comunidad. Eres admirado(a) y bien recibido(a) tanto por las personas locales como por tus compañeros de viaje.

8 a 11 correctas: Eres un(a) viajero(a) muy bueno(a), pero a veces eres demasiado egoísta y te preocupas mucho por divertirte a tu gusto.

4 a 7 correctas: Estarás más contento(a) si viajas en grupo con un guía. Selecciona viajes que te llevan a lugares parecidos a tu país natal. Trata de analizar tus problemas de viaje. Pierdes muchas experiencias valiosas porque no sabes disfrutar de todo lo que te pueden brindar los otros países.

1 a 3 correctas: ¡Quédate en casa!

(Adapted from pp. 128–130 of _Tests para conocer a los demás,_ by Jane Serrod Singer, Editores Asociados Mexicanos, S.A. (Edamex), Angel Urraza 1322, México 12, D.F.)

¿Cómo saliste? ¿Son ustedes parecidos?

Expresiones útiles para expresar opiniones	
A mí me parece que (somos buenos turistas).	I think (we're good tourists).
Somos muy (diferentes/ semejantes).	We are very (different/similar).
Yo debo viajar con un grupo.	I should travel with a group.
Tú no./Y tú también.	You shouldn't./You should, too.
Es mejor (no) hacer eso porque... .	It's better (not) to do that because . . . .
Yo pienso de otra manera.	I have a different opinion.

Ahora, con todos tus compañeros, discutan las cualidades de un buen turista. ¿Qué piensan del "examen"?

RR. ¡Adonde fueres, haz lo que vieres! Este refrán es tan antiguo que lleva una forma gramatical que pasó de uso hace siglos—el futuro del subjuntivo. ¿Dice la verdad? ¿Debemos hacer todo lo que vemos? Si observas cuidadosamente todo lo que ves en otros países, notarás costumbres que para ti son nuevas e inclusive, muy extrañas. Con un(a) compañero(a) de clase, estudia los dibujos de la página 94 que muestran actividades realizadas en países de habla española, a ver si alguno de ustedes se fija en detalles que le parezcan distintos de las costumbres de ustedes. Explíquenlos.

Ahora, junto con otros dos estudiantes, hablen de los siguientes temas.

1. De todos los detalles que han notado, ¿cuáles deberían imitar para llevarse bien con la gente de otro país?_____

_____

_____

_____

2. ¿Cuáles no necesitan imitar sino aceptar?_____

_____

_____

Yo viajo

¿Tú viajas?

© 1988 COOB'92 S.A. TM

S. El itinerario. Una estudiante española va a llegar mañana a pasar una semana contigo y con otro(a) compañero(a). Es una muchacha alegre que quiere conocerlo todo. Hagan un plan para que ella conozca bien la ciudad y sus alrededores y para que disfrute de una estadía agradable.

¿Adónde la llevarán?_____

¿Cómo viajarán?_____

¿Cuál será el itinerario?_____

_____

¿Dónde y qué comerán?_____

_____

Luego, comparen su plan con el plan de otros dos estudiantes.

memo

Expresiones útiles para expresar preferencias

Es imprescindible que vea…	It's essential that she see . . . .
Yo quisiera llevarla a…	I'd like to take her to . . . .
Creo que debe conocer…	I think she ought to see . . . .
Vamos a llevarla a…	Let's take her to . . . .
No, el otro es mejor porque…	No, the other is better because . . . .
¡Pero está demasiado…!	But it's too . . . !

T. ¡Felicitaciones! Tú y tus compañeros de clase han recibido el Premio Internacional de la Amistad para viajar durante dos semanas con Pulmantur, una compañía que ofrece viajes por Europa, EE.UU. y Canadá. Sólo tendrán que pagar un suplemento individual, todo lo demás es gratis. Tienen tres semanas para viajar a España, hacer el recorrido de 17 días y regresar a su casa. Pueden escoger entre dos viajes: uno que recorre España (información en la página 97) y otro que visita el noreste de España y varios países europeos (información en la página 98). Primero, escoge uno de los dos viajes. La tabla en la página 96 te ayudará a organizar las ideas. Puedes indicar tus preferencias utilizando un signo + (positivo), un Ø (me da igual) o un − (negativo).

	Viaje	
	No. 128	No. 174
	++	+

Guías locales
Seguro turístico
Bolsa de viaje
Radio en el autocar (bus)
Televisión
Hoteles de alta calidad
Oportunidades para descansar
Tiempo libre

Precio del suplemento individual
Viaje No. 128:   Viaje No. 174:

Lugares que me gustan mucho (playas, ciudades interesantes, etc.):
Viaje No. 128:

Viaje No. 174:

Visitas que no me interesan mucho:
Viaje No. 128:

Viaje No. 174:

17 días

Ronda Ibérica

FECHAS DE SALIDA: MAYO: 7
JUNIO: 9
JULIO: 1 12
AGOSTO: 1 12 23
SEPTIEMBRE: 3 27

PRECIOS POR PERSONA, EN PESETAS		
CIUDAD DE SALIDA Y LLEGADA	Hab. doble con baño o ducha	Suplemento individual
MADRID-MADRID	99.900	17.600
SEVILLA-MADRID (15 días)	94.500	15.400
TORREMOLINOS-MADRID (14 días)	91.300	14.300
GRANADA-MADRID (12 días)	84.700	12.100

5 % Descuento tercera persona en habitación triple.

ITINERARIO:

1 día: MADRID - BAILEN - CORDOBA - SEVILLA
Salida de nuestra TERMINAL, Plaza de Oriente, 8, a las 9,00 horas hacia Bailén. **Almuerzo.** Salida a continuación hacia Córdoba. **Breve visita** de la ciudad, prosiguiendo el viaje por Carmona para llegar a Sevilla. **Cena** y **alojamiento.**

2 día: SEVILLA
Estancia en régimen de **media pensión.** Por la mañana, **visita** de la ciudad, en donde destacan la Basílica de la Macarena, Reales Alcázares, la Catedral y Parque de María Luisa. Tarde libre.

3 día: SEVILLA - JEREZ - CADIZ - ALGECIRAS - TORREMOLINOS
Desayuno y salida hacia Jerez de la Frontera. **Visita** de una de sus famosas bodegas. Continuación del viaje hacia el Puerto de Santa María y Cádiz. **Almuerzo** y **recorrido panorámico** de la ciudad, prosiguiendo por la tarde hacia Tarifa, Algeciras y recorriendo la mundialmente famosa Costa del Sol, llegar a Torremolinos. **Alojamiento.**

4 día: TORREMOLINOS - GRANADA
Desayuno y mañana libre, durante la que podrá realizarse alguna excursión facultativa. (Almuerzo libre.) Por la tarde, salida hacia Loja y Santa Fe, para llegar a Granada. **Cena** y **alojamiento.**

5 día: GRANADA
Estancia en régimen de **media pensión.** Por la mañana, **visita** de la ciudad: Palacio de la Alhambra, sus patios, torres y palacios, Jardines del Generalife, Catedral y Capilla Real. Tarde libre.

6 día: GRANADA - MURCIA - ELCHE - ALICANTE
Desayuno y salida en dirección a Guadix, Puerto Lumbreras y Murcia, la llamada Huerta de Europa, donde se realizará el **almuerzo**, prosiguiendo por la tarde hacia Elche, **visita** de su curiosísimo Huerto del Cura, con palmeras de gran antigüedad y altura excepcional. Después de la visita, salida hacia Alicante. **Cena** y **alojamiento.**

7 día: ALICANTE - PEÑON DE IFACH - VALENCIA
Desayuno y **almuerzo.** Mañana libre. Por la tarde, salida hacia el Peñón de Ifach. Breve parada para contemplar el impresionante Peñón, inmenso monolito de 328 metros de altura. Continuación del viaje por Sueca, El Saler, breve parada para contemplar la Albufera y llegada a Valencia. **Cena** y **alojamiento.**

8 día: VALENCIA - TARRAGONA - BARCELONA
Desayuno y **almuerzo.** Mañana libre, durante la que se podrá realizar una visita facultativa de la ciudad, Museo Histórico Municipal, Lonja de Mercaderes, Catedral, etc. Por la tarde, salida en dirección a Tarragona. Breve parada, prosiguiendo el viaje por la costa, hasta Vendrell, y por la autopista llegar a Barcelona. **Cena** y **alojamiento.**

9 día: BARCELONA
Estancia en régimen de **media pensión.** Por la mañana, **visita** de la ciudad. Barrio Gótico, Catedral, Pueblo Español, auténtica expresión de los más típicos rincones de España. Tarde libre. Durante la que se podrá realizar una excursión facultativa a Montserrat y disfrutar de los encantos de la noche barcelonesa.

10 día: BARCELONA - TUDELA - BILBAO
Desayuno y salida por la autopista hacia Zaragoza y Tudela. **Almuerzo** y continuación del viaje por Logroño, para llegar a Bilbao. **Cena** y **alojamiento.**

11 día: BILBAO - SANTILLANA DEL MAR - SANTANDER
Desayuno y salida por poblaciones de la costa cantábrica hacia Santillana del Mar, situada en el fondo de un hermoso valle, uno de los lugares mejor conservados, más pintorescos y dignos de visitarse de España con casas, todas ellas con blasones, escudos de armas, divisas y en ellos el recuerdo de los más preclaros linajes de Castilla. Tiempo libre. (Almuerzo libre.) Finalmente salida hacia Santander. **Cena** y **alojamiento.** Tarde libre en Santander, capital de la montaña a orillas del Cantábrico.

12 día: SANTANDER - FUENTE DE - COVADONGA - OVIEDO
Desayuno y salida hacia Fuente De, enclavado en el macizo de los Picos de Europa. **Almuerzo.** Por la tarde, continuación por el Valle del Cares hacia Covadonga, para **visitar** la Gruta y la Basílica y seguir hacia Oviedo. **Cena** y **alojamiento.**

13 día: OVIEDO - GIJON - LUGO
Desayuno y salida hacia Gijón, el más importante núcleo turístico de Asturias, situado en el centro de la costa cantábrica. (Almuerzo libre.) Por la tarde proseguimos el viaje para llegar a Lugo, pasando por Castrojal y Meira. **Cena** y **alojamiento** en Lugo, importante ciudad amurallada.

14 día: LUGO - LA CORUÑA - SANTIAGO DE COMPOSTELA
Desayuno y salida hacia La Coruña. (Almuerzo libre.) **Recorrido panorámico** de esta bella y hospitalaria ciudad para admirar su famosa y conocida Torre de Hércules, el faro más antiguo del mundo, playas, etcétera, y tiempo libre para recorrer la ciudad vieja, de ambiente señorial y tranquilo, de estrechas calles, íntimas y pequeñas plazas de fuerte sabor marinero. Salida en dirección a Santiago de Compostela. **Cena** y **alojamiento.**

15 día: SANTIAGO - RIAS BAJAS - LA TOJA - VIGO - SANTIAGO
Desayuno, cena y **alojamiento** en Santiago. Salida para realizar un recorrido por la zona más atractiva de las pintorescas Rías Bajas gallegas, pasando por poblaciones tan características como Villagarcía de Arosa y Cambados, para llegar a la isla de La Toja, universalmente conocida por sus baños. Tiempo libre, para proseguir el recorrido en dirección a Vigo, donde se dispondrá de tiempo libre. (Almuerzo libre.) Finalmente, regreso a Santiago de Compostela.

16 día: SANTIAGO DE COMPOSTELA
Estancia en régimen de **media pensión.** Por la mañana se realizará una **visita** de la ciudad, uno de los más importantes núcleos monumentales de España, lleno de pintorescos y poéticos rincones de un excepcional ambiente. Entre sus monumentos destaca su famosa Catedral, máxima obra de arte románico y barroco, sus colegios universitarios y el encanto de sus rúas. Tarde libre.

17 día: SANTIAGO - PUEBLA DE SANABRIA - MADRID
Desayuno y salida hacia Orense y Puebla de Sanabria, donde se **almuerza**, prosiguiendo el viaje en dirección a Madrid, a nuestra TERMINAL.

FIN DEL VIAJE

17 días Europa «In»

(Francia-Inglaterra-Bélgica-Holanda-Alemania-Suiza)

FECHAS DE SALIDA:

MAYO: ▮▮ SEPTIEMBRE: ▮▮▮▮

JUNIO: ▮▮▮ OCTUBRE: ▮

JULIO: ▮▮▮▮▮▮ NOVIEMBRE: 3

AGOSTO: ▮▮▮▮▮▮ DICIEMBRE: 1

TEMP. BAJA ▮▮▮▮

PRECIOS POR PERSONA, EN PESETAS, EN HABITACION DOBLE CON BAÑO O DUCHA

CIUDAD DE SALIDA Y LLEGADA	TEMP. BAJA	TEMP. ALTA	Suplemento individual
MADRID-MADRID	119.500	136.500	26.600
MADRID-ZARAGOZA	118.500	135.500	26.600
BURGOS-MADRID	119.400	136.400	26.600
VITORIA-MADRID	119.300	136.300	26.600
BILBAO-MADRID	118.400	135.400	26.600
S. SEBASTIAN-MADRID	118.300	135.300	26.600
MADRID-BARCELONA (16 días)	116.000	133.000	25.500

5 % Descuento tercera persona en habitación triple.

ITINERARIO:

1 día: MADRID - BILBAO - BURDEOS (Le Lac)
Salida de nuestra TERMINAL, Plaza de Oriente, 8, a las 8,00 horas, hacia Bilbao, donde se realizará el **almuerzo**, prosiguiendo por la tarde hasta Behovia, paso de la frontera y continuación para llegar a Burdeos. **Cena** y **alojamiento**.

2 día: BURDEOS - TOURS - PARIS
Desayuno y salida por la autopista hacia el Valle del Loira para llegar a Tours, donde se realizará el **almuerzo**. Por la tarde, salida en dirección a París. Llegada. **Alojamiento**.

3 día: PARIS
Estancia en régimen de **desayuno** y **alojamiento**. Por la mañana, **visita panorámica** de la ciudad, Plaza de la Concordia, Campos Elíseos, Arco del Triunfo, Barrio Latino, Nôtre Dame, Montmartre, etc. Tarde libre. Durante la noche podrá realizarse una visita facultativa de la Ciudad Luz, con sus famosos cabarets y elegantes espectáculos.

4 día: PARIS
Estancia en régimen de **desayuno** y **alojamiento**. Día libre. Existe la posibilidad de realizar una excursión facultativa al Palacio de Versalles, el más suntuoso del mundo, que recuerda la pretérita gloria de la Corte francesa.

5 día: PARIS - CALAIS - DOVER - LONDRES
Desayuno y salida hacia Calais para cruzar el Canal de la Mancha. Desembarque en Dover y continuación del viaje hacia Londres. Llegada y **alojamiento**.

6 día: LONDRES
Estancia en régimen de **desayuno** y **alojamiento**. Por la mañana, **visita panorámica** de la ciudad, Casas del Parlamento, Torre del Big-Ben, Picadilly, Plaza de Trafalgar, Oxford St., Abadía de Westminster, concluyendo con el cambio de la Guardia en el Palacio de Buckingham. Tarde libre.

7 día: LONDRES
Estancia en régimen de **desayuno** y **alojamiento**. Día libre, durante el que se podrán recorrer los concurridos comercios de la ciudad, visitar sus innumerables museos o bien participar en una excursión facultativa al Castillo de Windsor.

8 día: LONDRES - DOVER - ZEEBRUGGE - BRUJAS - BRUSELAS
Desayuno y salida hacia Dover. Embarque en el ferry para cruzar de nuevo el Canal de la Mancha y llegar al puerto belga de Zeebrugge. Desembarque y continuación del viaje en autocar hacia Brujas; breve **recorrido** a pie de esta increíble ciudad medieval, prosiguiendo hacia Bruselas. Llegada. **Cena** y **alojamiento**.

9 día: BRUSELAS
Estancia en régimen de **media pensión**. Por la mañana, **visita panorámica** de la ciudad, donde podrá admirarse el Atómium, gigantesco átomo construido como símbolo de la Exposición Universal, Catedral, Palacio Real y su Ayuntamiento, enclavado en una de las más bellas plazas del Continente. Tarde libre en la capital económica de Europa.

10 día: BRUSELAS - ROTTERDAM - LA HAYA - AMSTERDAM
Desayuno y salida hacia Rotterdam, uno de los más importantes puertos del mundo. **Almuerzo** y continuación a La Haya. Breve parada en esta bella población holandesa, prosiguiendo el viaje y llegar a Amsterdam. **Cena** y **alojamiento**.

11 día: AMSTERDAM
Estancia en régimen de **media pensión**. Por la mañana, **visita panorámica** de la ciudad de los cien canales, con sus elegantes casas de ladrillos, altas y estrechas, su animada Plaza del Dam, sus museos, entre los que destacaremos el Rijksmuseum, uno de los más ricos del mundo. Por la tarde, posibilidad de efectuar una excursión facultativa a Marken, típico pueblo situado en una antigua isla y unida a tierra firme por un dique, y Volendam, pueblo de pescadores, de gran actividad y tipismo.

12 día: AMSTERDAM - COLONIA - BONN
Desayuno y salida por la autopista que conduce a la frontera alemana y Colonia, que cuenta con una de las Catedrales más artísticas de Europa. **Almuerzo** y tiempo libre. Por la tarde, continuación para llegar a Bonn, ciudad natal de Beethoven. **Cena** y **alojamiento**.

13 día: BONN - COBLENZA - CRUCERO POR EL RHIN - BACHARACH - FRANKFURT
Desayuno y salida hacia Coblenza. Embarque en el vapor que realizará el crucero por el Rhin, pudiendo contemplar el pintoresco paisaje a ambos lados y sus típicas mansiones medievales y castillos, así como el colorido del tráfico fluvial. Desembarque en Bacharach y almuerzo libre. Por la tarde, continuación del viaje en autocar con dirección a Frankfurt, gran emporio industrial. **Cena** y **alojamiento**.

14 día: FRANKFURT - BASILEA
Desayuno y mañana libre (almuerzo libre). Por la tarde, salida por la autopista que, bordeando la Selva Negra, nos conduce a Basilea, estratégica ciudad suiza situada en el vértice de las fronteras alemana y francesa. **Cena** y **alojamiento**.

15 día: BASILEA - BERNA - GINEBRA - LYON
Desayuno y salida hacia Berna, capital de Suiza. Breve parada y continuación a Ginebra, cosmopolita ciudad a orillas del lago Leman. **Almuerzo**. Salida por la tarde hacia la frontera francesa, para llegar a Lyon. **Cena** y **alojamiento**.

16 día: LYON - FIGUERAS - BARCELONA
Desayuno y salida por la autopista hacia Montpellier, Perpignan y Figueras. **Almuerzo** y continuación para llegar a Barcelona. **Cena** y **alojamiento**.

17 día: BARCELONA - ZARAGOZA - MADRID
Desayuno y salida hacia Zaragoza. **Almuerzo** y continuación del viaje hacia Calatayud y Guadalajara, para llegar a Madrid, a nuestra TERMINAL.

Ahora, habla con tus compañeros para ver quiénes han escogido el mismo viaje. Con uno o dos de ellos, hagan sus planes.

1. ¿En qué mes prefieren viajar? (¿Depende del clima o de la fecha de sus vacaciones?)_____

2. ¿Qué ropa van a necesitar?_____
   _____
   _____

3. ¿Qué otras cosas quieren llevar?_____
   _____
   _____

4. ¿Cuántas maletas deben llevar? ¿Por qué?_____
   _____

5. ¿Quién se va a encargar de reservar los pasajes de avión?
   _____

6. ¿Cómo irán al aeropuerto?_____

7. ¿Qué más necesitan planear?_____
   _____

FUERA DE CLASE

U. Escoge un país que te gustaría visitar y busca los datos que necesitarías si planearas un viaje a ese país. Puedes informarte en las bibliotecas y las agencias de viajes, o puedes entrevistar a alguien que haya visitado ese país recientemente. Trata de conseguir información gráfica—fotografías, carteles, mapas, tablas de información, artesanías, etc. Luego, prepara una charla sobre el país para la clase.

1. país:_____

2. fuentes de información:_____
   _____
   _____

3. apuntes:_____
   _____
   _____
   _____
   _____
   _____

4. materiales que puedo usar:_____
   _____
   _____

V. Inviten a la clase a alguien que haya visitado un país de habla española para que les hable y muestre fotos, diapositivas, etc. La persona escogida debe ser alguien que hable bien el español. Pídanle que les dé consejos sobre cómo hacer un viaje algún día a ese lugar. Tomen apuntes sobre lo que dice, incluso las expresiones que usa para describir, explicar y aconsejar.

_____

_____

_____

_____

_____

vocabulario
palabras y expresiones que quiero recordar

Capítulo 6

6

RECOUNTING EVENTS, LISTENING TO ANECDOTES

«*Erase una vez...*»

LA FAMILIA

INTRODUCCION

A. Eso me recuerda... Mira la tira cómica. ¿Qué le hace al chico recordar una historia familiar? ¿Crees que el contar anécdotas sobre la familia es una manera común de compartir experiencias e ideas? ¿Por qué sí o por qué no?

B. Una anécdota cómica. El tema de este capítulo es la familia, y la función comunicativa en que vamos a concentrarnos es la de escuchar y relatar historias. Es común escuchar las anécdotas que nos cuentan nuestros amigos y decirles también lo que nos ha pasado a nosotros. Contesta las siguientes preguntas. Luego conversa con dos compañeros y apunta las respuestas de ellos.

1. ¿Cuáles son algunas anécdotas favoritas de tu familia?

_____

2. ¿A quién relatas estas anécdotas?

_____

3. ¿Qué anécdotas sabes de tus amigos?

_____

4. ¿En qué situaciones relatan anécdotas tú y tus amigos?

_____

5. ¿Cómo se reflejan los sentimientos del (de la) narrador(a) en su voz y en su manera de hablar?

_____

ESCUCHAR Y PRACTICAR

CONVERSACION 1: BATMAN Y ROBIN A LA MISION

ANTES DE ESCUCHAR

C. El mundo de la fantasía.   Es evidente que a los niños les gusta el mundo de la fantasía y que juegan en él como si fuera un mundo verdadero. Les gusta hacer el papel de madre, o de padre, o de cualquier héroe o heroína de su vida. Hablen ustedes de las fantasías que creaban de niños(as).

1. ¿Qué escenas imaginaban?
2. ¿Quiénes eran los personajes?
3. ¿Quiénes hacían los papeles?
4. Describan el argumento de los dramas.
5. ¿Por qué les gustaba tanto hacer un papel activo en estas fantasías?
6. ¿Qué importancia tiene esta clase de diversión en la vida de un(a) niño(a)?
7. ¿Hiciste algo peligroso alguna vez? ¿Qué pasó?
8. ???

CH. Cuando yo era niño(a)…   Vas a escuchar una anécdota sobre un juego imaginativo de dos chicos.

1. ¿Qué papeles hacías tú?
2. ¿Salían mal a veces?

ESCUCHAR

D. ¿Qué pasó?   Escucha la primera conversación fijándote en un aspecto de la conversación a la vez. La primera conversación trata de dos niños que hacían los papeles de Batman y Robin. ¿Qué hacían los chicos? ¿Qué les pasó?
   Escucha la primera conversación para ver lo que pasó.

1. ¿Qué hicieron los dos niños?

_____

2. ¿Cuál fue el resultado?

_____

3. ¿Cómo los castigó su papá?

_____

E. A mi parecer... Después de haber escuchado la conversación, ¿qué opinas tú?

1. ¿Qué te parece la anécdota?

_____

2. ¿Es cómica o absurda?

_____

3. ¿Crees que son así los niños?

_____

4. ¿Hacías tú tales cosas?

_____

5. ¿Qué te parece el castigo?

_____

6. ¿Cómo te castigaban tus padres?

_____

F. ¿Qué dijeron? Escucha la conversación otra vez y llena los espacios en blanco.

Te voy a contar algo _____ . _____
que un día mi papá decide regalarnos los _____ de Batman y
Robin. Entonces, mi hermano, como es el _____ , él es
_____ y yo soy la _____ ,
entonces, yo soy _____ .

Bueno, _____ _____
después, decidimos que Batman y Robin _____
_____ _____
_____ _____ . Y nos subimos al
_____ . Nos tomamos de las manos y decimos, —Batman y
Robin _____ _____
_____ — y brincamos del tejado abajo, desde el
_____ _____ . Y en esas,
_____ _____ llega.

Y nos ve. No, pues, que nos ve en _____
_____ todos llenos de _____

_____ de las rosas de mi mamá. Bueno, nos castigaron

_____ _____

_____ y mì papá no se aguantó con nosotros y

_____ _____

_____ _____

_____ otra vez.

G. Más detalles.   Ahora escucha la conversación una vez más buscando respuestas a las siguientes preguntas.

1. Según la persona que cuenta la anécdota, ¿cómo se describe el suceso?

_____

2. ¿Quién les regaló los disfraces?

_____

3. ¿Por qué hace su hermano el papel de Robin?

_____

4. ¿De qué piso brincaron los dos?

_____

5. ¿Dónde aterrizaron?

_____

6. ¿De qué estaban llenos?

_____

H. ¿Cómo se dice en inglés… ?   Al relatar una anécdota el (la) que la cuenta usa algunas expresiones para comenzar la historia, otras para añadir algo y otras más para llamar la atención a algo. El (La) que escucha usa expresiones para demostrar comprensión e interés. ¿Cuál es la expresión equivalente en inglés para cada una de las siguientes?

	¿Quién habla? ¿La narradora o el oyente?	Equivalente en inglés
1. Te voy a contar…	_____	_____
2. … algo increíble…	_____	_____
3. A ver,…	_____	_____
4. Imagínate,…	_____	_____
5. Claro.	_____	_____
6. ¡Uy! ¡Qué horror!	_____	_____
7. Y, ¿qué paso?	_____	_____
8. Ay, ¡Dios mío!	_____	_____
9. Bueno.	_____	_____
10. Ah, pues, comprendo.	_____	_____

DESPUES DE ESCUCHAR

memomemomemomemomemomemomemomemom

Expresiones útiles para contar una historia o una anécdota

Escuchen, les voy a contar algo increíble.	Listen, I'm going to tell you something unbelievable.
Les voy a contar algo que nos pasó un día.	I'm going to tell you something that happened to us one day.
Una vez,... .	Once, ...
Fíjense que... .	Just imagine that . . . .
No me van a creer.	You're not going to believe me.
Fue algo espantoso.	It was something frightening.
Fue divertidísimo.	It was great fun.
Y luego...	And then . . .
Oye, tengo que decirte.	Listen, I have to tell you.
¿Sabes lo que pasó?	Do you know what happened?
No vas a creer lo que me dijo.	You're not going to believe what he (she) told me.
Algo muy extraño nos pasó (ocurrió).	Something very strange happened to us.

Expresiones útiles para comentar sobre una historia o anécdota

¡Qué horror!	How awful!
Y luego, ¿qué pasó?	And then what happened?
Ay, ¡Dios mío!	Oh, my goodness!
Ah, pues, comprendo.	Oh, well, I understand.
Claro.	Of course.
Te escucho.	I'm listening to you.
Dime. (Cuéntame.)	Tell me.
Sí, sí, sigue.	Yes, yes, go on.
¿Sí? No lo puedo creer.	Is that right? I can't believe it.
¡No me digas!	You don't say!
Pero no me vas a decir que... .	But you're not going to tell me that . . . .
No, no lo creo.	No, I don't believe it.
Y ¿qué pasó después?	And what happened afterwards?

I. ¿Sabes lo que me pasó a mí una vez?   Ahora te toca a ti contar una anécdota.

1. Piensa en todos los detalles de algo que te ocurrió cuando eras niño(a) y cuéntalo a tus compañeros de clase. ¿Quiénes intervenían? ¿Dónde y cuándo sucedió? ¿Qué fue lo que pasó?

2. Formen grupos de tres o cuatro estudiantes. Cada miembro del grupo debe contar una anécdota sobre algo que le pasó durante su niñez. Los otros deben decir algo para demostrar su comprensión e interés y deben hacerle preguntas si hay algo que no entienden. Después, deben escoger una anécdota para presentarla a los demás.

3. Presenten las anécdotas seleccionadas de esta manera. Cuando la persona que cuenta la historia llegue al punto culminante, debe detenerse para que los otros traten de adivinar el fin. Después, si no pueden adivinarlo, el (la) narrador(a) debe decirles lo que pasó de verdad.

CONVERSACION 2: MI HERMANO MENOR

<u>ANTES DE ESCUCHAR</u>

J. Los hermanos mayores y los hermanos menores.   A veces los hermanos mayores creen que sus hermanos menores son pesados porque los menores quieren ir a donde van los mayores y hacer lo que hacen ellos. Quieren estar donde están sus hermanos. Admiran mucho a sus hermanos mayores porque quieren ser como ellos, pero es una admiración que los hermanos mayores no quieren.

Hablen en clase sobre las relaciones entre hermanos en una familia.

1. En casa
    a. cuando están con los padres
    b. cuando están con sus amigos
    c. cuando no hay ni padres ni amigos
2. Fuera de casa
    a. cuando están en el coche
    b. cuando están en una tienda
    c. cuando están en la escuela
    ch. cuando juegan
3. ???

L. Preguntas personales.   Escribe las palabras que usarías para describir las relaciones que tienes con tu familia.

1. Con tus hermanos _____

_____

2. Con tus abuelos _____

_____

3. Con tus padres _____

_____

<u>ESCUCHAR</u>

LL. En el restaurante.   Escucha la segunda conversación, fijándote en lo que hizo el hermano menor cuando estaba en el restaurante con su familia. Escribe un breve resumen de lo que pasó.

_____

_____

_____

_____

_____

M. Yo creo…   ¿Qué opinas tú?

1. ¿Debía haber castigado al niño?
2. ¿Por qué crees que debía o no debía haberlo hecho?
3. ¿Qué te parece la idea de llevar niños a un restaurante «muy formal y muy fino»?

N. Explicaciones. Escucha la segunda conversación otra vez para explicar lo siguiente.

1. ¿Por qué le contó el cuento la joven?

_____

2. ¿Por qué decidió el papá llevar a los niños a un restaurante muy formal y muy fino?

_____

3. ¿Por qué trató el mesero de quitarle el plato al niño?

_____

4. ¿Por qué apuñaló el niño al mesero con el tenedor?

_____

5. ¿Por qué dejó caer el plato el mesero?

_____

6. ¿Por qué se iba a morir la mamá?

_____

Ñ. ¿Cuándo ocurrió? La joven le cuenta la historia a su amiga empleando el pretérito, el imperfecto y el presente de los verbos. Escucha otra vez lo que le pasó a la familia en el restaurante y escribe tres listas. En una lista, escribe los verbos que describen la situación (imperfecto) en el pasado; en la segunda, los verbos que mencionan una acción que empezó o terminó (pretérito) en el pasado; y en la tercera, los verbos que deja en el presente.

1. *Imperfecto*

_____

_____

_____

2. *Pretérito*

_____

_____

_____

3. *Presente*

_____

_____

_____

memomemomemom

Expresiones útiles para mantener el interés

Les voy a contar algo estupendo.	I'm going to tell you something stupendous.
Apuesto a que no saben lo que pasó anoche.	I'll bet you don't know what happened last night.
No me van a creer, pero yo mismo(a) lo vi.	You're not going to believe me, but I saw it myself.
Escuchen lo que nos sucedió una vez cuando estábamos en... .	Listen to what happened to us once when we were in . . . .
Pero eso no fue nada.	But that was nothing.
Ahora viene lo peor (mejor).	Now comes the worst (best) part.
Y como si eso fuera poco,... .	And as if that weren't enough, ...
Por fin...	Finally . . .
De repente...	Suddenly . . .
¡Pum! ¡Pum!	Bang! Bang!
¡Cataplum!	Crash!
¡Ay, ayyy!	Oooouuch!
¡Ufa!	Oooof!
¡Epa!	Eeek!
¡Ay!	(Expression of pain, surprise, amazement)

O. Mi hermano(a).   Relata una historia que trate de un(a) hermano(a) tuyo(a).

1. Piensa en alguna situación en la que un(a) hermano(a) tuyo(a) haya tenido un papel importante. Puede ser una situación chistosa, triste, espantosa, etc.
   a. ¿Cuándo ocurrió? ¿Dónde?
   b. ¿Quiénes estaban presentes? ¿Qué pasó?
2. Divídanse en grupos según el tipo de situación: chistosa, triste, alegre, espantosa, u otra. Luego, relaten las historias y escojan una para contársela a los compañeros de los otros grupos.
3. Cuenten la historia a los demás.

CONVERSACION 3: MI HIJO QUIERE TENER UN ANIMAL DOMESTICO

ANTES DE ESCUCHAR

P. Los animales.   Tarde o temprano la mayoría de los niños quieren tener un animal doméstico. A veces los padres quieren uno y a veces no, pero a veces no importa lo que quieran los padres. Generalmente, no pueden decirle que no al (a la) niño(a) y al fin y al cabo conseguirán el animalito. Habla con tus compañeros buscando respuestas a las siguientes preguntas.

1. ¿Qué animales domésticos tienen los norteamericanos? ¿Los de otros países?
2. ¿Dónde viven los animales?
3. ¿Quiénes los cuidan?
4. ¿Qué papel tienen estos animales en la familia y en la vida de los niños?
5. ???

Q. En mi casa…   En la tercera conversación, un chico quiere traer un animal a casa. Haz una lista de todos los animales que tenías tú cuando eras niño(a).

_____

_____

_____

ESCUCHAR

R. La historia de un animal doméstico.   Escucha la tercera conversación y trata de comprender lo más importante. Mientras escuches, piensa en lo que les pasa al chico y al animal.

1. ¿Quién quiere un animal?

_____

2. ¿Qué animal llevó a casa?

_____

3. ¿Le gustó a la madre?

_____

4. ¿Qué le pasó al animal?

_____

RR. Preguntas personales.   Contesta las siguientes preguntas.

1. ¿Te parece verdad este cuento? ¿Por qué sí o por qué no?

_____

2. ¿Qué te parece tener una rana?

_____

3. ¿Qué le parece a la madre del niño?

_____

4. ¿Qué opinas de tener un animal en casa?

_____

S. Una rana en casa.   Escucha la conversación otra vez para saber más de la rana.

1. ¿Dónde la metió el niño?

_____

2. ¿Quién la cuidaba?

_____

3. ¿Qué le daba de comer?

_____

T. Y después, ¿qué pasó? Escucha la conversación una vez más, prestando atención a la manera en que el amigo demuestra su interés en el cuento y su comprensión de lo que está diciéndole la madre. ¿Qué dice el amigo después de oír lo siguiente?

1. A mí no me gusta tener animales en casa.

   _____

2. Se le ocurre que él quiere tener un animal.

   _____

3. Y ¿sabes con qué se presenta a la casa?

   _____

4. A la mañana siguiente, pues, la rana está ahí.

   _____

5. Afuera. Tranquila.

   _____

6. En el jardín. La metió en un, en un cubo.

   _____

7. ¡No me preguntes! No sé. Total es que pasan los días y llega ayer.

   _____

8. … que un perro inmenso, de… que vive como tres casas más abajo…

   _____

DESPUES DE ESCUCHAR

Expresiones útiles para demostrar interés y comprensión

Sí, yo también estaba allí.	Yes, I was there, too.
Eso me recuerda de la historia que me contó.	That reminds me of the story he (she) told me.
A propósito, ¿sabes lo que hizo Ramón?	By the way, do you know what Ramón did?
Es como el día en que la conocí.	It's like the day I met her.
Como decía, lo que hacía me pareció extraño.	As I was saying, what he (she) was doing seemed strange to me.
Para volver a la historia, en aquel momento… .	To return to the story, at that moment . . . .
¿Qué me decías?	What were you telling me?
Pero no has terminado el cuento.	But you haven't finished the story.
¿Por qué?	Why?
¿Para qué?	For what purpose (reason)?
¿Y luego?	And then what?
¿Y qué hiciste tú?	And what did you do?
¡Qué lío!	What a mess!
¡Qué mono!	How cute!
¡Qué barbaridad!	How absurd!
¡Qué inteligente!	How intelligent!

U. Mi animal doméstico preferido. Describe los animales domésticos que tenían en tu casa.

1. ¿Cómo eran?
   a. ¿Cuál era el más perezoso, el más divertido, el más fastidioso, el más caro, el más inteligente y el más raro?
   b. ¿Cuál recuerdas mejor?
   c. ¿Cómo influían en la vida familiar?
2. Prepárate para relatar una anécdota sobre uno de los animales de tu familia. Luego, habla con un(a) compañero(a) de clase sobre los animales de su familia.
   a. Relata tu anécdota sobre un animal que haya tenido tu familia.
   b. Ahora, hazle preguntas a su compañero(a) sobre los animales que haya tenido su familia.
   c. Escucha la anécdota que relate tu amigo(a), demostrando interés y comprensión, y haciéndole preguntas cuando no entiendas lo que dice.

V. Razones obvias. Contesten ustedes esta pregunta: ¿Por qué es tan común tener animales en casa hoy en día? Den cuantas explicaciones que les parezcan razonables.

ACTIVIDADES

SITUACIONES

X. ¡Todos tenemos un tesoro de cuentos inolvidables! Tratan de nosotros mismos, de nuestra familia, de nuestros amigos y de nuestros animales. Escoge uno de tus cuentos, uno que recuerdes muy bien, y cuéntalo a tus compañeros de clase. Piensa en todos los detalles más importantes: ¿Dónde y cuándo sucedió? ¿Quién lo protagonizó? Busca, también, algunas fotos de la persona o del animal para llevarlas contigo a clase.

En clase, presenta la persona o el animal a tus compañeros mostrándoles las fotos. Describe bien su aspecto físico y su personalidad para que tus compañeros lo (la) conozcan y para que entiendan mejor la anécdota. Debes dramatizar la situación para que sea más interesante. ¡Nárralo muy bien!

Buena suerte.

Tus compañeros deben hacerte preguntas si hay algo que no comprendan.

Y. ¡Buscamos actores y actrices cómicos! Los dueños de los canales más importantes de televisión — ABC, CBS, NBC, PBS y Fox — saben que al público le gusta reír. Todos quieren ver programas de humor, pero desgraciadamente no hay muchos actores y actrices cómicos. A tu clase de español vienen descubridores de personas con talento de los canales importantes para presenciar una competencia entre estudiantes.

¿Quién sabrá relatar el chiste más gracioso?

Todos deben prepararse para relatar un chiste o una anécdota graciosa a la clase. (Si quieren, ustedes pueden traer objetos que ayuden a los demás a entender mejor la situación.)

Z. Mi primera cita. Uno de los acontecimientos más emocionantes de la vida es la primera cita. Es emocionante hacer planes y pensar en salir con el (la) enamorado(a). Relata a un(a) compañero(a) de clase todo lo que tiene que ver con tu primera cita.

a. la invitación
b. los planes
c. lo que hicieron ustedes
ch. lo que pasó después

Tu compañero(a) te hará preguntas si quiere saber más.

AA. ¿Sabes lo que me pasó a mí? En los países hispánicos es común reunirse todos en familia para la comida, para conversar así como para comer.

Este es un ejercicio para cuatro personas que formarán una «familia». El (La) profesor(a) le dará a cada persona una tarjeta con algunos datos sobre lo que le pasó durante el día. La persona debe imaginar la situación, añadir más y contar algo durante la comida. Todos tendrán algo que relatar y los otros miembros de «la familia» deben mostrar interés y hacer preguntas para comprender bien lo que pasó.

BB. Una escena.   Un padre (Una madre) habla con su hijo(a). El padre (La madre) le pregunta al (a la) hijo(a) qué hizo la noche anterior. El (La) hijo(a) le dice que fue a la casa de un(a) amigo(a) y le cuenta lo que hicieron.

(Lo que pasó de veras es que él [ella] fue con algunos[as] amigos[as] a un club nocturno para bailar, tomar una copa y divertirse, pero claro está que no quiere decirle nada de eso a su padre [madre]. Otra cosa que pasó de veras es que la madre del [de la] amigo(a) llamó a su casa para hablar con su hijo[a], pues creía que estaba allí. Por eso el padre [la madre] no le cree al [a la] hijo[a] y trata de averiguar la verdad.)

FUERA DE CLASE

CC. Escoge una tira cómica de algún periódico o revista en español que tenga que ver con la familia. Trae una fotocopia a clase y explica a los demás lo que pasa.

CHCH. Mira una telenovela en español, o en inglés, y describe una situación corriente a ver si tus compañeros pueden adivinar de cuál hablas.

vocabulario palabras y expresiones que quiero recordar

Capítulo 7

MANAGING WISHES AND COMPLAINTS

«*Siento tener que avisarles...*»

COMPRAS Y REPARACIONES

INTRODUCCION

A. ¡Me encanta salir de compras! ¿Necesitas comprar algo de alguna de las categorías representadas en los anuncios clasificados? Cuando piensas en hacer compras, ¿qué imágenes se te ocurren?

Por ejemplo—

1. **tus sueños:** ¿Hay algo que tengas ganas de comprar?

2. **los precios:** ¿Te preocupan mucho? ¿Tienes suficiente dinero en tu cuenta del banco?

_____

_____

3. **tu tarjeta de crédito:** ¿Tienes una? ¿La usas mucho? ¿Cuándo la usas?

_____

4. **el tráfico de la calle:** ¿Te molesta, o te gusta el movimiento?

_____

5. **tu colección de (algo):** ¿Qué coleccionas? ¿Cuántos(as) tienes?

_____

_____

6. **el regateo** _(bargaining)_: ¿Sabes regatear? ¿Alguna vez has ido de compras en otro país a un mercado al aire libre? ¿Qué experiencia tuviste?

_____

_____

_____

7. **tu lista de necesidades:** ¿Haces una lista antes de salir de casa? (¿La llevas contigo o se te olvida en casa?)

_____

_____

8. **las decisiones:** ¿Te cuesta mucho decidir entre los artículos que se te ofrecen? ¿Qué factores influyen en tus decisiones?

_____

_____

Compara tus respuestas con las respuestas de varios compañeros de clase.

B. ¡Mire, vengo a quejarme!   ¿Has tenido que quejarte alguna vez de algo que compraste o de alguna reparación mal hecha? ¿Qué pasó? ¿Cuál fue el resultado de tu queja? ¿Tuviste éxito?

_____

_____

_____

Explica la situación a tus compañeros de clase.

ESCUCHAR Y PRACTICAR

CONVERSACION 1: ¿ME LAS DEJA POR CIENTO VEINTE?

ANTES DE ESCUCHAR

C. El regateo.   En una tienda donde los precios son fijos, no es necesario regatear, pero para comprar algo en el mercado al aire libre, hay que saber algunas reglas con respecto al regateo:

- El (La) vendedor(a) no espera recibir el primer precio que pide.
- Puedes ofrecer más o menos la mitad de la cantidad que te pide el (la) vendedor(a).
- El (La) vendedor(a) y el (la) cliente discuten el precio hasta llegar a un acuerdo. Muchas veces no logran fijar una suma aceptable para los dos, y el (la) cliente sigue buscando un precio mejor en otro puesto.

1. Si tú quisieras vender algo—tu reloj, por ejemplo—¿cuánto pedirías?

   _____

2. ¿Cuánto aceptarías? ¿Cuál sería tu último precio? _____

3. Si tú lo compraras en el mercado, ¿cuánto ofrecerías por el reloj?

   _____

4. ¿Cuánto estarías dispuesto(a) a pagar? (¿Cuál sería tu precio más alto?)

   _____

5. Ofrece algo—tu reloj, por ejemplo—a un(a) compañero(a), para ver cuánto pagaría él (ella). Recuerden: Tú necesitas recibir lo más posible, y tu compañero(a) no querrá pagar una suma astronómica.

ESCUCHAR

CH. El regateo en el mercado.   En la primera conversación un señor compra naranjas en el mercado. Escúchala y apunta los precios que oigas.

1. ¿Cuánto pide la señorita por cada naranja? _____

2. ¿Cuánto pide por seis naranjas? _____

3. ¿Cuántas naranjas ofrece por 75 pesos? _____

4. ¿Cuánto ofrece el señor por dos docenas? _____

5. ¿Cuánto paga por fin por las 24 naranjas? _____

D. ¿Qué dirían en inglés?   Escucha la conversación otra vez y busca las siguientes expresiones. ¿Qué dirían las personas en inglés en la misma situación? (Adivina por el contexto.)

1. ¿Qué se le ofrece, señor? _____

2. ¿No hay unas más grandecitas? _____
_____

3. ¿A cómo están? _____

4. Si las compra a media docena, son cuarenta pesos. _____
_____
_____

5. Bueno, mire… _____

6. Estas son a setenta y cinco, ¿no? _____
_____

7. ¿Me las deja por ciento veinte? _____
_____

8. ¿Qué le parece? _____

9. De acuerdo, ciento veinticinco. _____
_____

10. Dos docenas por ciento veinticinco. _____
_____

7

memomemomemomemomen

Expresiones útiles para regatear en el mercado

¿Cuánto pide por la corbata?	How much are you asking for the tie?
¿A cómo vende los dulces?	What price are you asking for the candy?
¿Cuánto valen las plumas?	How much are the pens?
Para usted, un buen precio.	For you, a good price.
Valen siete pesos la docena.	They're worth seven pesos per dozen.
Se lo vendo por siete dólares.	I'll sell it to you for seven dollars.
Se las dejo en cuarenta centavos.	I'll let you have them for forty cents.
Mire la calidad de la tela.	Look at the quality of the fabric.
Es una ganga, señor.	It's a bargain, sir.
¡¿Tanto?! Es demasiado.	So much?! It's too much.
Pero, ¿no ve que es muy viejo(a) y feo(a)?	But don't you see that it's very old and ugly?
Le doy la mitad de lo que pide.	I'll give you half of what you're asking.
Le puedo ofrecer sesenta centavos.	I can offer you sixty cents.
Cincuenta pesos, ni un centavo más/menos.	Fifty pesos, not a cent more/less.
No, señor(a), es muy poco.	No, sir (ma'am), it's very little.
Soy pobre y tengo que mantener a mis seis hijos.	I'm poor and I have to support my six children.
No, qué va. No se puede.	No, of course not. It can't be done.
Cincuenta y cinco, no acepto menos.	Fifty-five, I won't accept less.
Bueno, de acuerdo.	Okay, it's a deal.
No me queda más remedio.	I have no choice.
Aquí tiene el vuelto, señor(a). (la vuelta, en España)	Here is your change, sir (ma'am).
Me debe veinte centavos.	You owe me twenty cents.
Aquí tiene.	Here it is.

E. Un mercado en la clase. Ahora, van a tener un «mercado». Algunos estudiantes arman sus ''puestos'' y traen muchos artículos a clase para vender. Los otros serán los clientes; cada cliente tiene que comprar al menos una cosa. Recuerden que los vendedores quieren recibir el precio más alto posible, y los clientes quieren pagar lo menos posible. Pero ¡sean corteses y respetuosos!

CONVERSACION 2: TENGO QUE DEVOLVER ESTOS ZAPATOS

ANTES DE ESCUCHAR

F. Los zapatos apretados. ¿Alguna vez has tenido que devolver algo que compraste? ¿Por qué? ¿Cuándo es necesario devolver una compra y pedir que se nos devuelva el dinero? ¿Conoces a alguien que siempre trata de devolver las compras y los regalos?

Describe lo que pasa en el dibujo: El señor ha comprado unos zapatos, pero _____
_____

El dependiente _____
_____

Vocabulario útil

devolver	*to return (something)*
demasiado apretados	*too tight*
doler	*to hurt* (**Me duelen los pies.**)
medias	*socks*

¿Cómo crees que terminará la situación? _____
_____

ESCUCHAR

G. ¡Usted tiene que hacer algo!   En la segunda conversación un joven desea devolver los zapatos que compró, pero el dependiente dice que cuando los compró el cliente, le quedaban perfectamente bien. Escucha la conversación y llena los espacios en blanco con las palabras y frases que faltan.

—Sí, señor. Buenas tardes. ¿En qué le _____

_____ ?

—Buenas tardes, señor. Vea, _____

_____ _____ .

Yo tengo que devolver _____

_____ porque definitivamente me quedan

_____ _____ .

—Sí, señor, pero cuando usted los llevó, eh, _____

_____ _____ .

—Sí, pero usted me insistió de que con un uso adecuado…

_____ a ceder y me _____

a quedar más _____ y eso no ha ocurrido.

—Pero, si mal no recuerdo, cuando usted _____

_____ venía con unas _____

_____ . Ahora está usando tal vez…

—Yo no creo que eso influya mucho. Además, esos zapatos son como de un

_____ , eh, _____

_____ . Yo lo que _____

es que me los _____ o que me

_____ el dinero.

—Sí, señor. Parece que usted _____ de gusto

desde que _____ los zapatos, y los usó…

—Yo no he cambiado de gusto…

—Y entonces ya no se lo podemos devolver. No se los podemos

_____ .

—Yo no he cambiado de gusto. _____

_____ _____ es que

estos zapatos no son _____ . Me quedan muy

_____ . Me están _____

los pies. Usted tiene… _____

_____ .

—Bueno, pero es que ya ha pasado _____

_____ desde que usted se los llevó y

_____ realmente este problema yo no lo

_____ resolver. Tengo que _____

_____ _____ .

Permítame un _____ .

H. ¿Qué dijeron? Contesta las siguientes preguntas según el contenido de la conversación.

1. ¿Por qué quiere el cliente devolver los zapatos? (Menciona dos razones.) _____

_____

_____

_____

2. ¿Qué dijo el dependiente cuando el cliente estaba comprando los zapatos? _____

_____

3. ¿Qué quiere el cliente que haga el dependiente? _____

_____

4. ¿Por qué dice el dependiente que no puede devolverle el dinero? _____

_____

5. ¿Cuál es el resultado de la discusión? _____

_____

I. ¡En español, por favor! Escucha otra vez la conversación y apunta las expresiones españolas que usaron para decir lo siguiente.

1. How may I help you? _____

_____

2. If I remember right . . . _____

_____

3. Your taste seems to have changed. _____

_____

4. The fact of the matter is that these shoes are no good.

_____

_____

5. You have to do something. _____

_____

6. Excuse me just a minute. _____

_____

DESPUES DE ESCUCHAR

memomemomemomemomemome

Expresiones útiles para presentar y rechazar las quejas

Siento tener que decirle... .	I'm sorry to have to tell you . . . .
Mire, tengo un problema con este (esta)... .	Look, I have a problem with this . . . .
Mire, vengo a quejarme.	Look, I'm here to complain.
Perdón, señor(a), pero la verdad es que... .	Excuse me, sir (madam), but the fact is that . . . .
Creo que han cometido un error. **Creo que se han equivocado.** }	I think you've made a mistake.
Este aparato que compré aquí ya no funciona.	This machine that I bought here isn't working any more.
Además, es de un material inferior.	Besides, it's made of inferior material.
Mire, ya está roto(a).	Look, it's already broken/torn.
Está manchado(a).	It's stained.
Se destiñó.	It's faded.
Quiero que me devuelva el dinero.	I want my money back.
¡Mire, estoy perdiendo la paciencia!	Look, I'm losing my patience!
¡Lo(s) necesito ahora!	I need it (them) now!
¡No puedo esperar más!	I can't wait any longer!
¡Esto es el colmo!	This is the last straw!
Yo no puedo suportar más... .	I can't take any more . . . .
Sí, tiene razón, pero... .	Yes, you're right, but . . . .
Me reparó (arregló/compuso) esto, pero... .	You repaired this for me, but . . . .
Hace dos semanas que lo (la) compró.	You bought it two weeks ago.
Seguramente lo (la) usó para algo que no debía.	Surely you used it for something you shouldn't have.
No puedo devolverle el dinero.	I can't return your money.
Se lo (la) puedo cambiar por otro(a).	I can exchange it for another.

J. ¡Este bolígrafo no sirve! Ustedes ya tuvieron un «mercado» en clase, y tú compraste algo que otro(a) estudiante vendía. Ahora resulta que lo que compraste no sirve. Vuelve a su «puesto» y trata de devolvérselo. (Primero, piensa un poco en lo que tienes que decir y cómo lo puedas explicar.) Cuidado: Tu cliente también querrá devolver lo que le vendiste.

ANTES DE ESCUCHAR

L. ¿Qué ropa te gustaría comprar? Los estudiantes de la clase forman un círculo, y cada uno dice en una frase qué prenda de ropa quiere comprar. Un(a) estudiante comienza el juego diciendo que quiere comprar algo: **Quiero comprar un pantalón corto.** El (La) siguiente estudiante repite lo que dijo el (la) primero(a) y añade lo que él (ella) quiere comprar: **Quiero comprar un pantalón corto y un vestido talla 18.** Sucesivamente todos añaden algo y tratan de recordar lo que compraron todos los anteriores.

Después, apunta los nombres de varias cosas que quieren tus compañeros.

_____   _____

_____   _____

_____   _____

_____

HOJAS (VERDE VIVO)

TALLA 8

SIN MANGAS, DESCOTADA

TALLA 16

MANGAS LARGAS, RAYADA

LL. ¿Cómo está vestido(a) tu compañero(a)? Para prepararte a comprender la tercera conversación, describe la ropa que lleva uno (una) de los estudiantes, para que los demás lo (la) identifiquen. ¿Qué ropa lleva? ¿De qué color es? ¿De qué talla, más o menos? ¿Tiene mangas largas o mangas cortas? ¿De qué tela es? Si es un vestido, ¿es largo o tiene minifalda? ¿Está de moda?

Puedes hacer unos apuntes ahora; no mires a la persona mientras la describes: _____

_____

_____

_____

_____

ESCUCHAR

M. Un vestido especial. En esta conversación participan dos personas: una vendedora de ropa de mujer y un señor que busca un vestido especial para su novia. Escúchala dos veces y describe el vestido que desea comprar el señor.

MINIFALDA

TALLA 10

1. color: _____

2. mangas: _____

3. falda: _____

4. talla: _____

5. cuello: _____

6. tela: _____

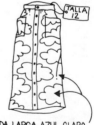

TALLA 12

FALDA LARGA, AZUL CLARO

N. Escucha la conversación otra vez y escribe **C** (cierta) o **F** (falsa) para cada una de las siguientes aserciones.

_____ 1. La novia del señor y la dependienta tienen más o menos las mismas medidas (*measurements*).

_____ 2. El señor busca un vestido largo, de cóctel, para su novia.

_____ 3. El primer vestido que la dependienta le muestra es de un color que no le gusta al señor, porque él quiere un rojo más brillante.

_____ 4. El vestido que él compra es de poliéster.

_____ 5. La dependienta se pone el vestido para que el cliente lo vea mejor.

Ñ. ¿Cómo se dice en inglés…? Escucha otra vez y apunta las siguientes expresiones en inglés, usando el contexto de la conversación para comprenderlas en español.

1. ¿En qué puedo servirle? _____
   _____

2. Ando buscando un vestido. _____
   _____

3. Mire, aquí está éste. _____
   _____

4. ¿Qué le parece éste? _____

5. ¿Por qué no me hace el favor de ponérselo? _____
   _____

6. De esa manera me doy cuenta de cómo luce. _____
   _____

7. Sí, éste le queda perfecto. _____
   _____

8. Bueno, entonces me llevo el rojo. _____
   _____

La moda que más viste.

Este verano viste a la moda. Una moda singular y elegante: con el blanco y el negro como protagonistas. El "georgette", el lino, la viscosas... como tejidos frescos. Prendas en todo momento coordinables entre sí. Faldas, camisas de manga corta, bermudas, chaquetas... Y lo más atractivo, su precio.

El Corte Inglés

Se trata de moda.

Para recordar esta Navidad

☐ Arbol de Navidad
☐ Series de Luces
☐ Adornos para el Arbol
☐ Esferas
☐ Pelo de Angel
☐ Guirnaldas
☐ Corona
☐ Adornos de Unisel
☐ Adornos para
   puerta y pared
☐ Centro de Mesa
☐ Velas
☐ Papel envoltura
☐ Cajas para regalo
☐ Listón y Moños
☐ Tarjetas De - Para
☐ Rollos para Cámara

☐ Dulces
☐ Galletas
☐ Chocolates
☐ Juguetes
☐ Juegos Educativos
☐ Bicicletas
☐ Discos
☐ Juegos de Salón
☐ Fragancias para Ella
☐ Lociones para El
☐ Joyería
☐ Relojes de Pulso
☐ Guantes y Bufandas
☐ Medias
☐ Ropa para Ella
☐ Ropa para El
☐ Maletas

Regalos para:

☐ Intercambio
☐ Mamá
☐ Papá
☐ Abuelita
☐ Abuelito
☐ Tía
☐ Tío
☐ Amiga
☐ Amigo
☐ Para mi chico
☐ Para mi chica
☐ y para mi mascota

La Tienda Navideña por Excelencia
Woolworth
...La Favorita de Usted

memomemo¡

Espresiones útiles para ir de compras

¿En qué le puedo servir?	How may I help you?
Busco una grabadora.	I'm looking for a tape recorder.
Quiero una que tenga radio también.	I want one that has a radio also.
¿Qué le parece ésta?	How do you like this one?
Preferiría otro color.	I would prefer another color.
Es demasiado pequeño(a).	It's too small.
¿Qué tal esa otra, de color gris?	How about that other one, the gray one?
¿Cuánto vale?	How much is it (worth)?
¿Hay impuestos?	Is there a tax?
¿Aceptan tarjetas de crédito y cheques personales?	Do you accept credit cards and personal checks?
Sólo aceptamos dinero en efectivo.	We accept only cash.
Aquí está (tiene) su vuelto.	Here's your change.
Que pase un buen día.	Have a good day.
Vuelva usted otro día.	Come back another day.

O. Un regalo. Tú quieres comprar un regalo especial para alguien—tu novio(a), tu mamá, tu hermanito, etc.—y vas al almacén más grande de la ciudad. ¡Allí encuentras a otro(a) estudiante que está trabajando de dependiente(a)! Explícale exactamente lo que quieres comprar. Después de comprarlo, pídele que te lo envuelva como regalo.

ACTIVIDADES

SITUACIONES

P. Un regalo ideal. Piensa en un regalo que te gustaría recibir y escribe su nombre en secreto en un papel. No dejes que lo vean tus compañeros. Luego, con otros dos estudiantes, hagan una lista de regalos que a todos les gustaría comprar para los otros miembros de la clase. ¡No se olviden de nadie! Finalmente, lean su lista a la clase para ver a cuántas personas les darían ustedes exactamente lo que han pedido.
Yo quisiera recibir... .

Q. ¡Ay, qué servicio más malo! Trabaja con un(a) compañero(a). El (La) profesor(a) le dará a uno(a) de ustedes una situación en la que tenga que quejarse y lograr que la otra persona devuelva el dinero, cambie el artículo por otro, etc. El (La) otro(a) estudiante hará el papel de dependiente.

R. ¿Qué ropa necesitas mandar a la lavandería/tintorería?

1. Haz una lista de la ropa sucia que necesita ser lavada en seco. _____

   _____

   _____

   a. Según la lista, ¿cuánto te costaría en el Hotel Córdoba en España? _____

   b. ¿Cuánto costará si quieres que te laven los artículos en menos de 24 horas? _____

   c. Si pierden o arruinan algún artículo, ¿cuánto puedes cobrar? _____

   ch. ¿Y si el artículo es de cuero? _____

2. Ahora, con un(a) compañero(a), hagan los siguientes papeles.
   a. El (La) cliente, que lleva su ropa (de la lista que escribió arriba) a la tintorería y luego regresa para recogerla, necesita todo en menos de un día. Al recoger su ropa, cree que han arruinado una de las prendas.
   b. El (La) dependiente(a), que le entrega la ropa y le cobra el valor del lavado en seco.

   Cada uno debe calcular independientemente el valor del lavado en seco, menos el descuento por los daños. Si no están de acuerdo, tendrán que discutirlo.

---

hotel Meliá Córdoba

TINTORERIA - LAVADO EN SECO
Nettoyage á sec.
Dye - and - Dry cleaning

[H ....]

NOMBRE		TOTAL DE PIEZAS	HABITACION	N.°

FECHA DE ENTREGA	HORA	A DEVOLVER EL	HORA

Tenga la bondad de rellenar la hoja indicando el número y clase de piezas entregadas.

Entregado antes de 24 horas tendrá un recargo del 50%.

AVISO IMPORTANTE

No nos responsabilizamos de los desperfectos causados a prendas de: ante, cuero, encaje, etc.

La responsabilidad del Hotel en caso de pérdida o deterioro de un artículo, no podrá nunca **exceder cinco veces** del precio que se cobra por el servicio.

Los sábados solo se recogerá el servicio urgente, con recargo del 50%, hasta las 10 de la mañana. Los domingos cerrado.

PIEZAS	ARTICULOS	PRECIOS	TOTAL	PIEZAS	ARTICULOS	PRECIOS	TOTAL
	SEÑORA				CABALLERO		
	Abrigo	600			Abrigo	600	
	Blusa	275			Americana	400	
	Chaqueta	400			Americana Smoking	450	
	Falda	250			Corbata	160	
	Falda plisada	500			Gabardina	575	
	Pantalón	300			Jersey	260	
	Pantalón corto	200			Pantalón	200	
	Rebeca	260			Pantalón corto	200	
	Vestido	475			Pantalón Smoking	350	
	Vestido largo	600					
						TOTAL...	

3.06.477
Gráficas Andalus

RR. ¡A comprar un automóvil!   ¿Qué marca de auto te gustaría tener? Imagínate que tienes oportunidad de comprarlo. Vas a la agencia y hablas con el (la) dependiente(a). Describe el coche que quieres, con todos los detalles posibles. Por ejemplo, puedes usar los «tips» de la lista de abajo.

El (La) dependiente(a) tratará de venderte un coche, ¡claro! A ver si lo compras.

TIPS QUE DEBES TENER EN CUENTA ANTES DE COMPRAR UN

AUTOMOVIL

1. Economía (cuántos kilómetros rinde por litro de gasolina).
2. Tamaño y espacio para pasajeros, según tus necesidades.
3. Número de puertas.
4. Caballos de fuerza.
5. Dirección asistida (es decir, *power steering*).
6. Sistema de calefacción y aire acondicionado.
7. Fabricación del auto: extranjera o nacional.
8. Facilidades para obtener las piezas de repuesto.
9. Costo de las reparaciones.
10. Tipo de transmisión (automática o manual).
11. Extras (radio, piloto automático, cristales ahumados).
12. Variedad de mecánicos expertos en este tipo de automóvil.
13. Recomendaciones de amistades que hayan tenido contacto con ese tipo de auto.

COMO SABER SI EXISTE ALGUN PROBLEMA EN EL AUTO

1. El motor no arranca.
2. El motor pierde potencia.
3. El motor tiene una marcha abrupta.
4. Se escucha un ruido extraño.
5. El motor se recalienta.
6. El auto consume demasiada gasolina.
7. Los cambios de la transmisión se producen erráticamente.
8. Los frenos suenan al activarlos.
9. La transmisión resbala.
10. La transmisión emite ruidos anormales.

S. Hay un problema con el auto.   Resulta que después de un mes, tu coche nuevo ya no funciona bien. Escoge uno (o más) de los problemas de la lista de arriba y vuelve a la agencia para quejarte. El (La) dependiente(a) tendrá que hacer algo, ¿verdad?

Sapos, tigres, elefantes, monedas, insectos, calcetines ... y tú... ¿qué coleccionas?

¡COLECTOMANIAAA!

T. ¿Tienes una colección de algo? ¿Qué coleccionas? ¿Por qué? ¿Cuánto te ha costado tu colección? ¿Cuántos ejemplares tienes? Prepara una charla sobre tu colección, si tienes una, y trae algunas muestras de ella a la clase. Haz una lista de las cosas que coleccionan tus compañeros:

_____ _____
_____ _____
_____ _____
_____ _____

U. Entrevista a alguna persona que haya vivido en otro país para averiguar cuáles son las diferencias y semejanzas entre ese país y el tuyo en cuanto a las compras y las quejas. Haz un cuestionario:

- ¿Qué productos llevan garantía?
- ¿Qué servicios de reparación existen?
- ¿Qué tarjetas de crédito se usan?
- ¿Cuánto cuestan los aparatos, los comestibles, etc., en comparación con lo que cuestan en Norteamérica?
- ¿Podría explicar (demostrar) la costumbre de regatear? (dónde y cómo se regatea; qué errores tienden a cometer los extranjeros al tratar de regatear)
- Otras preguntas: _____

_____

_____

_____

_____

Presenta en clase los datos que hayas conseguido.

_____

_____

_____

_____

_____

_____

_____

V. ¿Compras por teléfono productos que se anuncien en catálogos o por televisión?

1. En la página 131, estudia los regalos de Navidad que aparecieron en la revista *Vanidades de México* y escoge un regalo que tú podrías «vender». Prepárate para explicar las cualidades de tu mercancía. ¡Trata de venderla a tus compañeros!

2. Luego, escucha la propaganda de tus compañeros y escoge un regalo para alguien. Apunta el nombre y el número de teléfono del «vendedor» o «vendedora».

   Nombre: _____

   Número de teléfono: _____

   Luego, en casa, llama al (a la) vendedor(a) para pedirle tu regalo; dile todo lo que necesite saber.

3. Cuéntale a la clase qué personas pidieron tu mercancía.

   a. Mis «clientes»: _____

   _____

   _____

   _____

   b. ¿Quién es el (la) mejor vendedor(a) de la clase? _____

   _____

TELé MERCADEO

La forma fácil y rápida de comprar productos exclusivos desde

VEA TELEMERCADEO EN LOS CANALES 4 Y 5 CON MAS PRODUCTOS EXCLUSIVOS

Juego de cuna Ositos. Fino juego compuesto por colchoneta, dos sábanas, protector de barandal, capuchón para cabecera y almohadita. Elaborados en algodón estampado, Colores pastel. Lavable en casa. **No. 30.** Precio. $329,000.00.

Baquetas electrónicas Olvídese de los ruidosos y estorbosos aparatos que les gustan a los jóvenes con este exclusivo juego de baquetas electrónicas que al movimiento, emiten el sonido de una batería musical completa con bajo, tambores y platillos. Consta de una caja de control con bocina para amplificar el sonido, control de volumen, entrada auxiliar para walkman o estéreo, asa para fijarse al cinturón y audífonos. Funciona con cuatro pilas AA (No incluídas). **No. 10 Precio: $399,000.00.**

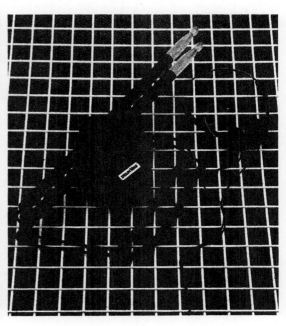

Cafetera Tres en Uno. Para preparar un exquisito café americano, expreso o capuchino, haga suya esta práctica y novedosa cafetera eléctrica, para el hogar u oficina. Color Blanco. Incluye dos útiles jarras de vidrio. Producto de importación. Garantía de un año. **No. 38.**   Precio: $700,000.00.

Llame ahora mismo a Tele Mercadeo al teléfono **207-35-31**, solicite los productos que haya elegido, proporcionando el número de producto y precio. Usted paga con tarjetas de crédito, efectivo y cheques. *estafeta* llevará su pedido hasta su casa u oficina.

vocabulario
palabras y expresiones que
quiero recordar

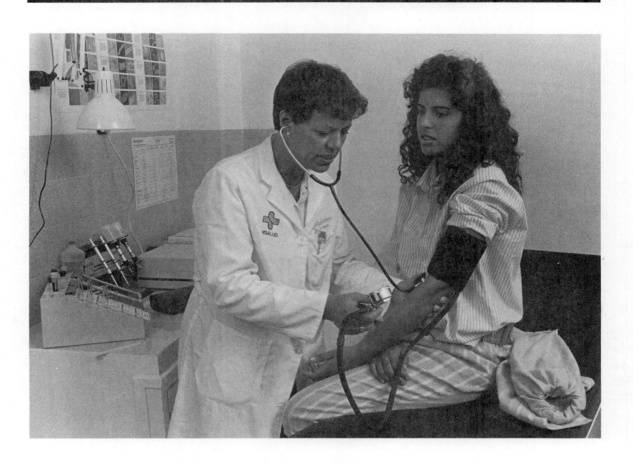

Capítulo 8

GIVING AND RECEIVING ADVICE

«¿Qué hago?»

DECISIONES DE LA VIDA DIARIA

INTRODUCCION

A. ¿Piensan lo mismo?   ¿En qué están en desacuerdo Carlitos y su perro? ¿Sobre qué cosas tomamos decisiones todos los días?

B. Los consejos.   A veces estamos indecisos, no sabemos qué hacer. Puede tratarse de algo importante, como por ejemplo, a qué universidad vamos a ir, o puede ser una cosa sin mucha trascendencia, como nuestro programa para el fin de semana. A veces, pedimos consejo, otras veces, no. Con frecuencia, también, damos consejos a los demás, aunque no nos los pidan. Contesta las siguientes preguntas personales.

1. Antes cuando eras niño,...
    a. ¿a quiénes pedías más consejos?
    b. ¿sobre qué cosas pedías más consejos?
    c. ¿a quiénes dabas más consejos?
    ch. ¿sobre qué cosas dabas más consejos?
    d. ¿seguían tus consejos?
2. Actualmente,...
    a. ¿a quiénes pides más consejos?
    b. ¿sobre qué cosas pides más consejos?
    c. ¿a quiénes das más consejos?
    ch. ¿sobre qué cosas das más consejos?
    d. ¿siguen tus consejos?

CONVERSACION 1: EL MEDICO Y EL PACIENTE

ANTES DE ESCUCHAR

C. Consejos médicos.   Piensa en las relaciones entre el (la) médico(a) y sus pacientes. Los pacientes consultan al (a la) médico(a) porque quieren saber cómo están. Le preguntan sobre su salud y le piden consejos para mantenerse sanos. Por su parte, el (la) médico(a) está obligado(a) a decirles como están y a darles consejos. Lo que no es seguro es lo que hacen los pacientes después de oír el diagnóstico y las recomendaciones del (de la) médico(a). ¿Siguen sus recomendaciones o no? ¿Qué creen tú y tus compañeros?

1. ¿Para qué consultan los pacientes a un(a) médico(a)?
2. ¿Qué recomendaciones puede darles un(a) médico(a)?
3. ¿Qué hacen los pacientes durante la consulta?
4. ¿Qué le dicen al (a la) médico(a)?
5. ¿Qué preguntas le hacen?
6. ¿Cómo están al salir del consultorio del (de la) médico(a)?
7. ¿Qué hacen como resultado de la consulta?
8. ??? (¿Qué más te parece importante cuando un(a) paciente le consulta a un(a) médico(a)?)

CH. Mi rutina diaria.   Antes de escuchar la conversación entre el médico y el paciente, piensa en lo que comes y en lo que haces cada día.
   ¿Qué crees? ¿Qué te diría un(a) médico(a) si supiera lo que comes y lo que haces?

Lo que como: _____
_____
_____

Lo que hago: _____
_____
_____

Expresiones útiles para describir los síntomas

Me duele la cabeza.	My head hurts.
Tengo fiebre.	I have a fever.
Estoy resfriado(a).	I am congested.
Estoy cansado(a) siempre.	I am always tired.
No puedo dormir.	I can't sleep.
Nunca tengo hambre.	I am never hungry.
Tengo dolor de estómago.	I have a stomach ache.
Siempre tengo sed.	I am always thirsty.
Me desmayé.	I fainted.
Tengo anemia.	I am anemic.
Padezco de alergia.	I suffer from an allergy.
Me tomó la presión/tensión.	He (She) took my blood pressure.
Va a dar a luz en septiembre.	She's going to have a baby in September.
¡Ay! ¡Qué dolor!	Oh! How it hurts!
Saque la lengua.	Stick out your tongue.
Me pone el termómetro.	He (She) puts in the thermometer.
Tiene una pierna rota.	He (She) has a broken leg.
¿Cuáles son las horas de visita?	What are visiting hours?
Llene su hoja clínica.	Fill out your medical history.
¿Ha tenido usted sarampión?	Have you had the measles?
¿Le han operado de las amígdalas?	Have they taken out your tonsils?
¿Está usted vacunado(a) contra la viruela?	Have you been vaccinated against smallpox?
¿Es usted alérgico(a) a la penicilina?	Are you allergic to penicillin?
¿Qué es lo que siente?	Describe your symptoms.
Es necesario tomarle una radiografía.	X-rays are necessary.
Me pone una inyección.	He (She) gives me a shot.
Hay que hacer un análisis de sangre.	They have to do a blood test.
Lleve usted esta receta a la farmacia.	Take this prescription to the drugstore.

Expresiones útiles para hablar de las enfermedades

alcohólico(a)	alcoholic
alta tensión arterial	high blood pressure
arteriosclerosis (colesterol)	arteriosclerosis (cholesterol)
cáncer	cancer
diabetes	diabetes
depresión	depression
drogadicto(a) (toxicómano[a], narcómano[a])	drug addict
enfermedad de corazón	heart disease
enfermedad mental	mental illness
el SIDA	AIDS
tensión nerviosa	stress
toxicomanía (drug addiction)	drug addiction

D. El pronóstico médico.   Ahora, escucha la primera conversación entre el doctor Méndez y un paciente que vuelve para saber el resultado de un análisis que se hizo la semana anterior. El médico cree que es algo bastante serio y le hace varias recomendaciones.

1. Según el análisis y el examen médico, ¿qué tipo de paciente es? _____
2. ¿ Qué le sugiere el médico?

    a. cambiar _____

    b. dejar _____

    c. hacer _____

    ch. dejar a un lado _____

    d. debe hacer _____

    e. Por ejemplo, _____

    f. practicar _____

    g. ¿Qué opina de _____

    h. ¿Por qué no se dedica a _____

3. ¿Qué piensa el paciente de las recomendaciones? ¿Qué dice que nos revela sus sentimientos?

    a. _____

    b. _____

    c. _____

    ch. _____

    d. _____

E. Por mi parte…   Compara esta conversación con las que has tenido tú con un(a) médico(a).

1. ¿En qué aspectos es semejante?
2. ¿En qué aspectos es distinta?

F. ¿Qué opinas tú?

1. ¿Cómo es el médico? _____

2. ¿Cómo es el paciente? _____

3. ¿Qué debe hacer el médico? _____

4. ¿Qué debe hacer el paciente? _____

G. ¿Qué más pasó?   Ahora, contesta las siguientes preguntas sobre detalles más específicos de la conversación.

1. ¿Cómo es la noticia que le tiene el doctor?

    _____

2. ¿Cómo se puso el paciente al oír la noticia?

    _____

3. ¿Cómo era el paciente cuando era joven?

    _____

4. ¿Qué cosa no utiliza él desde hace mucho tiempo?

_____

5. Según el médico, ¿cómo es el paciente?

_____

6. ¿Por qué le dice el médico al paciente que puede dedicarse a perseguir muchachas?

_____

H. ¿Cómo se diría en inglés... ?   Escucha la conversación otra vez, prestando atención a las siguientes palabras y frases, y explica lo que se diría en inglés en el mismo contexto. **¿Cómo me le va?; No me diga; Primero; Ay, doctor, mire; ¿verdad?; de todas maneras; ¡Qué barbaridad!**

_____

_____

_____

DESPUES DE ESCUCHAR

Expresiones útiles para dar consejos

Te digo que sí (no).	I'm telling you yes (no).
Es probable que sí (no).	Probably yes (not).
Es posible que mañana.	Possibly tomorrow.
Te aconsejo que... .	I advise you to . . . .
Es mejor... .	It's better to . . . .
Te sugiero que... .	I suggest you . . . .
Opino que (no) es... .	I believe it's (not) . . . .
(No) Creo que sí.	I (don't) think so.
Te recomiendo que... .	I recommend that you . . . .
¿Por qué no... ?	Why don't you . . . ?
Trata de... .	Try to . . . .
¿Has pensado en... ?	Have you thought about . . . ?
Quiero que... .	I want . . . .
Tienes que... .	You have to . . . .
La otra sugerencia es... .	The other suggestion is . . . .
Puedes... .	You can . . . .
¿Por qué no... ?	Why don't you . . . ?
Me parece que... .	I think . . . .

Expresiones útiles para expresar lo que uno(a) piensa de los consejos

No sé qué hacer (lo que voy a hacer).	I don't know what to do (what I'm going to do).
A mi parecer, no hay más remedio.	In my opinion, there is no choice.
Si fuera tú, seguiría sus recomendaciones.	If I were you, I would follow his (her) recommendations.
Es importante (preciso, necesario) que hagas lo que te dice.	It's important (necessary) to do what he (she) tells you.
Está bien que... .	It's good that . . . .
Está claro que... .	It's clear that . . . .
Es dudoso que... .	It's doubtful that . . . .

memome

Expresiones útiles para responder a los consejos

Está bien, pero será difícil.	That's O.K., but it will be difficult.
¿Crees que...?	Do you think . . . ?
¿De veras?	Really?
¿De verdad?	Really?
Ah, no puedo.	Oh, I can't.
Ah, no quiero... .	Oh, I don't want . . . .
Porque no me gusta... .	Because I don't like to . . . .
Estoy preocupado(a).	I'm worried.
No había pensado en eso.	I had not thought about that.
Te agradezco los consejos.	I appreciate your advice.
(No) Lo haré.	I will (not) do it.

I. El (La) paciente y el (la) médico(a).   Con un(a) compañero(a) de clase, hagan el papel de un(a) paciente y el de un(a) médico(a).

1. El papel del (de la) médico(a)
    a. ¿Cómo es el (la) médico(a)? ¿simpático(a)? ¿antipático(a)? ¿paciente? ¿impaciente?
    b. ¿Cómo saluda a los pacientes?
    c. ¿Cómo los trata?
    ch. Prepara una lista de preguntas para averiguar qué problema(s) tiene el (la) paciente.
    d. Prepara una lista de recomendaciones.

2. El papel del (de la) paciente
    a. ¿Cómo eres tú? ¿Qué tipo de persona eres?
    b. ¿Estás dispuesto(a) a seguir las recomendaciones del (de la) médico(a)?

3. Prepara una descripción de tu problema o enfermedad.

4. Piensa en las preguntas más comunes que un(a) médico(a) le hace a un(a) paciente. También, piensa en una enfermedad (imaginaria, claro) y en algunas expresiones para describirla. Luego, en grupos de dos, hagan el papel de médico(a) y de paciente. Los dos deben alternarse en los dos papeles. Fíjense en las recomendaciones del (de la) médico(a) y en la actitud del (de la) paciente al oírlas.

5. Haz el papel de médico(a) y explica a los otros estudiantes
    a. el problema del (de la) paciente
    b. tus recomendaciones para su mejoría.

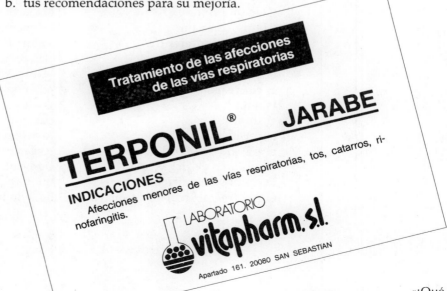

Tratamiento de las afecciones de las vías respiratorias

TERPONIL® **JARABE**

INDICACIONES
Afecciones menores de las vías respiratorias, tos, catarros, rinofaringitis.

LABORATORIO
vitapharm. s.l.
Apartado 161. 20080 SAN SEBASTIAN

8

ANTES DE ESCUCHAR

Expresiones útiles para hablar en la sala de clase

¿Me falta otro curso?	Do I need another course?
¿Qué me recomiendas?	What do you recommend for me?
¿Cómo es ese curso?	What is that course like?
¿Es difícil (fácil, interesante, aburrido, pesado, divertido)?	Is it difficult (easy, interesting, boring, a drag, fun)?
¿En qué te especializas?	What are you majoring in?
¿Hay que aplicarse en filosofía?	Do you have to work hard in philosophy?
¿Qué debo estudiar (recordar)?	What should I study (remember)?
¿Cómo debo estudiar?	How should I study?
¿No sería mejor tomar ese curso el año que viene?	Wouldn't it be better to take that course next year?
¿Crees que debo hacer la tarea?	Do you think I should do the homework?
¿Tengo que estudiar los apuntes?	Do I need to study the notes?
¿Es posible cambiarlo por (sustituir) otro curso?	Is it possible to substitute another course?
¿Se nos permite que cambiemos de parecer?	Is it possible to change one's mind?
¿Tengo que tomarlo obligatoriamente?	Is it a requirement?
Es mejor que no faltes a clase.	It is better not to miss class.
Te recomiendo que prestes atención durante la conferencia.	I advise you to pay attention during the lecture.
Está bien si quieres tomar apuntes.	It's O.K. if you want to take notes.
A mi parecer es importante leer con cuidado el libro.	It seems to me important to read the book carefully.
Sí (No), (no) creo que debes tomar el examen.	Yes (No), I (don't) think you should take the exam.
Claro que sí.	Of course.
Creo que sí (no).	I believe so (not).
Claro, ¿cómo no?	Of course, why not?
la sala de conferencias	lecture hall
el aula de clase	classroom
el libro de texto	textbook
el cuaderno	notebook
la nota	grade
el informe	paper, report
hacer una investigación	to do a research project
el trabajo de investigación	research paper
el catálogo de fichas	card catalog
la cuenta de matrícula	tuition
el cuadro (tablero) de anuncios	bulletin board

J. **¿Qué cursos vas a tomar?**   En la universidad hay cientos, aun miles, de cursos. Los hay de todo tipo: los que tienen muchos estudiantes y los que tienen pocos, los fáciles y los difíciles, los interesantes y los que no lo son. Los cursos son diferentes, pero los estudiantes son distintos también. Hay cursos que les interesan a todos. Piensen ustedes en todas las preguntas que tienen que ver con los cursos y escríbanlas en la pizarra. Las siguientes preguntas les servirán de guía.

1. ¿Qué quieres saber sobre un curso antes de tomarlo?
2. ¿Qué te gustaría saber del (de la) profesor(a) antes de matricularse en la clase?
3. ¿A quiénes les haces preguntas sobre los cursos?
4. ¿Qué clase de informes te da cada persona? (por ejemplo: consejeros, profesores, amigos, padres, otros estudiantes)
5. Antes de escoger un curso, ¿qué aspectos del mismo tienes en cuenta?
6. ???

L. **Quisiera saber...**   Eres un(a) estudiante recién llegado(a) a la universidad. Sabes que hay ciertos requisitos para poder graduarse, pero sabes muy poco sobre los cursos en particular. ¿Qué preguntas les harás a los consejeros y a los otros estudiantes para obtener los informes que necesitas?

ESCUCHAR

LL. **¿Qué quiere saber?**   Escucha la segunda conversación en la que un estudiante le pide a una amiga datos sobre los cursos de la universidad.

1. ¿Qué quiere saber él sobre los cursos?

    a. _____
    b. _____
    c. _____
    ch. _____

2. ¿Qué datos le da ella sobre los cursos?

    a. _____
    b. _____
    c. _____
    ch. _____

3. ¿Qué quiere saber él sobre los profesores?

    _____

4. ¿Qué le aconseja ella con respecto a los profesores?

    _____

5. ¿Qué quiere saber él sobre los exámenes?

    _____

6. ¿Qué preguntas le hace a su amiga sobre los cursos que ha tomado ella?

    a. _____
    b. _____

M. **¿Qué opinas?**   ¿Qué piensas de este estudiante? ¿Qué clase de estudiante es? ¿Es un estudiante típico?

N. Más detalles. Escucha la conversación otra vez y contesta estas preguntas.

1. ¿Por qué le pide a su amiga que le recomiende un curso?

_____

2. Según ella, ¿cómo son los cursos de psicología?

_____

3. ¿Cómo describe su amiga a los profesores de psicología? (Una palabra que utiliza es **rareces**. Esta palabra es semejante a una palabra inglesa. ¿Qué crees que quiere decir en este contexto?)

_____

_____

Ñ. ¿Cómo se diría en inglés...? Escucha la conversación una vez más, prestando atención a la función de las siguientes palabras: **Oye; Pues; Mira; Pero; Bueno; O sea, que; y Ya.** ¿Cuáles son las expresiones equivalentes en inglés?

_____

_____

DESPUES DE ESCUCHAR

memo

Expresiones útiles para pedir consejos	
¿Qué debo hacer?	What should I do?
¿Qué me sugieres?	What do you suggest?
¿Qué me aconsejas (recomiendas)?	What do you advise (recommend)?
¿Qué te parece?	What do you think?
¿Qué opinas (crees) tú?	What do you think?
¿Qué harías tú?	What would you do?
No sé qué voy a hacer.	I don't know what I'm going to do.

O. ¿Qué cursos tomas este semestre?

1. Prepara una lista de preguntas para entrevistar a un(a) compañero(a) de clase para averiguar lo siguiente:

    a. sus cursos, b. sus razones para escogerlos, c. si está contento(a) con ellos.

2. Entrevista a un(a) compañero(a) de clase sobre los cursos que toma este semestre, empleando las preguntas que has preparado.

3. Descríbeles a los otros estudiantes tu plan de cursos, tus razones para tomar los cursos y tu satisfacción (o falta de) con ellos, y pídeles consejos para el futuro.

CONVERSACION 3: EL EJERCICIO

ANTES DE ESCUCHAR

P. ¿Haces ejercicios? Muchas personas practican algún deporte, trotan, o hacen ejercicios para mantenerse en forma. Otras creen que vale la pena hacer ejercicios, pero no tienen tiempo ni deseo de hacerlos. También existen los poltrones, **las patatas de sofá**, que ni siquiera quieren pensar en el ejercicio. ¿A cuál de los tres grupos pertenecen tú y tus compañeros?

1. Hablen de las razones para hacer ejercicios.
2. Comenten las razones para no hacer ejercicios.
3. Preparen un régimen de ejercicios para diferentes personas:
   a. un(a) estudiante de la escuela secundaria
   b. un(a) estudiante universitario(a)
   c. un(a) profesor(a)
   ch. un(a) amo(a) de casa
   d. una persona de setenta años
4. Hablen de los beneficios y de los peligros de hacer ejercicios y de no hacerlos.
5. ???

Q. Debo comenzar a trotar. Supongamos que tienes un(a) amigo(a) que se mantiene en forma y siempre guarda la línea. A ti te gustaría hacer lo mismo. Haz una lista de las preguntas que le harías para averiguar «su secreto».

1. _____
2. _____
3. _____
4. _____
5. _____

ESCUCHAR

R. ¿Qué consejos le da? Escucha la tercera conversación en la que un joven quiere empezar a correr, como forma de ejercicio, y le pide consejos a un amigo.

1. ¿Qué quiere saber?
   a. _____
   b. _____
   c. _____
   ch. _____

2. ¿Qué consejos le da su amigo?
   a. _____
   b. _____
   c. _____
   ch. _____
   d. _____

RR. ¿Qué crees? ¿Qué opinas tú después de haber escuchado esta conversación?

1. ¿Crees que trotar es buen ejercicio?
2. ¿Crees que te gustaría comenzar a trotar?

S. ¿Y qué más? Escucha la conversación otra vez y contesta estas preguntas.

1. ¿Cómo se puede evitar el cansancio al principio?

   _____

2. ¿Por qué son tan importantes los zapatos?

   _____

T. ¿Qué quiere decir... ? Ahora, escucha la conversación una vez más para aclarar el significado de las siguientes palabras y frases.

1. Yo llevo cinco años trotando. _____

_____

2. Corro tres kilómetros diarios mínimos. _____

_____

3. Te sientes mal.... _____

4. ... sudaderas... _____

5. ... camiseta... _____

6. ... vestuario para correr... _____

7. Te va a quedar molido el cuerpo. _____

_____

DESPUES DE ESCUCHAR

memomemo

Expresiones útiles para dar y responder a consejos sobre los deportes

Hazlo.	Do it.
Es fácil.	It's easy.
Es difícil.	It's difficult.
Hay que practicar mucho.	You have to practice a lot.
Debes comprarte otros zapatos.	You should buy yourself other shoes.
Eso no me gusta.	I don't like that.
Lo siento, pero no sé nada de fútbol.	I'm sorry, but I don't know anything about soccer.
¿Estás seguro?	Are you sure?
No me digas.	You don't say.
Ay, no tengo mucho tiempo.	Oh, I don't have much time.
Cuesta mucho jugar al golf, ¿no?	It costs a lot to play golf, doesn't it?
¿Por qué no le preguntas al (a la) entrenador(a)?	Why don't you ask the coach?

U. Consejos sobre los deportes y los ejercicios.

1. Piensa en un deporte o ejercicio del que te gustaría saber más. También, piensa en los consejos que te ayudarían al comenzar a practicarlo y prepara por lo menos cinco preguntas para un(a) compañero(a) sobre este deporte o ejercicio.
2. Apunta en la pizarra el deporte o el ejercicio escogido por cada estudiante.
3. Escribe los nombres de los estudiantes que saben algo de este deporte o ejercicio.
4. Divídanse en dos grupos: uno para pedir consejos, y otro para dárselos. Después, todos pueden hacer el otro papel.
5. En orden alfabético de temas, los que quieren consejos deben pedírselos a los que practican el deporte o hacen el ejercicio.
6. Al final, cada uno debe explicarles a los demás por qué va o no va a comenzar a practicar el deporte o a hacer el ejercicio.

SITUACIONES

V. Lo que tienes que hacer es... Formen grupos de cuatro estudiantes y preparen una lista de consejos, por lo menos diez, para alcanzar algún propósito. Cada grupo debe escoger un tema diferente. Algunos temas podrían ser los siguientes.

1. para tener muchos amigos
2. para sacar buenas notas
3. para ser rico(a)
4. para tener éxito en la carrera
5. para conservarse bien de salud
6. para ser feliz
7. para evitar la tensión nerviosa
8. para protegerse de los ladrones
9. para llevarse bien con los conocidos

Antes de incluir algún consejo en la lista, todos tienen que estar de acuerdo en que el tema es importante.

_____
_____
_____
_____
_____
_____
_____
_____
_____
_____

Después, presenten su lista a la clase. Sus compañeros les dirán si están de acuerdo o no. Si no están de acuerdo, deben ofrecerles otro consejo.

X. Temas. Con dos compañeros, hablen de uno de los siguientes temas y denle consejos a la persona descrita.

1. **las causas de la tensión en la vida contemporánea**
   Parece que sufrimos de dolores de cabeza, tensión, alta presión arterial, preocupaciones graves, etc. Una persona que conoces sufre de todos estos males.
   a. ¿Por qué sufre de ellos?
   b. ¿Qué debe hacer la persona para evitarlos?
2. **el descontento entre los estudiantes**
   Nos dicen que los estudiantes no se interesan por los estudios, que muchos usan drogas, que beben demasiado alcohol, que aumenta más y más el número de suicidios entre los jóvenes. Supongamos que conoces a un(a) estudiante universitario(a) que toma cada vez más alcohol, se droga y no estudia nunca.
   a. ¿Cómo se puede explicar el descontento de este(a) estudiante?
   b. ¿Qué le recomiendas que haga para no perderse?
3. **otro tema de actualidad que les parezca importante.**

Y. Consejos académicos. Divídanse en grupos de tres estudiantes. El (La) profesor(a) les dará a dos estudiantes una tarjeta con la descripción del papel que deben representar. El (La) tercero(a) escuchará, escribirá lo que dicen los otros dos y con la ayuda de los otros miembros del grupo presentará a la clase un resumen del contenido de la conversación.

resumen: _____

_____

_____

_____

_____

_____

Z. Una escena. Tres amigos(as) están en el cuarto de uno de ellos. Hablan de lo que van a hacer el viernes por la noche. a) Uno(a) quiere ir al cine. Les dice las películas que dan y trata de convencer a sus amigos(as) de que vayan a ver alguna. b) Otro(a), que tiene poco dinero, quiere alquilar un vídeo para mirarlo en casa; les habla de los vídeos más populares y les pide que escojan uno. c) El (La) último(a), que no tiene dinero, está a favor de mirar la televisión, y les habla de la programación que hay para ese día.

Siéntate cómodo y mira. Cine en casa, para todos los públicos: Largometrajes, Musicales, Infantiles, Tiempo Libre y Cine Español. 72 títulos. Para ti, para siempre.

- COTTON CLUB
- ERASE UNA VEZ EN AMERICA
- VESTIDA PARA MATAR
- MONDO CANE
- POPEYE I y II
- DON GATO II
- MAX'S BAR
- EL AMO DEL MUNDO
- VENENO
- MUNDO FUTURO
- AQUI ESTA EL OSO YOGUI
- BALARRASA
- BUSQUEME A ESA CHICA
- MI NUEVO CAMPEON
- LOS DIMINUTOS
- CONCIERTO DEL VOLCAN COLOMBIANO
- CONCIERTO DE CUMPLEAÑOS

DONDE SUEÑAN LAS VERDES HORMIGAS

TVE-2   **21.25**

Wo die grunen ameisen traumen), 1984 (96 minutos). Dirección y guión: Werner Herzog. Intérpretes: Bruce Spence, Wandjuk Marika.

Una gran extensión de tierra desolada en algún lugar de Australia es habitada por dos tribus de aborígenes, que todavía preservan sus costumbres y leyes ancestrales. El conflicto estalla cuando una compañía de extracción de uranio quiere explotar las tierras sagradas de los aborígenes.

COCODRILO DUNDEE

ETB-1   **21.35**

1986 (98 minutos)). Director: Peter Faiman. Intérpretes: Paul Hogan, Linda Kozlowski, Mark Blum.

Las aventuras de un australiano, cazador de cocodrilos, en Nueva York.

EL CARDENAL

Canal Sur   **22.00**

The cardinal, 1963 (176 minutos). Director: Otto Preminger. Intérpretes: Tom Tryon, Carol Linley, Romy Schneider, Raf Vallone, John Huston.

La vida de un sacerdote que, después de muchas vicisitudes y dudas sobre su vocación, llega al cardena-

EL EXTRAÑO CASO DEL DOCTOR JECKYLL

Telemadrid   **22.15**

Doctor Jekyll and Mr. Hyde, 1941 (111 minutos). Director: Victor Fleming. Intérpretes: Spencer Tracy, Ingrid Bergman, Lana Turner.

El filme más espectacular sobre la transformación del doctor Jekyll.

LA HIJA DE RYAN

TVE-1   **22.20**

Ryan's daughter, 1970 (187 minutos). Director: David Lean. Intérpretes: Sarah Miles, Robert Mitchum, Trevor Howard, John Mills.

En un pueblecito irlandés, en plena I Guerra Mundial, vive Rosa, la hija de Thomas Ryan, el tabernero; es una joven romántica, ...ocupaciones dife-

Margarita López

LAS SALAS

ALUCHE. Maqueda, 30 (Campamento). Metro Campamento. Tel. 218 56 28. 400 ptas. Miércoles no festivos, día del espectador, 300 ptas.
SALA 1. (Aforo: 250.)
   Tango y Cash (hasta **jueves 29**).
   Viernes 30, estreno (horario sin confirmar):
   Valmont.
SALA 2. (Aforo: 250.)
   Aquí huele a muerto (Tol.) (16,35, 19,20 y 22,20 h.).
SALA 3. (Aforo: 350.)
   La guerra de los Rose (13) (16,30, 19,15 y 22,15 h.).
SALA 4. (Aforo: 350.)
   La guerra de los Rose (13) (16,30, 19,15 y 22,15 h.).

ARLEQUIN. (Aforo: 393.) San Bernardo, 5 (C. Metro Santo Domingo. Tel. 247 31 73. Pases: 19,15 y 22 h. 500 ptas.
   El club de los poetas muertos.

BOGART. (Aforo: 400.) Cedaceros, 7 (Centro Sevilla. Tel. 429 80 42. Pases: 16,15, 1 20,35 y 22,45 h. 500 ptas. Lunes, día del espec ves 29).
   Trilogía de Nueva York. V. O. subtitulada (hast

CALLAO. (Aforo: 1.147.) Plaza Callao, 3 (Centro tro Callao. Tel. 522 58 01. Pases: 16, 19 y 22 h ptas.
   Nacido el 4 de julio.

su horóscopo para hoy

ARIES (Marzo 21 a abril 19.)—Un día prometedor para aventuras románticas. Procure cooperar más con sus asociados, no sea tan tímido. Sus viajes tropezarán con pequeños contratiempos.

TAURO (Abril 20 a mayo 20.)—Haga todo lo que sus padres desean, sea más sensato. Ponga todos sus asuntos en mejores condiciones. Usted encontrará mejor manera para coordinar sus ideas.

GEMINIS (Mayo 21 a junio 21.)—Traiga su mejor talento a la atención de personas de altos cargos, le conviene. Demuestre más consideración a personas mayores de familia y demuéstreles su afecto.

CANCER (Junio 22 a julio 21.)—Procure complacer más a su familia, haga una reunión social en su casa en la noche y demostrará que es una buena anfitriona. Sea más complaciente.

LEO (Julio 22 a agosto 21.)—Usted tiene magníficas ideas y debía ponerlas en marcha cuanto antes. Hágase de un presupuesto que sea más razonable. La noche es ideal para hacer vida social.

VIRGO (Agosto 22 a septiembre 22.)—Consulte con un experto sobre asuntos de finanzas y también de tipo personal. Una de sus amistades le ayudará en algo muy importante. Exprese sus ideas a su novia.

LIBRA (Septiembre 23 a octubre 22.)—El día es excelente para visitar al médico y hacerse un chequeo general de su salud. Nunca deje que sus problemas familiares interfieran con su trabajo, evitará tensiones.

ESCORPION (Octubre 23 a noviembre 21.)—Ultimamente está gastando demasiado dinero, así es que haga planes para economizar. Visite ciertos amigos que se encuentran deprimidos, así les alegrará y se sentirán mejor.

SAGITARIO (Noviembre 22 a diciembre 21.)—Póngase en contacto con alguien que usted desea ver más en el futuro. Recuerde cierto favor que su compañera le ha pedido y procure cumplirlo cuanto antes.

CAPRICORNIO (Diciembre 22 a enero 20.)—Reúnase con un grupo que comparte sus mismos intereses y participe más en asuntos de su comunidad también. Tome algún tratamiento que le proporcione más vitalidad.

ACUARIO (Enero 21 a febrero 19.)—La comunicación con otros le será más fácil ahora, ya que Mercurio se encuentra en su casa. Si se presentara algún dilema en su trabajo resuélvalo con mucho tacto y paciencia.

PISCIS (Febrero 21 a marzo 19.)—El día hoy es excelente para manejar sus asuntos prácticos y de finanzas. Procure pagar sus deudas a tiempo. Mucho cuidado si debe conducir hoy, evitará accidentes.

AA. El horóscopo. Primero, busca un(a) compañero(a) de clase que sea del mismo signo del zodíaco que tú. Después de encontrar a uno(a), lean ustedes los consejos para tu signo en el horóscopo de arriba y escriban otros consejos para alguien que sea del mismo signo.

Después de terminar estos horóscopos personales, busca otro(a) compañero(a) que sea del mismo signo del zodíaco que tú. Dile su horóscopo según el horóscopo que ustedes escribieron en el primer grupo y pídele lo que dice el tuyo que tiene él (ella).

FUERA DE CLASE

BB. Busca en un periódico de habla española una carta que pida consejos y trae una fotocopia a la clase. Léela a tus compañeros y pídeles que preparen una respuesta (oral o escrita). (Si no puedes encontrar cartas de periódico en español, escoge una de un periódico en inglés y contéstala en español.)

Después, comparen sus consejos con los del (de la) consejero(a) del periódico.

CC. Entrevista a alguien que haya viajado a otro país y pídele consejos para cuando se viaja al extranjero.

Los preparativos

1. ¿Qué documentos se necesitan para entrar y salir?
2. ¿Qué ropa y otros artículos se debe llevar?
3. ¿Cómo se puede llegar al país? ¿Cuáles son las ventajas de cada medio de transporte?
4. ¿Qué se debe saber en cuanto al cambio de moneda?
5. ¿Qué se debe saber del país?
6. ¿Hay que hablar el idioma local?

Ya en el país

7. ¿Cómo se viaja de una ciudad a otra?
8. ¿Cómo se va de un lugar a otro dentro de la ciudad?
9. ¿Qué recomienda para comer?
10. ¿Qué sugiere con respecto al alojamiento?
11. ¿Qué aconseja para llevarse bien con la gente?
12. ¿Qué hay que tener presente cuando se va de compras?
13. ¿Qué lugares se debe visitar en el país?
14. ¿Qué le molesta más a la gente de allí?

Prepara un resumen de las respuestas y preséntalo a la clase.

vocabulario palabras y expresiones que quiero recordar

Capítulo 9

EXPRESSING AND REACTING TO FEELINGS

«¡Ánimo, amigo!»

AMISTAD Y NOVIAZGO

INTRODUCCION

Cada vez que pienso en ti, mi corazón late aprisa, mi pulso se acelera y mi respiración se agita, ¿y sabes por qué?

¡PORQUE TE QUIERO! ¡TE QUIERO!

A. Cuando estás enamorado(a), te es difícil pensar en otra cosa que en el (la) dueño(a) de tu corazón, y al pensar en él (ella), sientes unas emociones muy extrañas y fuertes. ¿Cuáles son algunos de los síntomas del amor?

_____

_____

_____

Compara tu lista con la de otro(a) estudiante.

B. ¡Ay, me siento tan triste! Los sentimientos son muy complicados y variados. Nos enamoramos, nos enojamos, nos cansamos y nos ponemos alegres y tristes. ¿Cómo te sientes en las siguientes situaciones y qué haces a consecuencia de ello?

Expresiones útiles para expresar sentimientos, emociones y estados físicos

Estoy agotado(a).	I'm exhausted.
agradecido(a).	grateful.
alegre.	happy.
cansado(a).	tired.
contento(a).	contented, happy.
enfermo(a).	sick.
enojado(a).	angry.
sorprendido(a).	surprised.
triste.	sad.
Tengo miedo.	I'm afraid.
hambre.	hungry.
sed.	thirsty.
frío.	cold.
calor.	hot.
ira.	angry.

1. Tienes un examen muy grande y difícil hoy.

   Me siento _____

   y voy a _____

2. Acabas de recibir una beca para estudiar en España durante el año próximo. Estoy

   _____

   y necesito _____ .

3. Tu mejor amigo(a) acaba de anunciarte que va a casarse pronto.

   ¡ _____ !

   Tengo que _____ .

4. Trabajaste diez horas al día durante toda la semana y no dormiste bien anoche.

   _____

   y tengo que _____

5. Tu tío te regaló un coche nuevo para tu cumpleaños. _____

   _____

   y voy a _____ .

6. Tus padres te dicen que tu primo de trece años se casó ayer. _____

   _____

   y pienso _____ .

7. Te duele la garganta terriblemente y apenas puedes respirar. _____

   _____

   y debo _____ .

8. Un coche ha atropellado a tu perrito, y el pobrecito está en el hospital veterinario.

   _____

   y voy a _____ .

ESCUCHAR Y PRACTICAR

CONVERSACION 1: LOS ULTIMOS CHISMES

<u>ANTES DE ESCUCHAR</u>

C. ¿Te gusta chismear? Cuando dos amigos no se han visto durante mucho tiempo, les gusta hablar de la gente que conocen. ¿Qué sabes tú de tus compañeros de la escuela secundaria? ¿Cómo te sientes cuando oyes algo de tus antiguos compañeros? Conversa con otro(a) estudiante sobre este tema.

¿Cuántos amigos se han casado? ¿Cómo te hace sentir eso? ¿Qué trabajo hacen ahora? ¿Dónde viven actualmente? ¿Qué más les ha pasado desde que salieron de la escuela secundaria? ¿Todavía ves a algunos de ellos de vez en cuando? Si se juntan, ¿de qué conversan?

Apuntes: _____
_____
_____
_____
_____
_____

<u>ESCUCHAR</u>

CH. Los chismes. En la primera conversación, un joven cuenta a su amigo las últimas noticias sobre algunas personas que ambos conocen. Escucha la conversación dos veces y apunta los datos que faltan sobre los amigos.

1. **Pepe** se ganó la _____ , doce _____ de pesos.

2. **José** se _____ con _____ .

3. **El gerente** _____ .

D. ¿Cierto o falso? Escucha la conversación otra vez y marca con **F** o **C** si la frase es falsa o cierta.

_____ 1. El joven dice que Pepe es muy inteligente.

_____ 2. Rosita es alta y tiene ojos castaños.

_____ 3. José ya ni fuma ni bebe.

_____ 4. El gerente estuvo en el hospital, donde tuvo una operación quirúrgica.

_____ 5. Estaba muy grave, pero ahora está mejor.

E. Para expresar... Escucha una vez más la conversación e indica el propósito de las siguientes oraciones.

a. expresiones para comenzar un tema
b. expresiones de sentimientos
c. expresiones de sorpresa

_____ 1. Eduardo, ¿sabes la última noticia?

_____ 2. ¡Qué bárbaro!

_____ 3. ¿Y sabes que allí...?

_____ 4. Adivina con quién.

_____ 5. ¿De veras?

_____ 6. ¡Qué bueno!

_____ 7. No me digas eso.

_____ 8. ¿De verdad?

_____ 9. ¡Pobre hombre!

memomemomemomemomemomer

Expresiones útiles para llamar la atención

Fíjate que se casó Emilio.	Guess what, Emilio got married.
Imagínate que Pedro dejó su trabajo.	Just imagine, Pedro quit his job.
No te puedes imaginar lo triste que estoy.	You can't imagine how sad I am.
¿Sabes una cosa?	Do you know what?
Te tengo una noticia muy interesante.	I have some very interesting news for you.
¿Sabes lo que pasó después?	Do you know what happened afterward?
¿Supiste que Rosa estuvo en el hospital?	Did you find out that Rosa was in the hospital?
Te voy a contar una cosa muy interesante.	I'm going to tell you something very interesting.

Expresiones útiles para expresar compasión

¡Pobre hombre/mujer!	Poor man/woman!
¡Pobrecito(a)!	Poor thing!
Siento mucho que haya estado enfermo(a).	I'm very sorry he's (she's) (you've) been sick.
Lo siento mucho.	I'm very sorry.
¡Qué mala suerte!	What bad luck!
¿Qué podemos hacer?	What can we do?
¡Qué lástima! ⎫ **¡Qué pena! ⎭**	What a pity!

Expresiones útiles para expresar sorpresa

¡Estupendo!	Wonderful!
¡Magnífico!	Magnificent!
¡Qué sorpresa!	What a surprise!
¡Eso es increíble!	That's incredible!
¡No me digas!	You don't say!
¡Qué suerte!	What luck!
¿De verdad/veras?	Really?
¡Imagínate!	Imagine (that)!
¡Qué bien!	How nice!

Expresiones útiles para expresar agrado

¡Qué bueno! ⎫ **¡Qué bien! ⎭**	Great!
¡Ay, qué felicidad!	Hey, that really makes me happy!
¡Cuánto me alegro!	I'm so glad!
¡Fantástico!	Fantastic!
¡Fenomenal!	Cool!
¡Qué dichoso(a)!	Lucky person!
Pues, me alegro mucho!	Well, I'm really glad!

F. Diez años después. Imagínate que han pasado diez años desde que estuviste en esta clase de español. En los últimos diez años, ¿qué han hecho tus compañeros de clase? Escoge a cinco estudiantes e inventa unos «chismes». Luego, cuéntaselos a la clase. Ellos van a reaccionar con sorpresa, compasión o con alguna otra emoción.

1. nombre: _____

   chisme: _____

2. nombre: _____

   chisme: _____

3. nombre: _____

   chisme: _____

4. nombre: _____

   chisme: _____

5. nombre: _____

   chisme: _____

G. Lo que pasa con los rumores.   Inventa algún rumor y díselo al oído a otro(a) estudiante, quien lo pasará a otro, y así sucesivamente, hasta que cinco personas hayan oído el rumor. La quinta persona lo cuenta en voz alta. A ver, ¿cuánto ha cambiado la frase original?

Rumor original: _____

Rumor que cuenta la última persona: _____

_____

CONVERSACION 2: FELICIDAD, TRISTEZA, PREOCUPACION Y CONSOLACION

<u>ANTES DE ESCUCHAR</u>

H. ¡Qué emocionante!   ¿Qué emoción expresan estas personas? Escoge la oración que corresponda a la persona de cada foto aquí y en la página 156.

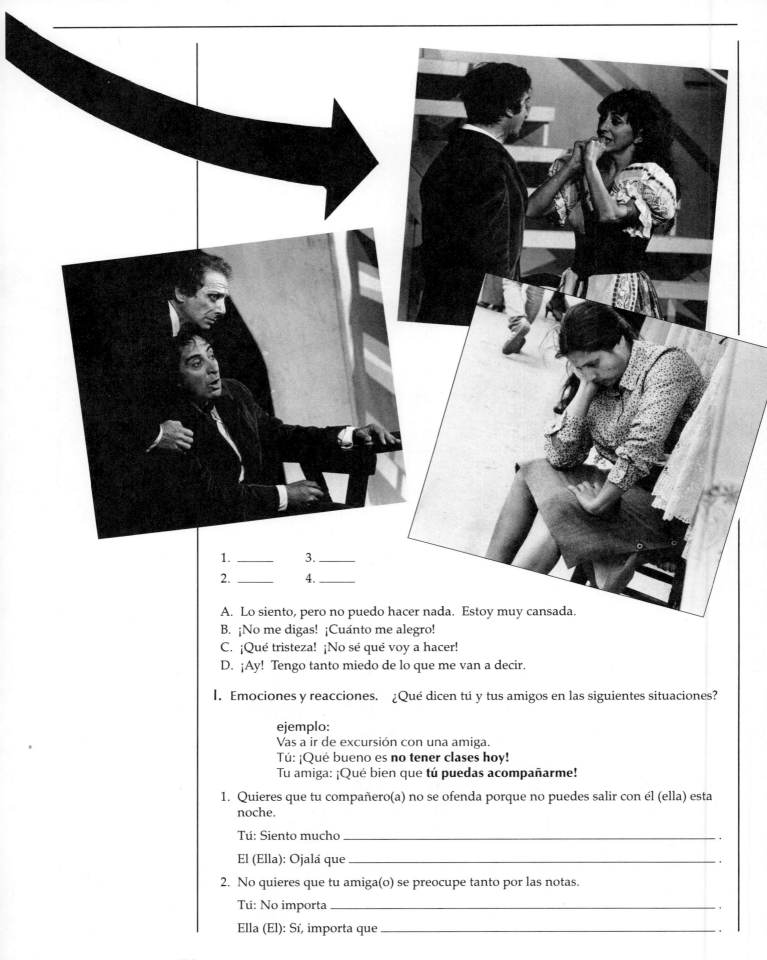

1. _____   3. _____

2. _____   4. _____

A. Lo siento, pero no puedo hacer nada. Estoy muy cansada.

B. ¡No me digas! ¡Cuánto me alegro!

C. ¡Qué tristeza! ¡No sé qué voy a hacer!

D. ¡Ay! Tengo tanto miedo de lo que me van a decir.

I. Emociones y reacciones.   ¿Qué dicen tú y tus amigos en las siguientes situaciones?

> ejemplo:
> Vas a ir de excursión con una amiga.
> Tú: ¡Qué bueno es **no tener clases hoy**!
> Tu amiga: ¡Qué bien que **tú puedas acompañarme**!

1. Quieres que tu compañero(a) no se ofenda porque no puedes salir con él (ella) esta noche.

   Tú: Siento mucho _____ .

   El (Ella): Ojalá que _____ .

2. No quieres que tu amiga(o) se preocupe tanto por las notas.

   Tú: No importa _____ .

   Ella (El): Sí, importa que _____ .

3. Acabas de oír que Juana ha ganado una beca para seguir sus estudios de post-grado.

   Tú: Me alegro de que _____.

   Ella: Me alegro de _____.

4. La comida de la cafetería no les gusta ni a ti ni a tus amigos.

   Tú: Es terrible _____.

   Ellos: Es increíble que _____.

5. Carlos le dice a Carmen que quiere ser profesor.

   Carmen: Me sorprende que _____.

   Carlos: Es bueno _____.

6. Pablo ya no sale con Juana porque se enfadó con ella.

   Tú: Es malo que _____.

   Otro(a) amigo(a): Es mejor que _____.

7. Lolita tiene ganas de teñirse el pelo de color rosado.

   Sus amigos: Es terrible _____.

   Su novio: Espero que _____.

8. Julio es tan miedoso.

   Su amigo: Tiene miedo de _____.

   Su compañero: Tiene miedo de que _____.

ESCUCHAR

J. **¿Cómo se sienten?**   En la segunda conversación tres amigos se encuentran en el Centro Estudiantil de la universidad durante la semana de los exámenes finales. Escucha la conversación y escribe en pocas palabras cómo se siente cada uno.

1. Le primera joven: _____

2. La segunda (Mercedes): _____

3. El tercer joven: _____

L. **¿Qué dijeron?**   Ahora, escucha la conversación otra vez fijándote en lo que dicen los jóvenes y termina el siguiente resumen de los puntos principales:

1. La primera joven está _____ porque mañana

   _____ _____ _____ y ya

   _____ su _____ _____ . Ella va

   a ser _____ .

2. La segunda mujer está _____ porque su novio

   _____ _____ un año entero a _____

   _____ . Ella no puede _____

   _____ porque tiene que _____ .

   Se preocupa porque piensa que su novio puede encontrar _____

   _____ .

3. El joven se siente _____ porque hoy

presentó el examen de _____ a la

_____ , de medicina, y _____ .

No puede volver a tomarlo hasta _____ _____

_____ .

4. El joven tiene una idea: Mientras el novio de Mercedes está en Europa, él

_____ _____ _____ y también

ayudará a la otra señorita en su trabajo.

LL. ¿Cómo expresan...? Escucha la conversación otra vez y escribe las expresiones que usan...

1. para expresar felicidad: _____

_____

_____

    para responder: _____

_____

2. para expresar tristeza: _____

    para responder: _____

_____

3. para expresar preocupación: _____

_____

    para responder: _____

DESPUES DE ESCUCHAR

M. ¡No me digas! ¿Qué se puede decir en las siguientes circunstancias? En grupos de tres o cuatro estudiantes, piensen en la situación y en los sentimientos de las personas y denles tantas respuestas como puedan. Apunta las más útiles.

> ejemplo:
> Tu mejor amigo(a) está muy contento(a). Acaba de decirte que se va a casar pronto.

Respuestas serias:

¡**Magnífico!**	Wonderful!
¡**Cuánto me alegro!**	I'm so glad!
Mucha suerte, amigo.	Lots of luck, friend.
Que sean muy felices.	I hope you/they are/will be very happy.

Respuestas chistosas

¡**No me digas! ¿Cómo es posible?**	Don't tell me! How is it possible?
¡**Qué lástima, chico(a)!**	That's too bad, kid!
Qué bueno que seas tú y no yo.	It's a good thing it's you and not me.
Es increíble que pienses hacer algo tan tonto.	It's incredible that you're thinking of doing something so stupid/silly.

1. Tu amigo(a) es un(a) estudiante serio(a). La semana pasada estudió mucho para un examen importante. Acabas de verlo(la), y ha sacado una mala nota.

_____

_____

_____

2. Hace mucho tiempo que tu amiga quiere estudiar en el extranjero. Acaba de recibir una carta de sus padres con la buena noticia de que le van a dar el dinero para pasar un año en España.

_____

_____

_____

3. Tu amigo sale dentro de una semana para estudiar en México. Quiere ir, pero también se da cuenta de que va a echar de menos a sus amigos. También, está nervioso porque no sabe lo que le va a pasar allí.

_____

_____

_____

4. Hace muchos meses que tus padres están muy preocupados porque tu hermano y su esposa pensaban divorciarse. Hoy tus padres están más alegres. Ya se han reconciliado y no van a divorciarse.

_____

_____

_____

5. Tu amigo piensa que es muy afortunado. Tiene muchos amigos, sabe lo que quiere hacer después de graduarse, ya tiene empleo y tiene una novia que lo quiere.

_____

_____

_____

CONVERSACION 3: TRANQUILIZATE, NO PELEEMOS MAS

ANTES DE ESCUCHAR

N. ¿Cuándo se enojan tú y tus compañeros? Con dos estudiantes, conversen sobre las situaciones que les hacen enojarse más. Comiencen por terminar la siguiente oración:

Yo me enojo más cuando _____ .

Ñ. ¿Qué piensan los compañeros de la puntualidad? Entrevista a dos o tres compañeros sobre la importancia de llegar a tiempo. Comparen sus opiniones de las siguientes situaciones.

1. Un amigo los ha invitado a cenar en su casa a las 7:30. Ya son las 7:40 y todavía Melisa no aparece. No pueden empezar a comer hasta que llegue Melisa. ¿Cómo se sienten?

9

2. Ustedes van al campo hoy con unos amigos. Jorge quedó en pasar por todos en su coche a las 8:00 de la mañana. Ya son las 9:00 y todos siguen esperándolo. ¿Se sienten enfadados? (¿Y si Jorge llega a tu casa a las 10:30?)

3. Cada vez que tienen un compromiso, María Eugenia llega tarde. Esta vez han organizado una excursión a un lago para esquiar en el agua. Todos quedaron en encontrarse en tu casa a las 9:00 de la mañana para viajar juntos. Son las 8:30 y María Eugenia ya llegó. Tú no estás listo(a) todavía. ¿Cómo reaccionas?

ESCUCHAR

O. ¡Siempre llega tarde! Tres amigos quieren ir al cine esta noche. Uno llega tarde. Escucha la tercera conversación y contesta las siguientes preguntas.

1. ¿Quién llega tarde? _____

2. ¿Cómo se sienten los otros dos amigos? _____
_____

3. ¿Qué excusa les ofrece Jorge? _____
_____

4. ¿Qué solución propone Gerardo? _____
_____

P. ¿Qué dijeron? Escucha la conversación otra vez y llena los espacios en blanco.

Carmen: Gerardo, mira la _____ que es, y Jorge, como de _____ , no ha _____ . ¡Vamos a perder la _____!

Gerardo: No te impacientes. El llega tarde, pero _____ _____ que va a llegar.

Jorge: ¡Buenas! eh... Buenas. ¿Ya compraron los _____?

Carmen: No, te estábamos _____ .

Gerardo: Oye, ¿qué horas de llegar son _____ ? Creo que ya... Tú _____ que a mí no me _____ entrar a la _____ tarde.

Jorge: Y lo, lo _____ , uh, ¡qué _____ con ustedes, pero es que no se _____ lo congestionado que estaba el _____ !

Carmen: ¡Ay, _____ con disculpas! Desde que se inventaron las _____ , todo el mundo queda bien.

Jorge: Bueno, bueno, ya ustedes me _____ . Esto todo es parte del paseo.

Gerardo: Bueno, no _____ más. Decidamos qué

_____ a _____ . Son

las _____ y _____ , ya

no podemos _____ a esta _____ .

¿Por qué no vamos aquí al _____ de al lado,

cenamos, y luego, _____ la función de las

_____ ?

Jorge: Me _____ bien.

Carmen: Bueno, _____ bien. ¿Qué vamos a

_____ ?

Gerardo: No, pero, _____ enfadada tú, ¿no es

_____ ? Tranquilízate. Yo creo que vamos a

_____ esta cena.

Carmen: Ya se me _____ .

Gerardo: Así lo _____ .

Q. ¿Cómo dijeron…?   ¿Cómo expresan los jóvenes en español las siguientes expresiones inglesas? Subraya las expresiones apropiadas en las oraciones que terminaste en el Ejercicio P (arriba).

1. We're going to miss the movie.
2. Don't be impatient.
3. Is this any time to be arriving?
4. I'm sorry to have done this to you.
5. You can't imagine how congested the traffic was!
6. You always have excuses!
7. Okay, let's not fight any more.
8. It's okay with me.
9. Isn't that right?
10. I'll get over it.

memomemomemon

Expresiones útiles para expresar enfado

¡Por Dios!	For goodness' sake!
No puedo más. } Ya no aguanto. }	I can't take it any more.
Eso me enfada muchísimo.	That really makes me mad.
Me enfado cuando me hablan así.	I get annoyed when they talk to me that way.
Me molesta que hagan eso.	It bothers me that they do that.
¡Qué ira! ¡Qué cólera!	How enfuriating!
Me pone negro(a). Me da rabia.	It drives me crazy (with anger).

Expresiones útiles para expresar disgusto

Eso me cae muy mal.	That really strikes me wrong.
¡Ay de mí!	Oh, my!
Siempre me pasa lo mismo.	It's always the same thing.
¿Qué voy a hacer?	What am I going to do?
Esto no puede ser.	This can't be.
Siempre con disculpas.	Always with an excuse.

R. ¡Eso me da tanta rabia!   Tú te enojas fácilmente? ¿Qué situaciones te enfadan? Dile a un(a) compañero(a) cómo te sientes en los casos 1, 3 y 5, y él (ella) debe responder con una expresión apropiada. Cambien de papel para los números 2 y 4.

1. Compraste un secador de pelo que no funciona. Quisiste devolverlo pero el gerente del almacén no te devolvió el dinero. Dijo que el aparato funcionaba cuando lo compraste.

   Cliente: _____

   Amigo(a): _____

2. Tienes mucha prisa para llegar al trabajo, pero el tráfico está muy congestionado. Un señor de ochenta años conduce muy lentamente delante de ti y no puedes pasarlo.

   El (La) que maneja el coche: _____

   Amigo(a): _____

3. Tuviste un accidente con tu motocicleta la semana pasada y estabas en el hospital cuando había un examen en tu clase de historia. Le has pedido al (a la) profesor(a) que te dé otra oportunidad de tomar el examen, pero él (ella) te dice que no.

   Estudiante: _____

   Amigo(a): _____

4. Hace dos meses que un(a) amigo(a) te pidió que le prestaras mucho dinero para una emergencia. Te prometió que te lo devolvería dentro de ocho días, pero todavía no te ha dado ni un centavo, y no te lo menciona siquiera.

   El (La) que prestó el dinero: _____

   Amigo(a): _____

5. El sábado pasado tuviste que viajar a otra ciudad con el equipo de vólibol, y esa misma noche tu novio(a) salió con tu mejor amigo(a).

Jugador(a) de vólibol: _____

Amigo(a): _____

_____

RR. Te voy a contar lo que me pasó una vez. Piensa en algo muy irritante/ enfurecedor que te sucedió una vez y cuéntaselo a algunos(as) compañeros(as). Ellos te dirán lo que piensan.

ACTIVIDADES

SITUACIONES

S. El juego de mímica. Vamos a jugar a mímica hoy en clase. Imagínate una escena en que se expresa un sentimiento. Piensa en las acciones y en las expresiones faciales apropiadas para representar cada sentimiento.

En clase, los otros compañeros van a:

1. presenciar tu actuación.
2. adivinar el tipo de sentimiento que estás representando.
3. decir algo apropiado para responderte a ti y a la situación en que pretendes estar.

ejemplo:
Alguien representa a un(a) niño(a) que llora. Un miembro de la clase adivina que es un(a) niño(a) que llora. Una persona dice, "Cálmate, niño(a). No llores."

T. ¡De película! ¿Qué películas has visto que tratan de la amistad o del amor? ¿Hay una que te haya gustado más que las otras? Cuéntales la historia de la película a dos o tres compañeros de clase. No la leas; puedes tomar apuntes.

REPORTAJE
Bette Midler y Barbara Hershey, distintas pero inseparables, son:
Eternamente amigas

«Eternamente amigas» constituye un drama único, una historia acerca de la confianza que se tienen dos mujeres, analizando hasta qué punto cada una de ellas puede dar lo mejor de sí misma en favor de la otra. Dos excelentes actrices, Bette Midler y Barbara Hershey, encabezan el reparto de esta película.

Un caluroso día de verano del año 1957, comienza una amistad tan extraordinaria como impensable en la playa de Atlantic City. Las dos muchachas de once años CC Bloom e Hillary W_____ __dían de mundos totalmente diferentes. Des____ ____ de Nueva York, estaba en camino d_____ mosa estrella de la canción. ___ llary, que está de vaca_____ su vez, una pudoros____

Apuntes: _____

_____

_____

_____

_____

_____

_____

U. A compartir opiniones. Con un(a) compañero(a), discutan las respuestas a las siguientes preguntas. Luego, tu profesor(a) les dará las respuestas según un artículo que apareció en la revista *Cosmopólitan de México*.

1. ¿A qué edad son los hombres más susceptibles a los encantos de la mujer?

   A nosotros nos parece que _____

   _____

   La respuesta según el artículo: _____

   _____

2. Desde el punto de vista del hombre, ¿a qué edad es una mujer más atractiva?

   A nosotros nos parece que _____

   _____

   La respuesta según el artículo: _____

   _____

3. ¿Qué es lo que menos les gusta a los hombres de sus esposas? Nosotros pensamos

   que _____

   _____

   La respuesta según el artículo: _____

   _____

4. ¿Qué es lo que menos les gusta a las mujeres de sus esposos?

   Nuestra opinión: _____

   _____

   (El artículo no lo comenta.)

5. ¿Son las mujeres el principal tema de conversación entre los hombres?

   Nosotros pensamos que _____

   La respuesta según el artículo: _____

6. ¿Son los hombres el principal tema de conversación entre las mujeres? _____

   Nosotros pensamos que _____

   (El artículo no lo comenta.)

7. ¿Cómo describe el hombre a su mujer ideal?

   Nos parece que _____

   _____

La respuesta según el artículo: _____

_____

8. ¿Cómo describe la mujer a su hombre ideal?

Pensamos que _____

_____

_____

(El artículo no lo comenta.)

9. ¿Cómo se siente el hombre cuando la mujer toma la iniciativa, y qué prefiere la mujer?

Opinamos que _____

_____

La respuesta según el artículo: _____

_____

V. Situaciones. Con otro(a) estudiante, escojan una de las siguientes situaciones y hagan los papeles indicados. Presenten su conversación a un grupo de sus compañeros.

1. **Dos novios.** Uno(a) ha decidido que ya no quiere que sean novios y se lo explica al (a la) otro(a), quien reacciona con mucha emoción.
2. **Dos amigos inseparables.** Uno(a) anuncia al (a la) otro(a) que se va a casar pronto. El (La) otro(a) sabe que va a echar de menos terriblemente a su querido(a) compañero(a).
3. **Un(a) estudiante y su papá.** El (La) estudiante acaba de averiguar que le van a dar una beca para estudiar en España el año que viene. El papá lo (la) felicita, pero también se preocupa por su hijo(a) y va a echarlo(la) de menos.
4. **Dos estudiantes.** Uno(a) acaba de oír que el (la) profesor(a) de español se ha casado el sábado pasado. Están muy sorprendidos.
5. **Dos estudiantes que viven en una residencia estudiantil.** Uno(a) le dice al (a la) otro(a) que su compañero(a) de cuarto cometió un delito y está en la cárcel.

X. Piropos. En los países hispánicos existe la tradición del piropo. En las calles los hombres hablan de la belleza de las mujeres y expresan sus sentimientos hacia ellas. Y ¿por qué no hablan las mujeres de las cualidades de los hombres? Se dividen los estudiantes en grupos de dos, hombres o mujeres, para inventar unos «piropos» para otro grupo de dos, del sexo opuesto. ¡Traten de ser muy originales! Ejemplos de piropos:

¿Qué ojos más lindos! Mírame, por favor.

Tantas curvas, ¡y yo sin frenos!

¡Conocerte es amarte! ¡Vamos a conocernos!

¡Qué mina!

9

Y. Busca un artículo sobre el amor, la amistad o el noviazgo en un periódico o en una revista en español. Prepara un resumen del artículo y preséntalo a la clase.

Z. Mira con atención un episodio completo de una telenovela en español y en cada escena describe lo siguiente:

1. qué personas salen y cómo son las relaciones entre ellos _____

_____

_____

2. los principales sentimientos expresados _____

_____

_____

3. cómo expresan esos sentimientos en sus acciones _____

_____

_____

En clase busca a los compañeros que vieron la misma telenovela y comparen sus impresiones.

AA. ¿Has visto alguna vez una película en español sobre el amor o la amistad? Cuenta el argumento de la película. ¿Qué diferencias culturales notaste entre la película hispánica y las películas de los Estados Unidos?

vocabulario palabras y expresiones que quiero recordar

Capítulo 10

EXPRESSING AND RESPONDING TO OPINIONS

«*Pues, a mí me parece...*»

LOS GUSTOS Y LAS OPINIONES

INTRODUCCION

A. ¿Qué opinan?   Describe las opiniones del padre y de la madre representadas aquí. Los dos tienen opiniones distintas sobre lo que está soñando su bebé: ¿Tiene razón uno(a) de los dos?

B. ¿Te gusta o no?   El tema de este capítulo es lo que nos gusta y lo que no nos gusta. A todos nos gustan o nos disgustan ciertos pasatiempos, ciertas cosas y ciertas personas.

1. Los gustos

   a. Nombra tres pasatiempos que te gustan muchísimo.
   b. Nombra cinco cosas que te parecen maravillosas.
   c. Nombra a las personas que te importan más en la vida.

2. Los disgustos

   a. Nombra tres pasatiempos que no te gustan nada.
   b. Nombra cinco cosas que te parecen desagradables.
   c. Nombra los tipos que te parecen antipáticos.

CONVERSACION 1: LA IMPORTANCIA DE TENER UNA COMPUTADORA

ANTES DE ESCUCHAR

C. La computadora.   Sin duda alguna, vivimos en la edad de la computadora. Influye en casi todos los aspectos de nuestra vida, y cada día desempeña un papel más importante en nuestra sociedad y en nuestra cultura. Contesta las siguientes preguntas y habla con tus compañeros sobre ellas.

1. ¿Cuáles son las ventajas de tener una computadora?
2. ¿Cuáles son las desventajas, si las hay?
3. ¿Qué ha cambiado como consecuencia de la computadora?
4. ¿Qué opinas tú? ¿Cómo va a cambiar la computadora la vida en el futuro?
5. ??? (¿Hay otras preguntas que quisieras comentar?)

CH. ¿Tienes una computadora?   ¿Qué opinas tú de la computadora? ¿Por qué te gustaría tener una? ¿Por qué te parece bien tener una? A tu parecer, ¿hay desventajas de tener una computadora?

ESCUCHAR

D. Opiniones distintas.   Escucha la primera conversación para averiguar lo que creen los jóvenes con respecto a tener una computadora. Presta atención a lo que opinan los tres amigos.

1. ¿A cuántos de los tres les parece buena idea tener una computadora?

_____

2. ¿A cuántos no les gusta la idea? _____

3. Las ventajas de tener una computadora, según los que están a favor:

   a. _____
   b. _____
   c. _____
   ch. _____
   d. _____

4. Las desventajas de tener una computadora, según los que están en contra:

   a. _____
   b. _____
   c. _____
   ch. _____
   d. _____

E. ¿Qué opinas tú de la computadora?   Compara lo que opinas tú con lo que opinan los jóvenes de la conversación. ¿Con quién (o con qué) estás de acuerdo? ¿Con quién (o con qué) no estás de acuerdo? ¿Sobre qué tienen razón? ¿Sobre qué no tienen razón?

F. **En contra de las computadoras.** Piensa en la joven a quien no le gustan las computadoras. ¿Por qué cree lo que cree? ¿Qué se puede hacer para que ella cambie de parecer? Prepara una lista de razones para tener una computadora y para convencer a una persona como ésta de que compre una.

G. Escucha otra vez la conversación y contesta estas preguntas.

1. ¿Cómo sabes que al primer joven le gusta su computadora?

_____

2. ¿Qué quiere decir la joven cuando utiliza la expresión «fiebre de computadora»?

_____

3. ¿Qué quiere decir la joven cuando dice que «Nos estamos convirtiendo en máquinas»?

_____

4. ¿Para qué sirven los paquetes?

a. _____

b. _____

H. **¿Cómo se dice en inglés…?** Escucha la conversación una vez más fijándote en el significado de las siguientes expresiones y palabras. (El orden de las expresiones es el mismo en el que ocurren dentro de la conversación.)

1. … la desempaqué… _____

2. No hay como tener una computadora. _____

3. Son una pérdida de tiempo y de dinero. _____

4. No sé qué…. _____

5. Pero fíjate que…. _____

6. En verdad,…. _____

7. … facilitarle a uno la vida…. _____

8. … cuadrar la chequera…. _____

9. Encima de eso,…. _____

10. Lo que yo quiera…. _____

11. Te vas a poner gordo. _____

12. A lo mejor,…. _____

OFERTA ESPECIAL

¡UN MES EXTRA!

Inscríbase Ahora Por Tres Meses Empiece el 24 de sept. Y Daremos el Cuarto Mes Sin Costo Adicional.

• INGLES INTENSIVO
• COMPUTADORAS IBM
• PROFESORES BILINGÜES
• SECRETARIADO COMPLETO
• CONTABILIDAD COMPUTARIZADA

212-840-7111

Conveniente localidad en Manhattan-Times Square 115 West 43rd Street, NYC Aprobado por Inmigración para estudiantes. Ayuda financiera (si califica).

memomemomemomen

Expresiones útiles para pedir la opinión de una persona

¿Estás de acuerdo en que...?	Do you agree that . . . ?
¿Crees que nos hace falta...?	Do you think we need . . . ?

Expresiones útiles para expresar opiniones

Creo que no tienes razón.	I think you are wrong.
Por mi parte,... .	For my part, ...
A mi parecer,... .	From my point of view, ...
Me parece (es evidente) que... .	It seems (it's evident) to me that . . . .
Estoy convencido(a) de que... .	I am convinced that . . . .

Expresiones favorables al hablar de la computadora

Mayormente, creo que es un buen programador (una programadora buena).	For the most part, I think he (she) is a good programmer.
Me gusta muchísimo esa impresora.	I like that printer very much.

Expresiones desfavorables al hablar de la computadora

Prefiero no mecanizarme.	I prefer not to use machines.
No me gustan nada esos discos.	I don't like those disks at all.
No, pero el lenguaje de máquina es bien complicado.	No, but programming language is very complicated.
Es posible, pero falta la memoria necesaria.	It's possible, but it lacks the needed memory.

Expresiones útiles para no decir ni sí ni no de la computadora

Depende del programa.	It depends upon the program.
Sí y no. Algunos tienen miedo de la computadora y otros no.	Yes and no. Some are afraid of the computer and others aren't.
A veces se borran algunos datos, pero no sucede a menudo.	Sometimes some data is erased, but not often.
De vez en cuando, hay que clasificar los ficheros.	From time to time, it's necessary to classify the files.

I. ¿Comprar o no comprar una computadora? Existe una controversia en la escuela elemental de nuestra vecindad.

1. Hay algunos padres que están a favor de comprar computadoras porque creen que en esta época es necesario que los estudiantes sepan utilizarlas. Hay otros padres que creen que es más importante utilizar el dinero para comprar libros nuevos para la biblioteca y para las clases. ¿Qué piensan ustedes? a) Divídanse en dos grupos, uno a favor y el otro en contra de la compra de computadoras. b) Pasen cinco minutos hablando de las razones para comprar o no comprar las computadoras. c) Elijan a un(a) compañero(a) para que diga lo que piensa todo el grupo. d) Hagan las presentaciones. e) Incluyan otros comentarios de cada grupo.

2. Preparen todos un programa de televisión en el que se les explique a los televidentes lo que pasó durante el debate sobre la cuestión de comprar o no las computadoras. Debe ser lo más objetivo posible.

CONVERSACION 2: ¿QUE VAMOS A ESCUCHAR?

ANTES DE ESCUCHAR

memome

Palabras útiles para hablar de la música

el compás	time	**el ritmo**	rhythm
el tono	tone, pitch	**la letra**	lyrics
el concierto	concert	**la comedia musical**	musical
la melodía	melody	**la canción**	song
el estéreo	stereo	**la nueva ola**	the new wave
grabar	to record	**el conjunto musical**	musical group
las entradas	tickets	**el altavoz**	loud speaker
los boletos	tickets	**el baile**	dance
el tocadiscos	record player	**el paso de baile**	dance step
el sonido	sound	**la pista de baile**	dance floor

J. La música que me gusta. Con tus compañeros de clase hablen de sus gustos musicales. ¿Qué clase de música escuchas? ¿Qué clase no escuchas? ¿Cuándo escuchas música? ¿Para qué la escuchas?

clásica	acústica	religiosa	instrumental
popular	roc	amplificada	vocal
jazz	folklórica	cante flamenco	de Navidad (villancico)

1. ¿Cuál es tu música favorita?

_____

2. ¿Cuál es tu cantante favorito(a)?

_____

3. ¿Cuál es tu conjunto favorito?

_____

4. ¿Cuál es tu músico(a) favorito(a)?

_____

L. ¿Por qué? Piensa en la música que te gusta y en la que te disgusta. ¿Cuáles son las razones para que te guste o no cada clase de música? ¿Cómo te sientes al escuchar la música? Explica el por qué de tus gustos.

ESCUCHAR

LL. Está claro que a todo el mundo no le gusta el mismo tipo de música. Escucha la conversación, fijándote en la música que les gusta a los dos amigos.

1. ¿Qué música le gusta al primero?

_____

2. ¿Qué música prefiere el segundo?

_____

M. Tipos musicales. ¿Es verdad que hay cierta clase de personas que escuchan música clásica y otras que escuchan música contemporánea? ¿Cómo son estos dos tipos de personas? ¿Cómo son los amigos de esta conversación? ¿Qué piensas de cada uno? ¿Cómo influyen tus gustos en lo que piensas de ellos?

N. La música clásica o la música popular? Completa la siguiente lista según tu propia opinión sobre la música clásica y la música popular.

1. le hace a uno(a) más completo(a) _____

2. le hierve la sangre a uno(a) _____

3. llena los estadios _____

4. produce sueños _____

5. es más universal _____

6. mueve las masas _____

7. suena aburrida _____

8. está escrita por los
   mejores autores musicales _____

Ñ. ¿Acuerdo o desacuerdo? Escucha la conversación otra vez, escribiendo las primeras palabras que dice cada amigo cada vez que habla. Después, escribe «acuerdo» si estas palabras revelan que está de acuerdo con su amigo. Escribe «desacuerdo» si revelan que no está de acuerdo. (El número entre parentesis indica el número de palabras que debes escribir.)

1. (3) Oye, nada más _____ acuerdo/desacuerdo _____

2. (5) _____ _____

3. (2) _____ _____

4. (3) _____ _____

5. (7) _____ _____

6. (4) _____ _____

7. (3) _____ _____

8. (6) _____ _____

9. (7) _____ _____

O. ¿Qué significan? Explica el significado de las siguientes palabras y frases.

1. soy muy aficionado(a) a _____

2. tiene su propósito _____

3. sin embargo _____

4. no tiene mucho que ver _____

5. de todas maneras _____

6. no estoy en contra _____

Cada 3 minutos... una cápsula de información y entretenimiento

Juan José Arreola * Andrés Henestrosa * Juan Arturo Brennan * Carlos Monsivais * Manuel González Casanova * Eduardo Matos Moctezuma * Tere Vale * Pedro Ferriz * Fernando Alba * Jaqueline Sheinberg * Eunice Cortés * Martha Sosa * Federico Vale * Juan López Moctezuma * Enrique Ganem * Miguel Osorio Marbán * Raúl Cervantes * Héctor Rebolén

ABC RADIO
760 AM
LA ESTACION DE LA PALABRA

* Antonio Moreno Rogelio Gómez * Veronica Medina * José Rogelio Alvarez * Jaime Casillas * José de la Herrán * Nicolás Alvarado * Lucy Barragán * Pedro Luis de Aguinaga * Sealtiel Alatriste * Chela Bracho * Manuel de la Cera * Trini Berrúm * Gloria Fuentes * Manuel Mejido * José Carlos Robles * Mauricio González de la Garza

DESPUES DE ESCUCHAR

memomemomemer

Expresiones útiles para expresar acuerdo

Estoy de acuerdo.	I agree.
Tienes razón.	You're right.
Es verdad. (Es cierto.)	That's true.
Además, es...	Besides, it is . . . .
También, es...	Also, it is . . . .
Sin duda (alguna).	Without a doubt.
Claro que sí.	Of course.

Expresiones útiles para expresar desacuerdo

Claro que no.	Of course not.
De ninguna manera.	Absolutely not.
Yo no estoy de acuerdo.	I don't agree.
Tú te equivocas.	You're mistaken.
Tú no tienes razón.	You're wrong.
Estoy en contra de eso.	I'm opposed to that.
Al contrario,...	On the contrary, ...
Por otra parte (otro lado),...	On the other hand, ...
Sin embargo, prefiero...	Nevertheless, I prefer . . . .
Yo diría que eso no importa.	I would say that that doesn't matter.
No es verdad (cierto).	It isn't true.
¡Tonterías!	Foolishness!
Sí, pero...	Yes, but . . . .
No es así.	It's not like that.

P. Los gustos musicales.

1. Prepara una encuesta para tus compañeros de clase sobre la música que les gusta. Haz preguntas sobre los cantantes, los conjuntos y los músicos así como sobre la música misma.

Por ejemplo:

¿De qué cantante tienes discos o cintas?

¿De quién tienes más discos?

¿Cuáles escuchas más?

¿De qué cantante tienes vídeos?

¿De quién tienes más?

¿Cuáles miras más?

2. En grupos de cuatro hagan la encuesta. (Ustedes pueden combinar las preguntas de todas las encuestas.)

3. Comparen ustedes el resultado de la encuesta de cada grupo.
   ¿A cuántos les gusta la música contemporánea?
   (clásica, folklórica, jazz, roc, religiosa, de Navidad)
   ¿Quién es el (la) cantante más popular?
   ¿Cuál es el conjunto que les gusta más?
   ¿Quién es el (la) músico(a) mejor?

CONVERSACION 3: LA TELEVISION: ¿ES UN BIEN O UN MAL?

ANTES DE ESCUCHAR

Q. A favor de y en contra de la televisión. Se critica mucho la televisión. Algunos dicen que es un bien; otros que es un mal. Lo cierto es que hay mucha gente por todo el mundo que tiene un televisor y que pasa horas y horas cada semana en frente de él. Hablen ustedes de los siguientes temas.

1. los programas
2. las personas que miran los diversos programas
3. cuántas horas al día los miran
4. el efecto de mirar televisión
5. lo bueno y lo malo de la televisión
6. recomendaciones para cambiar y mejorar los programas
7. reglas para los niños
8. ???

R. ¿Qué crees tú? Haz una lista de los aspectos de la televisión que te gustan y los aspectos que no te gustan.

ESCUCHAR

RR. Las actitudes. Escucha la tercera conversación para saber lo que opinan esos jóvenes sobre los programas de televisión. Presta atención a las actividades de los dos jóvenes. Es probable que no comprendas todas las palabras la primera vez que escuchas. Por eso, es mejor que te fijes solamente en un aspecto de la conversación a la vez.

1. ¿Qué clase de programas les gusta a los dos?

   _____

2. ¿Para qué le sirve la televisión a la persona a quien le gusta tanto?

   _____

3. ¿Qué aspecto de la televisión no le gusta al otro?

   _____

4. ¿Sobre qué están de acuerdo?

   _____

S. ¿Qué opinas tú? ¿Estás de acuerdo con alguno de estos jóvenes? ¿Con cuál? ¿Qué más le habrías dicho tú al otro?

T. Preguntas personales. Escucha la conversación otra vez y participa en la conversación, contestando las siguientes preguntas.

1. ¿Qué programas o clase de programas te gustan más?

   _____

2. ¿Con qué persona te identificas más?

   _____

3. ¿Qué programa(s) te parece(n) hecho(s) para tontos?

   _____

4. ¿Qué haces tú cuando estás cansado(a) y no quieres pensar?

   _____

5. ¿Te parece posible embobecerse mirando la televisión? Explica tu respuesta.

   _____

6. ¿Crees que mirar la televisión ha influído en el nivel de lectura y escritura a que llegan los niños? ¿Por qué sí o no?

   _____

7. ¿Qué aprenden los niños de la televisión?

   _____

8. ¿Qué opinas tú? ¿Se debe controlar la televisión? ¿Por qué?

   _____

U. Las opiniones. Usamos palabras o expresiones favorables o desfavorables para expresar nuestros gustos y disgustos. Fijándote en éstas, escucha la conversación otra vez y apunta algunas de ellas abajo.

Favorables	**Desfavorables**
tan cómica	estupidez
excelentes	una cosa tontísima

1. _____   _____
2. _____   _____
3. _____   _____
4. _____   _____
5. _____   _____
6. _____   _____

DESPUES DE ESCUCHAR

Expresiones útiles para expresar preferencias

(No) Me gusta(n) (mucho)... .	I (don't) like . . . (a lot).
Me interesa... .	I'm interested in . . . .
Me encanta... .	I'm enchanted by . . . .
Me parece una estupidez.	It seems stupid to me.
Prefiero no pensar.	I prefer not to think.
Me parece absurdo (tonto)... .	It seems foolish to me . . . .
Odio... .	I hate . . . .
¡Qué partido más (tan) emocionante!	What an exciting game!
¡Qué programa más aburrido!	What a boring program!

V. **Aconsejador(a) oficial.**   El Presidente de los Estados Unidos te ha nombrado miembro de una comisión para mejorar los programas de televisión.

1. Estudia la lista semanal de programas y haz lo siguiente.
   a. Haz una lista de cinco programas que quieras conservar.
   b. Indica cinco que quieras eliminar.
   c. Recomienda programas para reemplazar los que has eliminado.
2. Formen grupos de tres para hablar de los programas de televisión y para preparar sus recomendaciones.
   a. Un(a) miembro debe presentar su lista de los programas que quiere conservar. Los otros dos deben compararla con las suyas y discutirla para llegar a tener una lista que sea satisfactoria para los tres.
   b. Otro(a) miembro debe hacer lo mismo con respecto a los programas que quiere eliminar. Todos deben hablar sobre sus gustos y opiniones hasta que lleguen a un acuerdo sobre una lista que represente los gustos y opiniones del grupo.
   c. El (La) otro(a) miembro debe presentar sus recomendaciones. Luego, todos deben hablar de sus ideas y preparar una lista de las recomendaciones del grupo.
3. Presenten sus listas a la clase. Comenten las semejanzas y diferencias entre las listas de los diversos grupos. Hagan un resumen de los gustos, opiniones y recomendaciones de la clase.

ACTIVIDADES

SITUACIONES

X. ¿Qué hacemos?   ¿Cómo vamos a divertirnos este fin de semana? Formen grupos de cuatro estudiantes y hagan planes para el fin de semana. Todos deben expresar su opinión y responder a las opiniones de los demás, pero el objetivo es escoger algo que todos quieran hacer. Después, hagan un resumen de lo que intentan hacer para el resto de la clase. Si quieres, puedes usar estas preguntas y respuestas.

¿Qué podemos hacer esta noche?	*What can we do tonight?*
¿Sabes que dan una película buena?	*Do you know that they're showing a good movie?*
¿Has oído que María sale con José?	*Have you heard that María is going out with José?*
¿Por qué no vamos al concierto?	*Why don't we go to the concert?*
A mí me gustaría bailar.	*I would like to dance.*
Se dice que a todos les gusta ese conjunto.	*They say that everyone likes that group.*
Por la noche habrá fiesta en casa de Martín.	*At night there will be a party at Martín's house.*
La fiesta es el sábado por la noche.	*The party is Saturday night.*
Sin duda podemos alquilar un vídeo.	*Undoubtedly we can rent a video.*
Sería mejor (posible) quedarnos en casa.	*It would be better (possible) to stay at home.*

Y. Un buen pasatiempo.   ¿Cuáles son las cosas que nos atraen más en un buen pasatiempo? Habla de eso con un(a) compañero(a). El objetivo es examinar y anotar, en orden de importancia, los aspectos que se enumeran a continuación. Tienen que ponerse de acuerdo antes de presentar la lista al resto de la clase.

1. el estímulo intelectual
2. los beneficios físicos
3. el costo
4. si se hace solo(a) o con amigos
5. si se hace adentro o al aire libre
6. si es una actividad difícil o fácil
7. si requiere habilidad poco común
8. si es necesario practicar mucho
9. si es algo de última moda

> ejemplo:
> — A mi parecer lo más importante es el precio.
> — ¡Qué va! A mí me importan más los beneficios físicos.
> — Bueno. Los beneficios físicos sí son importantes, pero si uno no puede pagar, ¿qué importan los beneficios físicos?
> — Pues, si no me gusta, no lo hago, etc.

Z. A discutir un tema.   Divídanse en dos grupos, uno a favor y otro en contra de una de las proposiciones que se presentan más adelante. Cada grupo debe hacer una lista de las razones en que se basa su opinión. Luego, preparen una intervención oral de tres minutos en que un(a) representante del grupo explique por qué están a favor o en contra del tema.

Después de estas presentaciones iniciales, tres miembros de cada grupo tienen dos minutos para responder a las razones del otro grupo. Finalmente, todos los demás deben decir por qué están a favor o en contra de lo que se afirma.

Temas:

1. **El uso de drogas ilegales:** El gobierno debe permitir la compra legal de cualquier droga.
2. **Los inmigrantes ilegales:** El gobierno debe cerrar las fronteras para que no entre nadie ilegalmente en los Estados Unidos.
3. **El estudio de idiomas modernos en los EE.UU.:** El gobierno debe exigir o recomendar que todos los estudiantes sigan cursos de lenguas modernas desde el tercer año de escuela primaria hasta el último año de escuela secundaria.
4. **Los exámenes y las notas:** No debe haber exámenes ni notas en los cursos.
5. **El castigo:** Se debe prohibir que los padres castiguen a los hijos.
6. **Las telenovelas:** Cumplen una función importante en la sociedad.
7. **El papel de la mujer:** Debe haber un «Día de la Mujer Trabajadora».
8. **El tiempo:** No debe haber pronósticos ni en el periódico ni en la televisión.
9. Otro tema que les interese.

AA. Profesiones—La más importante. Cada estudiante va a recibir una tarjeta en la que hay datos sobre una profesión.

1. Primero, lee todos los datos con respecto a tu profesión.
2. Luego, preséntate a los otros estudiantes con tu propio nombre y los datos de la tarjeta.
3. Después, arreglen todas las profesiones en orden de importancia de mayor a menor. (Cada uno tiene que expresar sus propias opiniones y justificarlas.)

BB. Una escena. Un(a) joven habla con un(a) pariente suyo(a).

1. El (La) pariente: Hace dos años, el (la) pariente le compró al (a la) joven un libro para su cumpleaños y el año pasado un disco de música clásica. Ahora, él (ella) piensa en lo que le va a comprar este año y recuerda sus dos cartas anteriores en las que le daba las gracias por sus regalos. Su pariente es una persona de la «alta sociedad» y quiere comprarle algo de valor educativo. Otra vez está pensando en un libro o un disco de música clásica.
2. El (La) joven: Aunque le escribió a su pariente para darle las gracias por el libro y por el disco, no le gusta leer ni le gusta la música clásica. Claro que no quiere ofenderlo(la), pero quiere hacerlo(la) entender que preferiría otro tipo de regalo.

EL CUMPLEAÑOS DE JUAN ANGEL — **SIGLO XXI**
Mario Benedetti

En un intento por expresar la realidad social de Montevideo, Benedetti nos ofrece una lírica que cumple en contenido y forma de una manera muy especial. Novela corta "biográfica" que transcurre a la par con la vida del protagonista, se desenvuelve a través de frases sugestivas hasta llegar a esa fecha -El cumpleaños de Juan Angel- en que el camino se bifurca hasta llegar a la verdad, el encuentro de esas dos realidades que se hacen una en Mario Benedetti y Juan Angel.

HASTA NO VERTE JESUS MIO — **EDICIONES ERA**
Elena Poniatowska

Este relato testimonio es una obra escencial, que la crítica ha saludado como lo más vivo y verdadero que ha aparecido en la narrativa mexicana de hoy. Los días, las pasiones y los sueños de una mujer humilde a través de los sobresaltos de la historia mexicana contemporánea, comunicados con un lenguaje vivo y genuino, con una prosa que sigue el ritmo de una respiración natural. *Hasta no verte Jesús Mío*, mediante la autenticidad y la gracia ilumina desde dentro el mundo de la mujer y del pueblo de México.

EL BESO DE LA MUJER ARAÑA — **SEIX BARRAL**
Manuel Puig

El recién fallecido autor, lleva hasta sus últimas consecuencias su más original procedimiento narrativo en una genial sucesión de diálogos entre un homosexual y un activista político confinados en la misma celda de una prisión bonaerense. Utilizando la cultura pop como metáfora para hacer progresar la acción supliendo lo no dicho directamente, Puig confronta a los dos hombres, desvelando las regiones latentes de su personalidad y mostrando al fin sus verdaderos rostros.

CC. Llama a otros tres estudiantes de español y hazles preguntas sobre sus costumbres con respecto a los temas que se enumeran a continuación. El objetivo es averiguar lo que piensa el (la) estudiante sobre lo que es saludable y lo que es dañino y sus costumbres personales con respecto a...

1. dormir
2. hacer ejercicios
3. comer
4. pensar
5. tomar bebidas alcohólicas

Según las respuestas, ¿crees que las costumbres de los estudiantes confirman tu propia opinión sobre lo que es saludable y lo que es dañino? Comenta los resultados de tu investigación con tus compañeros.

vocabulario palabras y expresiones que quiero recordar

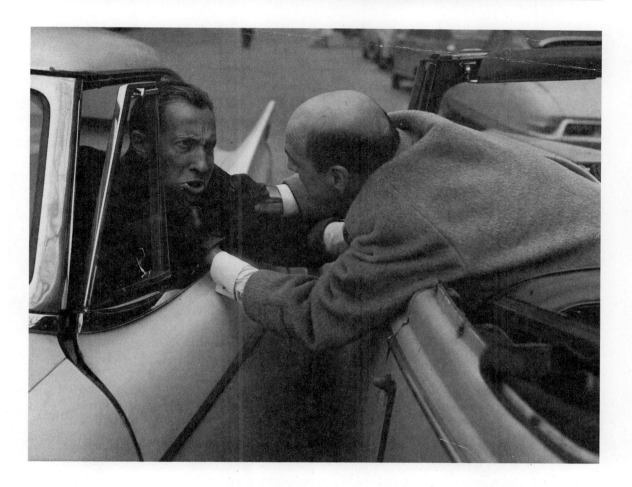

Capítulo 11

ARGUING AND FIGHTING BACK

«¿*Tengo razón o no?*»

ESTAR EN DESACUERDO

INTRODUCCION

A. Este pobre niño quiere pensar que su discurso es la última palabra y que él ya no tendrá que asistir a la escuela. Pero en fin, ¿quién (o qué) habló mejor? ¿El niño va a la escuela? ¿Qué expresión usa el niño para decir *I'm sick of school!*? ¿Qué palabra inglesa emplea para indicar que lo que él dice es definitivo?

Cuando eras niño(a), ¿solías ganar o perder las discusiones con tus padres? ¿Es buena idea discutir con los padres? ¿Cómo puede un(a) niño(a) conseguir lo que quiere?

B. ¿Qué discutes? ¿Con quién? Con unos compañeros, conversen sobre las discusiones que típicamente tienen las siguientes personas. ¿Sobre qué temas discuten?

1. los compañeros de cuarto: _____

_____

2. los novios: _____

_____

3. los esposos: _____

_____

4. los amigos (las amigas): _____

_____

5. los hermanos: _____

_____

6. los padres e hijos: _____

_____

C. **Críticas.**   Lee los siguientes trozos de historietas y subraya las expresiones usadas para criticar a otra persona y las que se usan para defenderse.

ESCUCHAR Y PRACTICAR

CONVERSACION 1: ¡BAJA EL VOLUMEN DE ESA MUSICA, POR FAVOR!

ANTES DE ESCUCHAR

CH. ¿Qué piensas?   Con unos compañeros, conversen sobre la música que les gusta y la que no les gusta, y lo que les gusta hacer cuando están cansados.

1. ¿Qué les gusta hacer después de sufrir un examen?
2. ¿Qué música les gusta y no les gusta?
3. ¿Les encanta poner el estéreo a todo volumen?
4. ¿Estudian mejor con música o sin música?
5. ¿Por qué pueden algunos estudiantes estudiar con la música puesta y otros no?
6. ¿Les parece desconsiderada la persona que pone su música a todo volumen? ¿O es que los otros deben ser tolerantes?
7. ¿Qué hacen para descansar o relajar la tensión después de estudiar o trabajar?

ESCUCHAR

D. Dos amigos discuten.   En la primera conversación, dos compañeros de cuarto están discutiendo porque uno quiere escuchar unas canciones y el otro tiene que estudiar para un examen. Escucha la conversación varias veces y pon en orden las siguientes frases. Te damos el número 1.

_____ Tú bien sabes que yo no puedo estudiar con música alrededor.

_____ No, no soy desconsiderado.

_____ Antes de que lo hagas, te aviso que mañana tengo un examen que es sumamente importante.

_____ ¿Es que yo no tengo derecho un día a estudiar con tranquilidad?

_____ Tú puedes también estudiar a un lado.

_____ Yo también tengo derecho a escuchar mis canciones.

___1___ Voy a escuchar un buen par de… canciones en este momento.

_____ No es éste el primer problema que tengo contigo.

_____ Por favor, ¡qué poco considerado eres!

_____ Olvida tu música por el día de hoy.

_____ Tú siempre cedes. Pero de todas maneras, voy a oír mi canción.

E. ¿Qué se usa para… ?   Escucha la conversación otra vez y clasifica las siguientes expresiones según la función que desempeñan en la conversación.

a. expresiones para pedir algo
b. expresiones para culpar y criticar
c. expresiones para contestar y defenderse

_____ 1. Mira, por favor, antes de que lo hagas, te aviso que… .

_____ 2. Pero, ¿qué tiene de malo? Solamente voy a poner unas canciones… .

_____ 3. Mira, tú bien sabes que yo no puedo… .

_____ 4. A mí me facilita mucho oír música.

_____ 5. ¡Qué poco considerado eres!

_____ 6. Bueno, mira, eso lo entiendo, pero te pido en este momento… .

_____ 7. No es éste el primer problema que tengo contigo.

F. ¿Quién ganó? ¿Con cuál de los compañeros de cuarto estás de acuerdo? ¿Por qué? Prepara una pequeña explicación de tu punto de vista, para compartirla en clase con los otros estudiantes.

Mi punto de vista: _____

_____

_____

_____

DESPUES DE ESCUCHAR

memom

Expresiones útiles para defenderse

¡Yo no!	Not me!
No es verdad.	That's not true.
Es verdad, pero…	That's true, but . . .
¿No me comprendes?	Don't you understand me?
Yo no tengo la culpa.	It's not my fault.
No sabes lo que dices.	You don't know what you're saying.
¿Es que yo no tengo derecho a… ?	Is it that I don't have a right to . . . ?
¿Qué quieres decir?	What do you mean?

G. Más problemas. ¿De qué otros problemas discuten los compañeros de cuarto? Con otro(a) estudiante, inventen una defensa para cada una de las siguientes acusaciones.

1. ¡Otra vez has dejado la cocina hecha una porquería! Siempre tengo que limpiarla;

   tú no haces nada. _____

   _____

2. ¿Quieres invitar a tus amigos otra vez? Son unos malcriados que se comen todo lo que hay en la casa y no pagan nunca nada.

   _____

   _____

3. Por favor, ayúdame con la tarea de física. Yo te ayudo con el inglés, pero tú eres tan egoísta que no correspondes.

   _____

   _____

4. Dime la verdad: te llevaste mi suéter, ¿no? _____

   _____

5. El estéreo está roto. Tú tienes la culpa, yo no. _____

   _____

   _____

Expresiones útiles para acusar a alguien

La culpa es tuya.	It's your fault.
Tú no me comprendes.	You don't understand me.
Lo que me molesta es… .	What bothers me is . . . .
¡Tú no me escuchas!	You don't listen to me!
¡Qué poco considerado(a) eres!	How inconsiderate you are!
¿Me estás acusando de mentiroso(a)?	Are you accusing me of being a liar?
Estás portándote de una forma muy impertinente.	You are behaving in a very impertinent manner.

H. Acusaciones. Con un(a) compañero(a), inventa una acusación que corresponda a la defensa dada.

1. _____

Pero yo no tengo la culpa.

2. _____

Es verdad, pero tú no entiendes exactamente lo que ocurrió.

3. _____

¿Yo? ¡Nunca!

4. _____

¡No sabes lo que dices!

5. _____

No te enfades. No pasó nada.

6. _____

Pero, ¿por qué dices eso?

7. _____

Estoy harto(a) de tus quejas.

8. _____

¡Por Dios! ¿No tengo yo derechos también?

CONVERSACION 2: ¡POR FAVOR, PAPI!

ANTES DE ESCUCHAR

I. **¿Cómo era tu adolescencia?** ¿Qué te dejaban hacer tus padres cuando tenías quince años? Lee lo que dicen unos jóvenes de la escuela secundaria en distintos países e indica si tu vida social era similar a la de alguno de estos chicos.

1. Una chica de Nueva York: Mis padres me dejan salir con mis amigos si ellos los conocen bien, pero tengo que volver a casa antes de las once de la noche.

   Mis padres _____

   _____

2. Un joven de España: Yo salgo por la noche para estar con mis amigos hasta las 10:30, cuando comemos en casa. Así conozco a muchas chicas.

   Yo conozco a mis amigos en _____

   _____

3. Una señorita de Quito, Ecuador: Yo, mi familia y mis amigos hacemos nuestras fiestas en casa. Así he aprendido a bailar.

   Yo tengo las fiestas en _____

   _____

4. Un joven de Arizona: Yo voy a la iglesia, donde hay actividades sociales y tengo la mayoría de mis amigos. Después, salimos a comer o vamos al cine o a la casa de alguien.

   Mis amigos y yo _____

   _____

5. Una chica de Chicago: Mis padres no me preguntan a dónde voy ni con quién; no están en casa porque trabajan mucho y salen con sus amigos.

   Mis padres _____

   _____

ESCUCHAR

J. La niña quiere ir a una discoteca. En la segunda conversación, una niña le pide permiso a su papá para ir a una discoteca a bailar. ¿Cómo reacciona el papá? Escucha la conversación y escribe **C** (cierta) o **F** (falsa) para cada una de las siguientes afirmaciones.

_____ 1. La chica tiene 16 años.

_____ 2. Su papá la dejará ir a una discoteca cuando cumpla 18 años.

_____ 3. La mamá le dijo que podía ir si el papá estaba de acuerdo.

_____ 4. Los padres de la niña conocen a todos los amigos que van a la discoteca.

_____ 5. Si sigue insistiendo, tendrá que quedarse en la casa durante dos semanas.

_____ 6. Para el papá, el bailar es malo.

_____ 7. El sugiere que invite a los amigos para que hagan un baile en casa.

_____ 8. Al papá no le gusta la gente.

_____ 9. La niña quiere hacer una piñata.

_____ 10. Resulta que la chica va feliz a la discoteca con sus amigos.

L. ¿Qué significan las siguientes expresiones? ¿Cómo las dirías en inglés? Escucha la conversación otra vez para comprender las expresiones según el contexto de la conversación.

1. A las discotecas no se puede ir hasta que tengas 18 años. _____

_____

2. No, papi, ¿cómo no me vas a dejar ir? _____

_____

3. Papi, pero, ¿qué tiene de malo? _____

_____

4. No, no, te he dicho que no. No insistas. _____

_____

5. Pero, ¡si la discoteca es buena, papi, es nueva! _____

_____

6. Ah, ¡no, eso es muy zanahorio! Te estás volviendo muy catano, papi. _____

_____

7. Claro que sí se puede ir a bailar. _____

_____

8. No, pero tú no quieres a nadie, pues. _____

_____

DESPUES DE ESCUCHAR

LL. ¿Cómo termina la escena? ¿Quién ganó la discusión, la niña o el papá? ¿Quién habló mejor, con más elocuencia? ¿Cómo piensas que va a terminar la escena? Con un(a) compañero(a), expliquen lo que pasó después. Luego, comparen su conclusión con la de dos otros estudiantes.

Nuestra conclusión: _____

_____

_____

CONVERSACION 3: UNA ESCASEZ DE HORNOS DE MICROONDA

ANTES DE ESCUCHAR

M. ¿Qué harían ustedes?   Con otro(a) estudiante, piensen en la siguiente situación y contesten las preguntas.

Ustedes necesitan comprar algo que está muy de última moda. Les urge porque todos los amigos lo tienen. Hoy ven un anuncio en el periódico para una venta especial de este producto y corren a la tienda cuando abre para comprarse dos. Al llegar a la tienda, les dicen que ya se han acabado todos.

1. ¿Cómo se sienten? _____

2. ¿Cómo interpretan el hecho de que no tienen ni un(a) _____ ?

3. ¿Qué ha pasado? (Recuerden que ustedes han llegado a la hora en que se abría la
   tienda.) _____

   _____

4. ¿Qué pueden hacer? ¿Cuáles son sus alternativas? Hagan un plan. _____

   _____

5. Comparen su interpretación y su plan con los de dos otros estudiantes.

ESCUCHAR

N. La señora impertinente.   En la tercera conversación, una señora desea comprar un horno de microonda rebajado que aparece en un anuncio en el periódico.   La dependienta le dice que ya no hay.   Escucha la conversación y llena los espacios en blanco.

— Buenos días, señora. ¿En qué _____

_____ ?

— Ay, _____ . Vine en seguidita que vi el anuncio

de _____ _____

_____ _____ que

están rebajados y en venta especial, y _____

_____ _____ .

— Ay, cuánto lo siento, señora, pero se _____

_____ .

— No me diga usted. ¿Cómo va a ser?

— Ya no _____ . No.

— ¿Cómo que no quedan? Tienen que _____ . Si

el anuncio salió _____ _____

_____ .

— Sí, yo lo sé. _____ _____ .

Pero es que fue una… una _____ muy

popular y hubo una fila _____ _____

fuera esperando… a que abriéramos la tienda _____

_____ .

— Por hornos de micr… . No lo puedo creer. No lo puedo creer. Yo
necesito un horno de microonda inmediatamente. Vine… he

_____ muchísimas _____ ,

estoy aquí. Necesito _____ horno.

— No, pero lo siento mucho, señora. Pero no _____

ya más.

— Y, ¿cuántos _____ ustedes?

— Uy, muchísimos. Pero, no sé _____ , pero

teníamos muchísimos.

— Ay, yo no _____ que ustedes tenían _____ .

Yo creo que ustedes _____ este anuncio para

atraer aquí _____ y ahora no los tienen,

esperando que yo _____ otra cosa. Y yo

quiero ese horno de microondas que está _____

_____ .

— Señora, creo que se está pasando _____ me
está acusando _____ _____ .

— Yo no la estoy acusando a usted de mentirosa. Yo lo que creo es que

_____ _____ está
tratando de _____ a las... a los clientes.

— No, no, mire. Está diciendo que la tienda entonces está engañando a los
clientes. _____ _____ . Eso no es
verdad. Yo no... ni yo le estoy diciendo _____ ,
ni la tienda está tratan... _____

_____ de engañar a _____ .

— Pues yo creo que los comerciantes son todos _____ ,
y esto es una estafa. Yo estoy muy _____ con
esto.

— Señora, he tratado de... de... de tratarla a usted con la mayor

_____ , pero este, usted está portándose de una
forma muy, pero muy _____ .

— Bueno, pues. Yo no estoy tratando de estafar a nadie como están

_____ _____

estafar en esta tienda. Yo creo que sería una buena
_____ si yo pudiera hablar con el gerente.

— Sí, yo creo también que es muy buena idea que usted _____
con el gerente en este... se lo _____ _____

_____ .

Ñ. ¿Qué dijeron para expresarse? ¿Cómo acusa la señora a la dependienta y cómo
se defiende ella? Escucha la conversación otra vez y apunta las expresiones que han
usado para expresar las siguientes ideas.

1. I'm very sorry, ma'am. _____

2. Don't tell me. How can that be? _____

   _____

3. What do you mean there aren't any more left? There have to be some left. _____

   _____

4. Yes, I know, I know. _____

5. I can't believe that. _____

6. I think you're going too far. _____

   _____

7. That's not true. _____

8. The store isn't trying to cheat anybody. _____
_____

9. I'm very unhappy about this. _____
_____

10. I've tried to treat you with the greatest courtesy. _____
_____

11. Wait a minute. _____

12. Right now, please. _____

DESPUES DE ESCUCHAR

O. ¿Qué consejos le darías a la señora? Con otro(a) compañero(a) respondan a las siguientes preguntas.

1. ¿Qué opinión tienen de la señora?
2. ¿Quién tiene razón, la señora o la dependienta?
3. ¿Qué debe hacer la señora, ya que no hay más hornos de microonda en la tienda?

Ahora, cambien la conversación según su propia personalidad. Uno(a) de ustedes entra en la tienda para comprar algo y el (la) otro(a) hace el papel del (de la) dependiente(a).

ACTIVIDADES

SITUACIONES

P. Conversaciones.   ¿Qué se diría en las siguientes situaciones? Con un(a) compañero(a), completa las conversaciones.

1. Tú quieres ser artista y tu padre quiere que seas abogado(a).

    Tú: Papá, no quiero ser abogado(a). Prefiero estudiar arte.

    Tú padre: _____

    Tú: _____

2. Te quejas porque no puedes encontrar algo en un almacén, pero al (a la) dependiente(a) no le parece justa la queja.

    Tú: ¡Qué lío! No se puede encontrar nada en este almacén. ¿No quieren ayudar a los clientes?

    El (La) dependiente(a): _____
    _____

    Tú: _____

3. Hablas de algo que le pasó a tu hermana cuando era niña, pero ella no lo puede creer.

Tú: Pues, sí. Lo recuerdo claramente. Escribiste en la pared. Mamá estaba furiosa.

Tu hermana: _____

Tú: _____

4. Tú quieres usar el coche de tu papá, pero él no quiere prestártelo.

Tú: Pero, papi, tú sabes que yo te lo devolveré pronto.

Tu papá: _____

Tú: _____

5. Tú estás seguro(a) de que tu novio(a) salió con otra persona cuando tú tuviste que hacer un viaje.

Tú: Tú saliste con mi mejor amigo(a) cuando yo no estaba, ¿verdad?

Tu novio(a): _____

Tú: _____

Q. Me siento… Fórmense grupos de cuatro o cinco estudiantes. El (La) profesor(a) asignará a cada grupo una de las siguientes situaciones. Un(a) estudiante leerá la situación y los otros miembros del grupo escucharán y responderán a las siguientes preguntas.

- ¿Cómo me sentiría yo?
- ¿Qué diría yo?

1. En el corredor de una residencia universitaria, estás hablando con dos amigos cuando otro(a) estudiante que vive cerca se les acerca y te dice, —Mi compañero(a) me dijo que tú rompiste la ventana de nuestro dormitorio.

2. Tú y un compañero de clase están en el consultorio de un psicólogo. El profesor piensa que uno de ustedes copió en el último examen. Tu compañero(a) dice, —No fui yo. El (Ella) copió todo mi examen.

3. Vas a la biblioteca para estudiar y le pides a tu compañero(a) de cuarto que te deje un recado si alguien te llama por teléfono. Cuando regresas, tu compañero(a) te dice, —Tres personas te llamaron, pero no recuerdo cómo se llamaban.

4. Estás con algunos amigos en una fiesta y acabas de contarles algo de poca importancia que sucedió en otra fiesta la semana pasada. Uno de ellos dice, —¿Qué estás diciendo? No fue así; yo estaba ahí.

5. Un(a) amigo(a) te ha invitado a un concierto el próximo fin de semana. Cuando dices que no puedes ir, él (ella) se enoja y dice, —¡Qué tonto(a) eres! ¡Nunca quieres hacer nada! ¡No te invito nunca más!

6. Estás discutiendo con un amigo la fecha del próximo examen de matemáticas. Tú crees que es el viernes, pero tu amigo(a) piensa que lo tendrán el lunes de la semana próxima. El (Ella) dice, —Pero, ¡qué tonto(a) eres! ¿No te dije que es el lunes? ¡No tienes cabeza para nada!

7. Tienes una fiesta en tu casa para un grupo de amigos. Todos se divierten y no se dan cuenta de que hacen mucho ruido. De repente, suena el timbre de la puerta. Cuando la abres, un(a) vecino(a) te dice, —¡O dejan de hacer ruido o llamo a la policía! Ustedes los jóvenes son todos iguales: desconsiderados y ruidosos. ¡Ya estoy harto(a)!

8. Tu mejor amigo(a) está enojado(a) contigo porque piensa que le has mentido acerca del dinero de los gastos comunes. Te dice, —¡Condenado(a)! ¿Por qué no me dijiste la verdad?

R. Representar papeles. Pónganse en grupos de tres estudiantes. El (La) profesor(a) asignará a cada grupo una situación para dos personas. Estudien bien la situación y piensen en qué cosas se podrían decir. Luego un(a) estudiante hará el papel de un personaje, otro(a) estudiante hará el papel del otro personaje y el (la) tercer(a) estudiante tomará apuntes. El (La) que escucha y toma apuntes debe relatar al resto de la clase lo que dijeron sus compañeros.

Para asegurarte de que hayas comprendido bien, practica la técnica de repetir lo que el otro ha dicho con tus propias palabras.

RR. ¿Qué pasó? El (La) profesor(a) te dará una tarjeta con datos que usarás para hablar con un(a) compañero(a). Trata de averiguar lo que piensa él o ella. Aunque no estén de acuerdo al principio, deben tratar de ponerse de acuerdo antes de terminar la conversación.

S. ¿A favor o en contra? Piensa en la posibilidad de estar a favor o en contra de las afirmaciones presentadas aquí. Formen un grupo que esté a favor y otro que esté en contra de la proposición escogida. Expliquen y argumenten por qué toman una posición u otra y escriban sus razones.

Escojan a un(a) estudiante para hacer la presentación inicial y a otro(a) para presentar la conclusión al final del debate. Los otros compañeros deben estar preparados a responder a lo que digan los del otro grupo.

"Sólo existen tres métodos para poder vivir: mendigar, robar o realizar algo."
Honoré-Gabriel Riqueti, marqués de Mirabeau (1749-1791), político francés.

"Nunca es igual saber la verdad sobre uno mismo que tener que escucharla por otro."
Aldous Huxley (1894-1963), escritor británico.

"El dinero no puede hacer que seamos felices, pero es lo único que compensa de no serlo."
Jacinto Benavente (1866-1954), dramaturgo español, premio Nobel de Literatura 1922.

"El feminismo es una apelación al buen sentido de la humanidad."
Mary W. Shelley (1797-1851), novelista británica.

"El matrimonio es la tumba donde enterramos el amor."
Ninón de Lenclos (1620-1705), cortesana francesa.

"De entre los cinco sentidos, el olfato es incuestionablemente el que mejor da la idea de inmortalidad."
Salvador Dalí (1904-1989), pintor español.

T. En realidad, ¿cuál es la mejor manera de lidiar con las situaciones problemáticas y con la gente difícil? ¿Cuál es mejor: ser agresivo(a) o ser conciliador(a)? Con un grupo de compañeros, lee el artículo que sigue. Entonces, conversan sobre lo qué diría una persona conciliadora y lo que diría una persona agresiva en las situaciones del Ejercicio Q (p. 193) de este capítulo.

La ira puede llevarnos a la tumba

DESDE hace más de 2000 años, las grandes religiones han proclamado las bondades de un corazón confiado y apacible. Ahora, hay otra razón para acatar la sabiduría secular: pruebas científicas indican que las personas de corazón apacible disfrutan de una vida más larga y sana.

Tras la investigación que publicaron en los años setentas dos cardiólogos pioneros, Meyer Friedman y Ray Rosenman, casi todo el mundo sabe que las personas con conducta del Tipo A son impacientes e impulsivas, y que se dejan llevar fácilmente por la agresividad y la ira. Muchos especialistas creen que un individuo con conducta de Tipo A corre un riesgo mucho mayor de sufrir un ataque cardiaco o morir de una trombosis coronaria, que personas de carácter más sosegado.

Precisamente cuando se estaba a punto de agregar la conducta de Tipo A a la lista de los factores de riesgo de contraer cardiopatías —junto al tabaquismo, las altas concentraciones sanguíneas de colesterol, la hipertensión arterial y la falta de ejercicio corporal—, empezaron a publicarse informes que sugerían que la historia de la gente de Tipo A no era tan sencilla.

Nuevos estudios no lograron descubrir mayor riesgo en todos los individuos de Tipo A de sufrir ataques cardiacos. Sin embargo, una investigación más reciente está aclarando y precisando nuestros conocimientos al respecto. Las buenas noticias consisten en que no todas las manifestaciones de la conducta de Tipo A son igualmente nocivas. Esta misma investigación indica que vivir demasiado aprisa es dañino sólo y en la medida en que eso acrecienta la propia agresividad.

Y ahora, la mala noticia: la agresividad y la ira pueden ser mortales.

No sólo aumentan las probabilidades de cardiopatía coronaria, sino que incrementan el riesgo de padecer otras enfermedades que ponen en peligro la vida. Si el suyo es un corazón agresivo, es importante que aprenda a aminorar su iracundia.

La fuerza que impele a la agresividad es una cínica desconfianza en los demás. Si *esperamos* que otras personas nos maltraten, rara vez quedaremos decepcionados, pero esto engendra ira, y nos induce a reaccionar con agresión.

La actitud más característica del cínico consiste en desconfiar de los motivos de la gente a la que no conoce. Imagine que está usted esperando el ascensor y que este se detiene durante un tiempo más largo que de costumbre dos pisos antes de llegar a donde usted lo tomará. *¡Que desconsiderados!* pensará. *Si la gente quiere seguir hablando, ¿por qué no se sale del ascensor para que todos los demás podamos llegar adonde vamos?* Usted no tiene ninguna posibilidad de saber qué causa la demora; no obstante, ha llegado a conclusiones hostiles respecto de personas a las que no ve, y sobre sus motivaciones.

Entretanto, su cínica desconfianza está desencadenando una descarga de adrenalina y de otras hormonas que generan tensión, con evidentes consecuencias físicas: su voz adquiere un tono más alto, aumentan la frecuencia y la intensidad de su respiración, el corazón late con más fuerza y rapidez, y se le ponen tensos los músculos de brazos y piernas. Se siente "cargado", dispuesto a entrar en acción.

Si tiene a menudo estas sensaciones, su cociente de iracundia es muy alto, y es posible que corra un mayor riesgo de contraer enfermedades graves. El efecto acumulativo de las hormonas liberadas durante estos episodios de enojo puede incrementar el riesgo de padecer afecciones coronarias y de otra índole.

El primer indicio de que su conducta es agresiva se puede colegir de su respuesta a esta pregunta: "¿Cuál es mi propósito al actuar así?" Si es para castigar a alguien por lo que haya hecho, el veredicto es afirmativo.

Pero, ¿es posible reducir la agresividad y tornarse más confiado y apacible? Una investigación sobre la prevención de ataques cardiacos, realizada por colaboradores del cardiólogo Meyer Friedman, alienta nuestras esperanzas. Él y sus colegás reclutaron a 1013 víctimas de ataques cardiacos —casi todos con la conducta del Tipo A— para que participaran en el estudio. Los cardiólogos asesoraron a un grupo de voluntarios sobre sus dietas y hábitos de ejercicio corporal; otro grupo recibió el mismo asesoramiento y, además, siguió un programa para aminorar la conducta de Tipo A.

Cuatro años y medio después, las evaluaciones demostraron que el grupo que había recibido asesoramiento cardiológico y conductual redujo mucho su peligrosa conducta de Tipo A. El grupo testigo sólo obtuvo resultados parciales.

Lo más importante fue que disminuyeron en un 45 por ciento las tasas de mortalidad y de recurrencia de los trastornos cardiacos entre quienes modificaron su conducta. De ahí que abstenerse de tener actitudes iracundas nos ayude a prevenir el primer ataque cardiaco.

FUERA DE CLASE

U. Busca un artículo en alguna revista o periódico de habla española, en que el (la) autor(a) critique, se queje o se defienda de algo. Haz un resumen para el resto de la clase.

V. Busca en periódicos o revistas, en español si es posible, caricaturas o tiras cómicas en las que haya un desacuerdo entre los personajes. Tráelas a la clase de manera que no se vea el texto escrito. Muéstralas a tus compañeros para ver si pueden inventar un diálogo apropiado. Al final, enséñales el texto original.

X. Mira un canal de televisión o una película de habla española hasta que encuentres una escena en la que los personajes se peleen verbalmente. Si tienes videograbador, trae la escena a la clase; si no, escribe un resumen de la escena para leérselo a tus compañeros y a tu profesor(a).

vocabulario palabras y expresiones que quiero recordar

Capítulo 12

MANAGING A DISCUSSION

«*En fin, creo…* »

LA VIDA EN EL EXTRANJERO

INTRODUCCION

A. ¡A conversar! Despúes de leer todos los otros capítulos de este libro, sabes que hay varias «reglas» para manejar una conversación. ¿Qué regla cree Ud. que sigue el niño aquí?

B. Cómo mantener una conversación. El tema de este capítulo es cómo tomar parte en una conversación. En realidad, es un resumen de todos los temas de los capítulos anteriores. Para conversar con otros, uno tiene que empezar y terminar conversaciones; empezar y desarrollar temas; describir; pedir y dar informes; planear y organizar; relatar y escuchar; expresar deseos y quejas; dar y recibir consejos; expresar sentimientos; expresar y responder a opiniones; discutir y defenderse; así como ayudar a los demás a entender y a comunicarse con uno. Durante una conversación, nadie debe distraerse. Todos los participantes, los que escuchan así como los que hablan, tienen un papel importante en el intercambio de ideas. Con un(a) compañero(a) de clase, escriba una lista de temas posibles para una discusión. ¿Cómo pueden incluir los temas de los capítulos anteriores — como la descripción, la narración, los consejos, etc. — en una conversación sobre estos temas?

ESCUCHAR Y PRACTICAR

CONVERSACION 1: COMO ME SIENTO VIVIENDO EN LOS ESTADOS UNIDOS

<u>ANTES DE ESCUCHAR</u>

C. ¿Qué les gustó y qué les disgustó? Casi todos ustedes han pasado un tiempo fuera de su casa visitando o a parientes o a amigos. Muchos, también, se han ido a vivir a otro estado o a otra ciudad. Otros han viajado por el extranjero. Con tus compañeros de clase, hablen de lo siguiente:

1. ¿Qué echaste de menos durante esa época?
2. ¿Qué te llamó más la atención?
3. ¿Cómo te sentiste?
4. ¿Qué opinas de las mudanzas?
5. ¿Qué te parece la idea de vivir en el extranjero?
6. ???

CH. Fuera de mi casa. Piensa en una visita, en un viaje al extranjero, o en una mudanza. ¿Cómo te sentiste en esas ocasiones? Los jóvenes que hablan en la primera conversación comparten muchos de estos sentimientos.

<u>ESCUCHAR</u>

D. ¿Cómo se sienten? Escucha la primera conversación en la que un grupo de estudiantes hispanoamericanos que viven en los Estados Unidos conversan sobre la vida de acá. Escucha a los jóvenes hispanos hablar de la vida norteamericana. Mientras escuches, fíjate en cómo se sienten y en cómo responden a la vida norteamericana.

1. Escribe algunas frases que revelan sus sentimientos.

_____

_____

_____

2. Escoge algunas cosas de los EE.UU. que sean distintas de las de su país.

_____

_____

_____

_____

E. Reacciones. ¿Qué opinas de sus sentimientos y reacciones? ¿Son de esperar? ¿En qué son semejantes o diferentes a los tuyos cuando te encontrabas en un lugar extraño? ¿Prefieres tú lo familiar o lo nuevo?

F. ¿Qué dijeron? Escucha otra vez la conversación, fijándote en las respuestas a las siguientes preguntas.

1. ¿Qué echan de menos esos jóvenes?

2. ¿Qué cosa es acostumbrarse a vivir en otro país?

_____

3. ¿Cuándo es más difícil?

_____

4. ¿Por qué se encierra la gente en los EE.UU.?

_____

5. ¿Cómo influye el clima en las amistades? (según los estudiantes)

_____

6. ¿Cómo son los norteamericanos? (según ellos)

_____

7. ¿Qué les parecen las fiestas norteamericanas?

_____

G. Análisis. Escucha una vez más la conversación, prestando atención a cómo se va desarrollando.

1. ¿Qué dice la primera estudiante para empezar el tema y preguntar cómo se sienten sus amigos?

_____

_____

2. ¿Qué expresiones usan sus amigos para responder?

_____

_____

3. Cuando uno habla de la dificultad de acostumbrarse a la vida de aquí, ¿qué idea añade otro estudiante?

_____

_____

4. Luego, otro amigo habla de lo que hace la gente a causa del clima. ¿Qué hace?

_____

5. En seguida, otro estudiante habla del efecto del clima en la gente. ¿Para qué no tiene tiempo la gente?

_____

6. Después, otro habla de las amistades entre los norteamericanos. ¿Cómo son?

_____

7. Para acabar, alguien habla de la influencia del clima en la manera de ser de la gente. ¿Cómo es el norteamericano?

_____

8. En este momento, alguien cambia el enfoque cuando dice que «ellos socializan de una manera diferente». Según su descripción,
   a. ¿Qué hacen en las fiestas los norteamericanos?

_____

_____

_____

_____

b. ¿Qué hacen en las fiestas los hispanos?

_____

_____

_____

memomememomemc

Expresiones útiles para contar una historia

Escuchen, les voy a contar algo muy chistoso.	Listen. I'm going to tell you something really funny.
Les voy a contar algo que nos pasó un día.	I'm going to tell you something that happened to us one day.
Una vez cuando...	Once when . . .
Fíjense que...	Imagine that . . . !
No me van a creer.	You're not going to believe me.
Fue algo espantoso.	It was something scary.
Fue divertidísimo.	It was great fun.
Y entonces lo (la) vi.	And then I saw him (her).

Expresiones útiles para reaccionar

¿Sí? Es increíble.	Really? That's incredible.
¡No me digas!	You don't say.
¡Ay, no!	Oh, no!
Pero no me vayas a decir que... .	But you're not going to tell me that . . . .
No, no lo creo.	No, I don't believe it.
Y ¿qué pasó después?	And what happened afterwards?

Expresiones útiles para conversar en una fiesta

¡Qué gusto de verte!	How nice to see you!
Hace mucho tiempo que no nos vemos.	It's been a long time since we've seen each other.
¡Cuánto tiempo sin verte!	How long it's been since I've seen you!
¡Mucho gusto de verte!	Nice to see you!
Quiere conocer a todos los que no conoce todavía.	He (She) wants to meet all the people he (she) does not know yet.
¡Oye! ¿Quién es ese(a) chico(a)?	Say! Who is that guy (gal)?
¿Has oído alguna vez música tocada tan alto?	Have you ever heard music played so loudly?
Está muy rico(a), ¿no?	It's delicious, isn't it?
¿Qué hay de nuevo?	What's new?
¿Qué tal?	How are things?
¿Qué te parece el conjunto?	What do you think of this band?
¡Qué fiesta mas divertida!	What a fun party!

H. Las fiestas.

1. A algunos estudiantes les gusta dar fiestas y asistir a ellas. A otros les gusta asistir a algunas fiestas pero a otras, no. Y a algunos no les gusta asistir a ninguna fiesta.

   a. Piensa en las fiestas más divertidas a las que hayas asistido y haz una lista de lo que más te gustó.

   b. Piensa en las fiestas más aburridas a las que hayas asistido y haz una lista de lo que no te gustó.

   c. Prepárate para contar una anécdota sobre algo chistoso o embarazoso que te ocurrió en una fiesta.

2. En grupos de cuatro o cinco, hablen de las fiestas más divertidas y más aburridas a que hayan asistido. Antes de empezar, escojan a un miembro del grupo para dirigir la conversación. El (Ella) tiene la responsabilidad de hacer que todos hablen, y en especial, que todos cuenten por lo menos una anécdota, y también, de mantener en marcha la conversación. Al final, los miembros del grupo deben escoger la anécdota más divertida y la que le causó más vergüenza a su protagonista.

3. El (La) líder de la conversación de cada grupo les contará a los demás estudiantes las dos anécdotas que fueron escogidas por los miembros de su grupo.

CONVERSACION 2: LO BUENO Y LO MALO

ANTES DE ESCUCHAR

I. Hay cosas buenas y cosas malas. Hay muchos que critican la vida norteamericana y el sistema capitalista. Piensen ustedes en toda la crítica que hayan oído.

1. ¿Qué dicen los críticos norteamericanos?
2. ¿Qué piensas que dicen los críticos extranjeros?
3. ???

También, hay muchos que defienden nuestra vida y nuestro manera de ser. Hagan un resumen de todos los aspectos buenos de nuestra vida y nuestro sistema.

1. ¿Qué dicen los defensores norteamericanos?
2. ¿Qué crees que dicen los defensores extranjeros?
3. ???

J. Quisiera cambiar… Piensa en la vida norteamericana y en nuestro sistema, y escoge los aspectos buenos y los aspectos que debemos cambiar. Estas ideas te ayudarán a comprender la conversación.

Aspectos buenos _____ **Aspectos malos** _____

_____ _____
_____ _____
_____ _____
_____ _____
_____ _____

ESCUCHAR

L. Lo bueno y lo malo.   Ahora, escucha la segunda conversación para averiguar lo que dicen los estudiantes. Trata de prestar atención a lo bueno y lo malo de la vida norteamericana, según esos jóvenes hispanos.

1. Escucha y apunta algunos de los aspectos buenos que les han llamado la atención. (No es necesario apuntarlos todos.)

   a. _____

   b. _____

   c. _____

   ch. _____

   d. _____

   e. _____

   f. _____

   g. _____

   h. _____

   i. _____

   j. _____

2. Escucha otra vez los aspectos que les parecen malos.

   a. _____

   b. _____

   c. _____

   ch. _____

   d. _____

LL. ¿Y tú?   ¿Qué piensas tú de lo que dicen? ¿Qué te sorprende? ¿Algo que dicen? ¿Algo que no dicen? ¿Qué cosa no te sorprende?

M. ¿Una actitud común?   ¿Qué te parece la actitud de los estudiantes de habla española? ¿Crees que es común esta actitud entre los hispanos que vienen a los Estados Unidos a estudiar, a trabajar o a vivir? Hay muchos norteamericanos de varios niveles sociales y económicos. ¿Qué les parecerán los sentimientos de los extranjeros, sean turistas, estudiantes o inmigrantes?

— AMNISTIA —
INMIGRANTES ELEGIBLES – 1 – 688
FOLLOW ME
LE ENSENA A HABLAR Y ENTENDER INGLES
EN POCAS SEMANAS   593-0488
FACILIDADES DE PAGO —

¡ATENCION!
INMIGRANTES 1-688
(EXTRANJEROS LEGALIZADOS ELEGIBLES)
Ofrecemos nuevas clases de inglés y de gobierno de EE.UU para prepararlos para la residencia permanente en los Estados Unidos.
Llame
al 531-0451
al 445-7731
Lun.-Vier. 8am-10pm
al 324-6070
Lun.-Sab. 8am-10pm
dcp
Dade County Public Schools

N. ¿Qué dijeron?   Escucha otra vez la conversación fijándote en las palabras que se usan para describir lo bueno y lo malo de la vida. Escríbelas abajo.

Palabras favorables

_____   _____

_____   _____

_____   _____

_____   _____

_____   _____

_____   _____

Palabras desfavorables

_____   _____

_____   _____

_____   _____

Ñ. ¿Qué dicen para…?   Escucha la conversación una vez más, prestando atención a las expresiones que se usan para mantener en marcha la conversación. Hay algunas que se usan varias veces.

1. _____

2. _____

3. _____

4. _____

5. _____

6. _____

DESPUES DE ESCUCHAR

memoni

Expresiones útiles para tomar parte en una conversación

Todos saben (creen) que…	Everyone knows (believes) that . . . .
Se les conoce por…	They are known for . . . .
Así es.	That's the way it is.
No es así.	It's not like that.
Lo más (menos) importante es…	The most (least) important (thing) is . . . .
¿Te parece que sí?	Do you think so?
¡No me digas!	You don't say.
¡Qué barbaridad!	How ridiculous! What nonsense!

O. Los estereotipos. Es común en todos los países pensar en la otra gente según los estereotipos que existen en la sociedad. Estos estereotipos sociales son regionales así como nacionales. Por ejemplo, los Estados Unidos es un país grande y por eso hay diferencias regionales y sociales entre la gente.

1. A ver si tú piensas de esta manera.
    a. ¿Cómo es la gente de Tejas, de California, de tu estado?
    b. ¿Cómo es la gente del Sur, del Oeste?
    c. ¿Cómo es la gente de los Estados Unidos?
   ch. ¿Cómo es la gente de Hispanoamérica?
    d. ¿Qué te parece : Está bien o mal utilizar generalizaciones para pensar en la gente de otras clases, regiones y naciones?
2. Con tres o cuatro compañeros, hablen de los estereotipos del mundo norteamericano y del mundo hispánico.
3. Hagan una lista de los que les parezcan más comunes.
4. Comuníquense los estereotipos comunes que han encontrado en cada grupo.
   ¿Cuáles se deben cambiar? ¿Cuáles son inofensivos?
   ¿Cuáles tienen algo de verdad? ¿Hay algunos que sean completamente falsos?
   ¿Cuáles son los efectos de pensar según los estereotipos?

ANTES DE ESCUCHAR

P. ¿Qué creen?   Los estudiantes siguen hablando de lo que les gusta de los Estados Unidos y lo que les gusta de sus propios países. Expresan una variedad de sentimientos. Según lo que saben ustedes de los EE.UU. y de los países hispánicos,

1. ¿qué creen que les gusta o no les gusta a los hispanos que estudian en nuestro país?

   a. Les gusta _____

      _____

   b. No les gusta _____

      _____

   c. No entienden _____

      _____

   ch. No saben _____

      _____

   d. ??? _____

      _____

2. ¿Qué creen que les gusta o no les gusta a los norteamericanos que estudian en Hispanoamérica?

   a. Les gusta _____

      _____

   b. No les gusta _____

      _____

   c. No entienden _____

      _____

   ch. No saben _____

      _____

   d. ??? _____

      _____

ESCUCHAR

Q. ¿De qué hablan?   Escucha la tercera conversación y anota los temas de que hablan.

1. _____
2. _____
3. _____
4. _____
5. _____
6. _____

R. **¿Qué dijeron?** Escucha la conversación otra vez y completa las siguientes oraciones.

1. A mí me gusta, _____ , a mí lo que me gusta

   _____ , es que _____ uno la

   mejor _____ le dan el _____ .

   No depende de la _____ o de _____

   uno _____ , de quien es…

2. Sí, pero bueno, el sistema _____ de los Estados Unidos,

   es _____ bueno. Y el sistema de

   _____ , por ejemplo, también es un sistema que

   _____ bastante bien.

3. Sí, como decimos en Colombia, el que (no) esté en la _____ ,

   quiere estar _____ y el que está afuera, le

   gustaría estar _____ .

4. No, pero, en _____ tenemos _____

   de poder haber _____ dos culturas completamente

   diferentes. ¿No es _____ ?

5. Sí, yo pienso que las _____ son _____

   en gran parte de… ese… de que los _____ no

   _____ más del mundo.

6. Bueno, pero yo creo que _____ _____ es porque aquí

   son _____ … aquí tiene _____

   … tú… tú… ¿qué _____ aquí?… están….

RR. **¿Qué te parece?** ¿Cómo sería tu vida si estuvieras estudiando en un país hispánico en vez de aquí? ¿Crees que te gustaría estudiar en el extranjero? ¿Por qué?

S. **Más información.** Escucha la conversación de nuevo y contesta las siguientes preguntas.

1. ¿A quién le dan el trabajo en los Estados Unidos?

   _____

2. ¿Cómo es el sistema educativo?

   _____

3. ¿Cómo es el sistema de salud?

   _____

4. ¿Dónde está todo lo positivo?

   _____

5. ¿Qué pasa cuando alguien que está en el extranjero recibe una carta de su familia?

   _____

6. ¿Qué es difícil en el extranjero?

_____

7. ¿De qué no saben nada los norteamericanos?

_____

8. ¿Qué experimentan los estudiantes que estudian en otro país?

_____

9. ¿Por qué no se interesan más los norteamericanos en el resto del mundo?

_____

10. ¿Qué necesita saber la gente norteamericana?

_____

T. En mi opinión…   ¿Qué opinas de lo que dicen los estudiantes? ¿En qué tienen razón? ¿En qué no la tienen?

DESPUES DE ESCUCHAR

memomomem

Expresiones útiles para iniciar y mantener una discusión

¿Qué piensas del… ?	What do you think of… ?
¿Querrías decir algo?	Did you want to say something?
¿No te parece un tema importante?	Don't you think it's an important topic?
¿Cuál es tu reacción?	What is your reaction?
¿Qué opinas de una cosa así?	What do you think about a matter like that?
Es un tema de mucha controversia, pero se debe discutir.	It's a very controversial matter, but it should be discussed.
Pero, mira. No es eso. Es algo más profundo.	But, look. It's not that. It's something more profound.
Bueno, no discutamos.	O.K. Let's not argue.
Perdona, pero quisiera decir algo.	Pardon me, but I would like to say something.

U. El estudio en el extranjero.

1. Prepárate para hablar de los estudios en el extranjero pensando en las siguientes preguntas.
   a. ¿Quién lo hace?
   b. ¿Cuándo?
   c. ¿Por cuánto tiempo?
   ch. ¿Para qué?
   d. ¿Dónde?
   e. ¿Cuáles son las ventajas de pasar un año o un semestre estudiando en otro país?
   f. ¿Cuáles son las desventajas?

LAS CLASES COMIENZAN el 9 de Febrero

Aproveche la oportunidad de estudiar y trabajar a la vez.

Curse sus estudios en el Centro de Villanueva de St. Thomas University.

- Ofrecemos las siguientes ayudas financieras:
  - Becas Federales
  - Becas Estatales
  - Becas Universitarias
- Aulas pequeñas

- Clases de noche y fines de semana
- Estudie parte o tiempo completo
- Programa de ESL (Ingles Intensivo) los Sábados

Llame al 821-2160. Un consejero academico le ayudara con todas sus preguntas.

Nombre

12

2. Conversa con tres compañeros(as) de clase sobre las ventajas y desventajas de estudiar en el extranjero.
   a. Primero, hablen de lo que uno tiene que hacer para pasar un año o un semestre fuera del país.
   b. Luego, comenten sobre las ventajas de estudiar en otro país.
   c. ¿Cuáles son las desventajas?
   ch. ¿Por qué te gustaría o no te gustaría estudiar en una universidad hispánica?
3. Comparen las opiniones de todos los grupos. ¿En qué están o no están de acuerdo?

ACTIVIDADES

SITUACIONES

V. Te toca a ti. Desempeña el papel de presentador(a) y moderador(a) en una conversación en la que intervenga toda la clase.

1. Lleva preparada de antemano a clase una corta intervención, de tres minutos, sobre algo que te interese a ti y a tus compañeros.
2. Mientras hables, los otros estudiantes deben anotar las ideas que se les ocurran para hacerte preguntas después o hablar sobre el tema.
3. Al terminar tu intervención, estarás a cargo de dirigir la conversación de manera que todos participen. Todos deben estar preparados para hacer preguntas o comentarios sobre el tema presentado.
4. Ten preparadas algunas preguntas sobre lo que dijiste en forma de examen para que tus compañeros lo hagan al final.

X. En busca de soluciones. Formen grupos de cinco personas. Escojan uno de los temas que se encuentran a continuación, o escojan otro que les interese más. Anoten todas las soluciones para el problema que se les ocurran. Todos deben tratar de encontrar muchas soluciones. Cuando hayan terminado, discutan sus ideas con el resto de la clase.

1. ¿Cómo podemos ayudar mejor a los pobres (a los adolescentes que están pensando en suicidarse, a los jóvenes que no pueden obtener empleo)?
2. ¿Cómo podemos pagar los costos de universidad?
3. ¿Cómo podemos aumentar el número de buenos profesores en la escuelas secundarias?

Y. El periodismo. Haz el papel de reportero(a) de televisión. Entrevista a todos los estudiantes que puedas sin repetir la misma pregunta y sin recibir dos veces la misma respuesta. Las preguntas deben ser rápidas y variadas para que no se aburra el público. ¿Cuántas preguntas distintas puedes hacer y cuántas respuestas pueden dar tus compañeros? Puedes usar preguntas como **«¿Qué piensas de… ?»**, **«¿Crees que… ?»**, etc.

Preguntas que piensas hacer:

1. _____
2. _____
3. _____
4. _____
5. _____
6. _____
7. _____
8. _____
9. _____
10. _____

Puedes usar respuestas como **«Yo opino (que)… »**, **«Desde mi punto de vista… »**, **«A mi parecer… »**, **«Me parece… »**, **«(No) creo que… »** y **«Según he oído… »**.

Z. ¿Quieres salir esta noche? Formen grupos de cuatro estudiantes. Estás en tu cuarto con tres amigos que quieren salir juntos esta noche y están haciendo planes.

El (La) profesor(a) le dará a cada estudiante una tarjeta con la descripción de una persona. Imagínate durante la conversación que eres esa persona. Di lo que quieres hacer esta noche.

AA. Una escena. Tú eres de un pequeño pueblo de un área rural de Indiana. Como tus padres, eres conservador(a). Actualmente, eres estudiante de intercambio. Todavía no estás acostumbrado(a) a la vida en el otro país, pero tratas de no ofender a nadie. Vives con una familia hispana en la que hay seis personas: el abuelo, que se queja de todo; el padre, que es socialista y critica todo lo que hace el gobierno norteamericano; la madre, que sólo quiere estar segura de que te guste la comida; una hija, de dieciocho años que quiere saber todo de la vida en los Estados Unidos y un hijo de quince años, que ha visto todos los episodios de «Dallas». Todos quieren saber qué te gusta de su país. Todos están a la mesa cenando y conversando.

12

BB. En general, a los hispanos les gusta hablar. Les gusta ir a un restaurante y reunirse con sus amigos(as) para conversar. Estas reuniones se llaman «tertulias», palabra que se define en el diccionario como «reunión habitual de personas que se juntan para distraerse y conversar».

Organicen ustedes una tertulia (o una serie de tertulias) en algún restaurante sobre uno de los siguientes temas.

1. el cine
2. la literatura
3. los deportes
4. la televisión
5. la música
6. los viajes
7. los estudios universitarios
8. el gobierno
9. otro tema que les interese

Escojan el tema de antemano y escojan a alguien para dirigir la conversación en cada mesa.

CC. Lee algún artículo de un periódico o una revista en lengua española que trate sobre algo que ocurra actualmente. Puede tratar de política, economía u otra cosa, algo que creas que les va a interesar a tus compañeros de clase. Después, da un breve resumen del artículo a la clase.

CHCH. Ve a un supermercado y busca productos que vengan de un país hispánico. Haz una lista de ellos y ven a clase preparado(a) para contarles a tus compañeros cuántos productos encontraste y cuáles son.

vocabulario palabras y expresiones que quiero recordar

CREDITS AND PERMISSIONS

PHOTOS

B.D. Picture Service: Katherine Lambert, p. 5 (right center), Rapho De Sazo, p. 181; Comstock: Stuart Cohen, p. 21, p. 65 (left), p. 155; Familia Novo de la Torre: pp. 112-113 (5 photos); Robert Frerck/Odyssey Productions: p. 101, p. 133, p. 167; Beryl Goldberg: p. 5 (left center); Peter Menzel: p. 1, p. 5 (top right), p. 21, p. 81 (right), p. 156 (left, top right), p. 163; Rafael Millán: p. 5 (left), p. 8; Monkmeyer Press Photo Service: Paul Conklin, p. 51, Alicia Sanguinetti, p. 84 (right), Hugh Rogers, p. 119, p. 149, David S. Strickler, p. 155 (lower right); Stock, Boston: Stephen J. Potter, p. 5 (bottom right), Peter Menzel, p. 115, Nicholas Sapieha, p. 186; Ulrike Welsch: p. 19, p. 21 (center), p. 33, p. 77, p. 84 (left).

TEXTS AND REALIA

p. 20, personal ads, *Tú internacional*, Editorial América, S.A. and *Cosmopolitán de México*

p. 58, "Quiromancia," *Mía* magazine

p. 66, cartoon, *El Diario* (Guadalajara)

p. 77, "Los Seis C," adapted from *Cómo descubrir tu vocación*, Francisco d'Egremey A., Anaya Editores, S.A., Editora Mexicana de Periódicos, Libros y Revistas, S.A., pp. 92-97

p. 79, illustrations, *Mundoloco* magazine

p. 97, 98, package travel trips, Pullmantur travel agency, Spain

p. 102, 168, 182, 198, 211, cartoons, "Mafalda," © Joaquin Salvador Lavado (QUINO). All rights reserved.

p. 117, cartoon, *A mí no me grite*, Quipos ©, QUINO

p. 128, "Tips que debes tener en cuenta antes de comprar un automóvil," *Tú internacional*, Editorial América, S.A.

p. 131, "Telemercadeo," *Vanidades de México* (Publicaciones continentales)

p. 134, cartoon, *Hoy es tu día, Carlitos*, Charles Schulz, United Feature Syndicate, Inc.

p. 146, television listings, *Telepaís*, Diario *El País*, S.A.

p. 147, horoscope, *Diario Sur*

p. 150, greeting card, Ilusiones, S.A. de L.V., Mexico

p. 152, cartoon, Charles Schulz, United Feature Syndicate, Inc.

p. 153, cartoon, "Condorito," Ediciones Colombianos, S.A.

p. 163, "Eternamente amigas," *Imágenes* magazine

p. 183, illustrations, *¡Nunca me quisiste!* and *Lengua de víbora*, El Libro Semanal

p. 195, "La ira puede llevarnos a la tumba," excerpt from *The Trusting Heart*, Redford Williams, M.D., copyright 1989 by Redford Williams, M.D. Reprinted by permission of Times Books, A Division of Random House, Inc.

Instructor's Manual

Second Edition

Kenneth Chastain
University of Virginia

Gail Guntermann
Arizona State University

Claire Kramsch, Series Editor
University of California at Berkeley

HH Heinle & Heinle Publishers
Boston, Massachusetts 02116

Desk copy information:
Student text is packaged with student cassette.
To request desk copies of the student text, the student cassette, the instructor's manual, the testing cassette, or a sample cassette containing material from the student and testing cassettes, call 1-800-237-0053, or write to Heinle & Heinle Publishers, 20 Park Plaza, Boston, MA 02116.

Copyright © 1991 by Heinle & Heinle Publishers

All rights reserved. No part of this publication may be reproduced or transmitted in any form or by any means, electronic or mechanical, including photocopy, recording, or any information retrieval system, without permission in writing from the publisher.

Heinle & Heinle is a division of Wadsworth, Inc.

Manufactured in the United States of America.

ISBN 0-8384-2223-3

10 9 8 7 6 5 4 3 2 1

Instructor's Manual

¡Imagínate!
Second Edition

TABLE OF CONTENTS

Part 1: Why Teach Communication Strategies?   1
A Research Perspective

Part 2: Instructor's Notes   13
Introductory Chapter   13
Chapter 1   15
Chapter 2   24
Chapter 3   30
Chapter 4   33
Chapter 5   38
Chapter 6   40
Chapter 7   47
Chapter 8   52
Chapter 9   57
Chapter 10   60
Chapter 11   69
Chapter 12   72

Part 3: Teaching, Evaluating, and Testing   77

Part 4: Transcript of Student Tape   87

Transcript of Testing Tape   113

Appendix: Student Tape Vocabulary   125

Part 1:

Why Teach Communication Strategies?

A Research Perspective

Introduction

Language shapes and is shaped by social interaction: informal encounters in everyday life, more ritualized forms of talk in formal situations, or schooled patterns of speech in instructional settings. Everywhere language is used, it reflects social relationships, expresses hierarchy or familiarity, distance or closeness, adherence to—or rejection of—accepted sociocultural norms. It also communicates intentions and beliefs, and conveys meanings which have to be adjusted to another speaker's ability to understand them. One does not address a five-year-old as one would an adult. One has to be prepared to meet misunderstandings and to negotiate a resolution to potential breakdowns in communication. Expression, communication, and negotiation of intended meanings is the essence of communicative competency. It is this competency that enables us to define ourselves within a given culture and society.

Communicative competency also enters into the way teacher and learners use foreign language to communicate in the classroom. There, however, the situation is somewhat more complex because of the foreign language's dual role. On the one hand, it provides the instructional content of the lesson and is the object of structural and lexical manipulation. On the other, since students are to learn how to manipulate the language for communicative purposes, it must be used as naturally as possible and in as many different social contexts as possible.

Communicative vs. Instructional Interaction

The anthropologist Dell Hymes' now-famous statement on language, "There are rules of use without which the rules of grammar would be useless," has prompted researchers and educators to explore exactly what goes on in classrooms between the teaching of grammar and vocabulary rules and the actual use of these rules for communicative purposes. Distinctions have been made between "skill getting" and "skill using," between conscious/formal "learning" and unconscious "acquisition," between "linguistic" and "communicative" competence. Most researchers would agree that these pairs do not represent opposite ends of a spectrum, but rather form a continuum along which they develop in an interlocking manner via the interaction of teacher and learners, and learners with one another in the classroom.

However, the erroneous belief that conscious learning of the linguistic structures of language will automatically translate into their correct and socially appropriate use in communicative situations has led many teachers to continue drilling grammatical forms, conduct display-type questioning, and correct every linguistic error—in short, to perpetuate in the classroom social conditions that make acquisition of communicative language use impossible.

It seems that social competence is so linked to the social contexts in which native language is acquired that we cannot expect automatic social competence in another linguistic code learned in a classroom. Moreover, the social competence required in natural environments can be very different from that expected in schools. Thus, the functional uses of the foreign language in various social contexts have to be taught, along with its structural properties.

Natural Interaction

Let us look, for example, at how two American students interact in English in an out-of-class natural setting.

> A: Where do you—where are you from originally?
> B: Well, my parents are now living in Switzerland.
> A: Oh, wow!
> B: In Zurich.
> A: Zurich, yeah, I was there beginning of last June—just vacation.
> B: Sounds good.
> A: I have a friend who has all her relatives there.
> B: What is there to see in Zurich?
> A: What is there to see? Well, there's ...

This seemingly unstructured conversation is in fact a social masterpiece. Individual A must have heard from B's accent that he (she) was not from his (her) part of the world. He (she) knows that asking someone where he (she) comes from is an acceptable conversation opener in American culture. He (she) foresees the usual ambiguity of the question "where do you come from," catches himself (herself) in mid-sentence and rephrases the question to ensure maximum conveyance of the meaning intended. B, who is from a diplomat's family and therefore has had many places of residence, has to choose from a variety of possible answers: he (she) first acknowledges his (her) understanding of the question with a hesitation marker that gains him (her) time to think ("well..."), then gives a response that keeps the conversation going, even though it does not quite answer the question. A gives appropriately sympathetic and admiring listener's feedback ("Oh, wow!"), which prompts B to give further detail. At this point, A has the choice of continuing the topic set by B (i.e., B's family background) or of switching topics. Sensing that B is not particularly interested in talking about personal matters, he (she) decides to pick up on B's last utterance and make it into the new topic—his (her) own trip to Zurich. Anticipating B's potential next question ("What were you doing there?") he (she) adds, "just vacation." The term "just" preempts B's possible interpretation that he (she) was working in Zurich. B answers with the appropriate contact-maintaining, non-committal, yet friendly gambit. A continues to show B that they have something in common and B manages again to switch the topic away from personal matters while accepting the topic of interest offered by A, Zurich.

In case of communication breakdown, native speakers know how to perform the appropriate repairs: other-initiated repairs such as asking for clarification (A: Where do you come from? B: You mean right now or originally?); checking comprehension (A: What is there to see in Zurich? B: What is there to see?); showing lack of understanding (A: Where do you live? B: Senior House A: Where?); and self-initiated repairs (B: Where do you live? A: Burton House—er, I mean McGregor, I just switched.)

Most verbal exchanges in natural settings occur in situations in which the social distance between speakers is minimal and their respective power is symmetrically distributed. That is, rights to the floor, the allocation of turns, choice of topics, and appropriateness of repair tasks are determined collaboratively by the speakers according to the cultural mores in that situation.

Classroom Interaction

Now let us look at how two teachers and learners interact in a traditional classroom setting. The examples are taken from secondary English classrooms in Germany:

Teacher: . . .and does anybody know how we call this part of the dog (picture)? Can you see it? This part.
Student: Tail.
Teacher: Yes, it's the tail of the dog. And what is Toby doing with his tail? Can you see this?
Student: He is waving with his tail.
Teacher: Well, he isn't waving—he is—well, the correct word is "he is **wagging** his tail." (Blackboard: to wag his tail)
So who can give me a definition of "to wag a tail?"
What does a dog do if he wags a tail?—wags a tail?
Student: He is happy.
Teacher: Yes, he is happy, and you said the reason why he is doing this. But who can give me a definition of the verb "to wag?" What does a dog do if he wags his tail, if he wags it?
Student: He likes to play with you.
Teacher: Yes, he likes to play with you. Well, he is moving the tail from one side to the other side. This means "to wag a tail."

Although many teachers may think that this is an example of natural communication, the psychological and social dimensions of this exchange are typical of instructional interaction. It is an asymmetrical dialog in which the teacher not only talks more than the student, but more importantly, has total control of topic turns and repair tasks to bring the students where he (she) wants. This is, indeed, a "monophonic" dialog. The teacher's interactional work is remarkable: rephrasing, restating, echoing, giving listener's acknowledgement, adding specifications and generalizations, gaining time to elicit responses which he (she) knows already. His questions are display-questions and show none of the "information gap" characteristics of natural exchanges. Meanings are not negotiated; rather, procedures are refined and navigated around, in order to achieve predictable utterances from the learners. Turns are allocated by the teacher, and their length and the length of an exchange with any individual student are determined by the teacher alone.

The predominant instructional attention to form rather than to content restricts the linguistic choices of the learner and elicits normative forms of redress or correction from the teacher, rather than the more evaluative comments used by speakers in natural settings ("oh yeah?," "really?"). For example:

Teacher: Why did Colin ... Why did Colin go to the doctor?—pause— Can you remember **why** he did go to the doctor? **Yes?**
Student: He had a flu.
Teacher: No. He felt awful.
Student: He felt awful.
Teacher: Can you say it? Colin felt awful?
Student: Colin felt awful.
Teacher: O.K. Who went with Colin?

Here the student is rebuffed because she didn't use the expected form being drilled that day ("to feel + adjective").

The examples above seem to indicate that traditional forms of teacher-learner interaction inculcate schooled forms of communication that do not apply to the outside world and fail to socialize the learners into the natural verbal patterns of thought and behavior required by the new language and culture.

Socialization Into a Second Culture

If learning a language is learning how to use the linguistic forms in a variety of meaningful social contexts, the task of foreign language learners is then threefold: they must learn how to structure social encounters, not only with teachers, but with peers in academic and non-academic environments; they must learn how to negotiate both topic and meanings for optimal mutual understanding; and they must learn how to fulfill the demands of spoken language on the basis of a knowledge often acquired from written textbooks. In each of these tasks, the interaction itself provides the comprehensible input necessary to learn or consolidate the learning of the forms of the language, along with their use.

Structuring Social Encounters

Verbal social encounters are characterized by almost ritualized strategies for establishing and maintaining contact. Researchers observed the play of five Spanish-speaking children paired with five English-speaking friends for the period of one school year to discover what social processes might be involved when children who need to learn a new language come into contact with those from whom they are to learn it. Although all five Spanish speakers attended the same classes and were of the same zero level of proficiency in English, and although none of them received formal language instruction, after three months the discrepancies in progress were enormous. It appeared that the better learners used the following social and cognitive strategies:

Social Strategies

1: Join the group and act as if you understand what's going on, even if you don't.

2: Give the impression—with a few well-chosen words — that you can speak the language.

3: Count on your friends for help.

Cognitive Strategies

1: Assume that what people are saying is directly relevant to the situation at hand, or to what they or you are experiencing.

2: Get some expressions you understand, and start talking.

3: Look for recurring parts in the formulas you know.

4: Make the most of what you've got.

5: Work on big things first; save the details for later.

Negotiating Context and Meaning

Researchers of second language acquisition in classrooms concluded from a study of questioning patterns by learners that negotiation of the social context, like negotiation of meaning, may be essential to the promotion of interaction necessary for successful second language acquisition. They recommend increasing learner-learner interaction in the classroom. And indeed, recent studies document the amount of social and psychological negotiation that go on in learner-learner interactions in task-centered discussions. One researcher in particular found that, as might be expected, learners talk significantly more to other learners than to the teacher when given the opportunity. They use the same interactional devices as native speakers to increase comprehensibility and they even get more practice by prompting in conversations with other learners (i.e., completing the other speaker's utterances in midstream, as in: A: "so I had to come back." B: "and ask again." A:

"yeah, and ask again"). They perform the same types of repairs as native speakers. Research has shown that teachers need not be concerned about learners picking up each other's errors or miscorrecting each other: one recent study found that only 3% of miscorrections and error incorporations were found in learner-learner conversations. In short, except for sociocultural rules of appropriateness that can be learned only from a teacher or a native speaker, for all other, more universal strategies of exchange of meaning, learners derive greater benefit from talking to other learners than to the teacher.

Some researchers observed that "teacherless tasks," such as problem-solving exercises and debates, generate more turn-taking, more questions, and a generally higher level of verbal and logical reasoning than when the teacher leads the discussion. Others found that the increased frequency of non-understanding routines in learner-learner talk indicates negotiation of intended meanings, thus greater opportunities for learning.

In sum, both strategies for the establishment or maintenance of social rapport and devices for obtaining comprehensible input are crucial for teaching survival when using a second language in natural settings.

Learning Spoken Language

Most foreign language textbooks teach the written forms of the language—syntactic constructions and grammatical features necessary to establish textual cohesion and semantic coherence in written discourse. The conditions of verbal exchange impose other rules to oral communication than those found in the written dialogues of the textbook: to keep the attention of a listener, one needs repetition and rephrasing, topic initial constructions ("My book—do you have it?"), echo utterances ("Your book?"), hesitation markers ("Well..."), and rhetorical devices marking switches in topic ("Excuse me, but..."). To save both the listener's and one's own face, modulation markers are needed ("I'd like to ask you," "it seems to me," "you know what I mean"). To keep the flow of conversation going, completion of sentences is done cooperatively (A: "Where are you going?" B: "To the station") rather than individually (A: "Are you going to the station?" B: "Yes, I am going to the station.")

Many aspects of spoken language are culturally determined. The degree of formality, register, speed, and the appropriateness of interruptions vary from language to language and their mastery is part of the sociolinguistic component of communicative competence.

Conversation that unfolds in time and is accompanied by non-verbal communication and body language has its own rhythm, punctuated by turn-takings and turn-yieldings and by the intonation contours of each utterance. Students, used to the fragmented question/answer patterns of traditional classroom discourse, have to rediscover the orality conditions of their early conversations in their native language. Redundancies and echoing of what has been said keep both speaker and listener surely on the track. Formulaic elements and prefabricated parts of speech obviate the need to create and improvise at each turn-at-talk. Using naturally spoken language means taking advantage of intonation, stress, pitch, chunking, and pauses to fill the rhythms and push the conversation forward.

The conditions of written and spoken language are different and require different pedagogies. Used in formal settings, these pedagogies can contribute not only to the process of socialization but also to the growth of interactional competence in a foreign language.

Toward Interactional Competence in a Second Language

Given that the philological, text analytic approaches to language learning had failed to achieve the communicative competence necessary to use the language appropriately in social settings, foreign language pedagogy in recent years has radically changed its objectives, broadened its paradigm, and now fosters a new kind of literacy in a second language and culture. These developments are reflected in a new understanding of the teacher's role and of the role that learners can play for each other, and in a renewed metalinguistic awareness on the part of teachers and learners.

The Interaction Continuum

The dual nature of the language learning task, learning the forms and how to use them, creates tension between individual work and group work, between teacher-controlled and group-managed learning, between instructional and natural forms of discourse. Thus, the interaction between group members in a classroom moves between the two poles of a continuum consisting of what H. H. Stern calls "instructional options." These are determined by the roles the participants choose to adopt, the tasks they accomplish, and the type of knowledge they exchange.

	Instructional discourse	Natural discourse
Roles:	Fixed statuses	Negotiated roles
Tasks:	Teacher-oriented position-centered	Group-oriented person-centered
Knowledge:	Focus on content accuracy of facts	Focus on process fluency of interaction

Roles of the participants. At the one end are the fixed, institutionalized statuses of teacher and student, with their expected and predictable behavior patterns, acquired through years of schooling. At the other end are a variety of roles and tasks, negotiated by speakers and hearers brought together by the common foreign language and engaged in natural conversation. Neither extreme ever exists in the classroom in its pure form. Teacher-student institutional statuses are determined by the cultural norms and personal experiences of each participant. Thus, different ESL students may have very different perceptions of what appropriate classroom behavior is; various adult foreign language learners have had various prior school experiences. Conversely, the variety and fluidity of roles encountered in natural settings are limited by the asymmetric nature of classroom dialogue and the constraints of the institution. Thus social roles have to be, to a greater or lesser extent, negotiated between teacher and learners for the successful completion of learning and teaching tasks.

Tasks accomplished. Tasks also vary along the interaction continuum. At the one end, position-centered teaching and learning, in which information is delivered and received; at the other end, person-centered communication, in which information is exchanged and meanings are negotiated. These two poles correspond to the two types of functions that have to be fulfilled in any group interaction: individual and group tasks, individual and group maintenance.

As individuals, learners have to achieve a number of individual tasks to improve their knowledge of the language: identify words and attribute meanings, make relevant contributions, and form grammatically and lexically acceptable utterances.

Individual task functions are, for example: listen, make sense, check understanding, give information, express opinions, and correct errors.

Learners also have to achieve together a given group task (problem-solving exercise, simulation game, discussion of a text, etc.), in order to improve their ability to communicate with one another in the language. Group task functions include: initiate turns, seek and give opinions, seek and give information, clarify, comment, elaborate on others' ideas, summarize and review what has been said. In position-centered classes, group task functions are usually the responsibility of the teacher; in person-centered communication, these tasks have to be negotiated.

As individuals, learners have to define their place and their role within the group. For this, they have to fulfill such individual maintenance functions as: choose their role within the group (the initiator, the challenger, the quiet listener, the helper) for each of the group's activities; determine how much control and influence they want to have; how much they can get and in which aspects of the group's activity; and decide how to fulfill their own individual needs while pursuing the group's objectives.

As group members, learners have to help maintain group cohesion by fulfilling group maintenance functions: make procedural remarks on classroom discourse; elaborate on/refer to what others have said; give feedback to others; help with language difficulties; and elicit participation ("gate-keeping"). Group maintenance functions are not generally expected of learners in teacher-oriented classrooms. Group work implies a change of roles and redistribution of tasks.

Types of knowledge exchanged. Position-centered interaction usually concentrates on the content of the lesson or what is learned. Information is given by the institutionally-appointed teacher and received by individuals whose institutional position defines as students. This type of interaction stresses accuracy in the use of the language and the individual acquisition of linguistic skills. By contrast, person-centered interaction is concerned with the interactional process itself, i.e., the way in which each learner interacts with the material and with the other members of the group. Information is exchanged and understanding is negotiated by persons who all have their own style of interaction. It is this style which defines their role within the group. Toward this end of the continuum, learning how to learn, how to acquire control over the discourse of the classroom is at least as important as what is said and learned. Here the accent is placed on ease and fluency of language use and the acquisition of interactive skills.

In both cases, reflexion on the language is an integral part of the learning process. In the former it is a metalinguistic reflexion through the study of the grammar and syntax. In the latter, it is a metacommunicative awareness or reflexion on the discourse processes involved in using the foreign language.

The way in which students learn to use the language is thus largely dependent on what knowledge is exchanged, how and through which roles, and where these three parameters of communication are placed on the interaction continuum.

(Excerpt from "Classroom Interaction and Discourse Options" by Claire Kramsch, *Studies in Second Language Acquisition* (c) 1986, Cambridge University Press. Reprinted with permission.)

Turns, Topics and Repair Tasks

If the teacher is to teach both rules of grammar and rules of use, he (she) has to serve as a social model in the classroom and diversify his (her) interaction style to include natural discourse patterns.

Strong arguments have been made to make teacher-talk more natural or at least more "convivial." Researchers at the Ontario Institute for Studies in Education devised an observation scheme for teachers to assess how much natural communication goes on in their own classrooms. They used seven criteria: use of target language; information gap; use of sustained speech; reaction to message rather than to code; incorporation of the other speaker's utterances into one's turn-at-talk; initiation of turns; and choice of linguistic form. The more emphasis given to each of these criteria, the more natural communication is in the classroom. We will see how this can be done below.

Many teachers feel that they lack the natural proficiency that would allow them to move away from the strict instructional interaction they are used to. You can acquire greater social flexibility by first becoming consciously aware of what strategies you use in natural situations with native speakers, and by systematically noting how native speakers perform such tasks as showing indecision, asking for clarification, checking comprehension, giving feedback to listeners, starting/ending conversations, etc. If for each of these tasks, you gather a small collection of heard or overheard verbal strategies with the social situation in which they occur (degree of familiarity, thematic and situational context), you can use a few selectively for the daily management of your lessons. Thus, you will offer models for a behavior which your students can later imitate. You will need to pay attention to three areas: turns-at-talk, topic management, and repair tasks.

Turns at Talk. Observers of language classrooms have noted the power that comes from controlling the turns-at-talk in the classroom. In teacher-oriented interaction, the teacher selects the next speaker and automatically selects himself (herself) as the one after next. There is little motivation for students to listen to one another, and the only motivation to listen to the teacher is the fear of being caught short of an answer.

Teaching students how to initiate turns, as easy as this might seem, requires teaching a number of skills that are not automatically transferred from the mother tongue. Speakers must learn to listen to the utterance of a previous speaker across its delivery, process it as it is spoken, interpret it, create and formulate a reply as they listen, find a natural completion point in their interlocutor's discourse, and take the floor at the appropriate moment. This requires a concentration and a combination of listening and speaking skills that need to be practiced.

In group-oriented interaction you should systematically encourage the students to take control of the turn-taking mechanism by following the five rules of natural turn-taking:
1) Tolerate silences; refrain from filling gaps between turns. This will put pressure on students to initiate turns.
2) Direct your gaze to any potential addressee of a student's utterance; do not assume that you are the next speaker and the students' exclusive addressee.
3) Teach the students floor-taking gambits; do not always grant the floor.
4) Encourage students to sustain their speech beyond one or two sentences and to take longer turns; do not use a student's short utterance as a springboard for your own lengthy turn.
5) Extend your exchanges with individual students to include clarification of the speaker's intentions and negotiation of meanings; do not cut off too soon an exchange to pass on to another student.

By moving towards more group-controlled forms of turn-taking, classroom interaction also gives the group more practice in the management of topics.

Topic Management. Control of the turn-taking mechanism generally gives the teacher control of the topic. At one end of the continuum, the information exchanged between teacher and students and between students is predictable and most of the time ritualized. Questions are mostly display-questions or pseudo-requests for information, eliciting from the students answers which are known in advance. At the other end of the continuum, the questions of the teacher show the information gap characteristic of natural discourse. Answers are not judged according to whether they correspond to what the questioner had in mind, but are assessed according to how well they contribute to the topic. Perceptions and intentions are the object of negotiation and constant readjustments between interlocutors.

If students are to take an active part in interactions, they must be shown how to control the way topics are established, built and sustained, and how to participate in the teaching and learning of lessons. The following three rules of natural discourse can be useful here:

1) Use the foreign language not only to deal with the subject matter, but also to regulate the interaction in the classroom. You will thus offer a model of how to use interactional gambits in natural discourse.

2) Keep the number of display questions to a minimum. The more genuine the requests for information, the more natural the discourse.

3) Build the topic at hand together with the students; assume that whatever they say contributes to this topic. Do not cut off arbitrarily a student's utterance because you perceive it to be irrelevant. It might be very relevant to the student's perception of the topic.

Repair Tasks. Linguistic errors and other sources of trouble such as procedural problems or problems of transmission are addressed at one end of the continuum, mostly on the initiative of the teacher. He (she) alone points out linguistic errors and requests the speaker to correct his (her) own mistakes, or asks a fellow student to do so. To show that there is a problem (grammatical error or inaudible speech, for example), the teacher usually withholds evaluation, ignores the answer given and repeats the question, or repeats the trouble source as a query, or changes addressee. Procedural problems, such as misunderstandings in the activity rules (e.g., individual response instead of choral response) are also taken to be an error on the part of the students and are redressed by the teacher.

In a group-oriented class, errors should be considered to be natural accidents on the way to interpersonal communication. Linguistic errors are the responsibility of the learner. They are treated as interactional failures and are mostly self-initiated and self-repaired. Students are given time to realize their error without the teacher immediately requesting a correction. They then either choose to repair it or to ask for help, or let it go, in order to save face. Repeated failure to repair can prompt the teacher to initiate an interactional adjustment and model the right form with a face-saving comment ("You mean...?"). Transmission and procedural problems are considered to be the responsibility of both the teacher and the students. As such, the teacher apologizes for them ("Excuse me, I didn't hear what you said", "I'm sorry, I didn't make myself clear") and they are cooperatively repaired.

Natural forms of interaction in the classroom would therefore require that you frequently observe the following rules of natural repair:

1) Pay attention to the message of students' utterances rather than to the form in which they are cast (unless you are engaged in a grammar drill). Keep your comments for later.

2) Treat the correction of linguistic errors as a pragmatic or interactional adjustment, not as a normative form of redress.

3) Leave students a choice in the linguistic form of their utterances, e.g., if they are not sure of their subjunctive, allow them to avoid this form and to find alternatives.

4) Make extensive use of natural feedback ("hm,/interesing/I thought so too") rather than evaluating and judging every student utterance following its delivery ("fine/good"). Do not overpraise.

5) Give students explicit credit by quoting them ("just as A said"); do not take credit for what students contributed, by giving the impression that you had thought about it before.

(Excerpt from "Classroom Interaction and Discourse Options")

Peer Interaction and Socio-cultural Awareness in the Classroom

Many arguments have been made for diversifying group formats and interactional tasks for instruction: dyads, small groups, whole class, problem-solving tasks, debates, discussions. This diversification aims at providing the learner with a variety of social configurations in which to use the language for various purposes: private or public speech, message-focused or form-focused, with or without the need to vie for the floor, with or without time limit. These alternatives to the "lock-step," teacher-whole class instruction have the advantage of taking into account the "differential uptakes" of individual learners. Despite the teacher's schedule and the textbook's syllabus, learners will process and actualize what they have learned at their own pace, according to their own agenda of interests and priorities, and in reaction to social contexts which are meaningful to their own experience.

Many recent pedagogical materials offer suggestions for role-play, structured small group activities designed to enhance communication in the classroom. *¡Imagínate!* adds the conversational training necessary for structuring natural exchanges. However, as some have pointed out, if socialization devices in the classroom remain mere procedures, they can contribute to neither the social growth nor the conceptual development of the learners. The secondary socialization into a foreign culture—a new kind of literacy—can only happen via socio-cultural awareness of language in use.

Literacy has been defined by Gordon Wells as "the full exploitation of the meanings encoded in language, whether spoken or written." Contrasted with illiteracy, literacy has been mainly associated with the ability to read and write and with an educated knowledge of literary and non-literary texts. Contrasted with orality, an unschooled tradition in the acquisition of knowledge, literacy has been defined as the capacity, acquired through schooling, for reflection on the way knowledge is acquired, or knowledge about knowledge. Walter Ong remarks that literacy makes speakers conscious of their interactions, that is, it makes language conscious of itself by removing it temporarily from the natural context in which it is embedded.

If we take the interactional dimensions of language seriously, as well as the type of learning we can best further in school settings, we should not only provide authentic and simulated natural contexts of acquisition, but use the unique literate environment of the classroom to reflect consciously and explicitly on interaction processes in various social contexts. Some foreign language researchers even go so far as to hypothesize that the process of classroom interaction is the learning process and that interaction **produces** linguistic development rather than just providing opportunity for language development. They recommend that teachers and learners use the very interactional processes in the classroom as object of observation and study. The classroom would thus generate, so to speak, its own educational material and the teacher and learners would be not only practitioners but experimenters of the classroom.

¡Imagínate! provides just such an environment. The activities presented include not only teaching communication strategies but also explicitly sensitizing the learners to interaction processes (if necessary, first in English) such as setting up peer observers of dyadic or small group interactions, debriefing and interpreting the interactional patterns observed, and discussion of social and cultural differences.

Conclusion

Foreign language methodology has abandoned the narrow, philological approach that excluded the possibility of becoming communicatively competent in the language. It now stresses the socialization aspect of language learning by focusing on the interactional processes through which language is learned and different patterns of cultural thought are acquired.

However, the current push for functional objectives (*ACTFL Proficiency Guidelines, 1986*) and Stephen Krashen's emphasis on acquisition over learning, have raised concerns that foreign language socialization might be nothing but a behavioristic conditioning masquerading as communicative competence.

The most recent trends therefore point to the teaching of literacy. Preserving the experiential, interactive approach to learning developed in the past ten years, it enriches through a critical reflection that intensifies the sense of self and fosters more conscious interaction between persons. This integration of socialization into and literacy in a foreign language forms the very first step toward the larger integration of language and culture in foreign language education.

Part 2:

Instructor's Notes

Introducción: Introduction to Conversational Strategies and Listening Comprehension

CONVERSEMOS, p. 2
You can do it!
You might begin by asking your students to discuss what makes a good conversationalist. Write their ideas on the board, adding any important points that they have not mentioned (e.g., knowing when to enter a conversation, how long to talk, how to hold a listener's interest, how to show interest and be a good listener, how to help and encourage a speaker, how to get clarifications and show comprehension or incomprehension, etc., as well as knowing the grammar and vocabulary).

Remind students that when speaking a language, ¡la práctica perfecciona! Practice in communicating is both necessary and sufficient; without it, you cannot progress, but with it you surely will!

STRATEGIES, p. 2
Gestures. Have students share any other gestures that they know. Ask if anyone knows gestures from other cultures that are not used in the United States or that have a different meaning here.
Body language. Ask students to share the comparisons between their own interpretations and those given in the book. Have they ever experienced misinterpretations of body language?

RESPONDING TO OTHER SPEAKERS, p. 6
Ask students to apply further what they are learning. Present the following statements (or others related to the local scene) and ask students to demonstrate what they would say and do in reacting to them.

1) **Mañana van a cerrar la universidad durante tres meses.**
2) **El Presidente de los Estados Unidos va a hablar aquí la semana que viene.**
3) **Yo no voy a estar en clase la semana que viene. Voy a asistir a...**
4) **Mañana van a dar una película española en el Centro Estudiantil.**
5) **Me parece que este libro es...**
6) **Para la actividad siguiente/el próximo examen, necesitan saber muy bien el pluscuamperfecto.**

(These sentences might be used to introduce Exercise D or as a follow-up after it has been assigned.)

GETTING YOUR FOOT IN THE DOOR, KEEPING THE FLOOR, ETC., p. 7
In addition to these situations, you might give students others in which they need to use the expressions listed in the exercises. Students may also invent the situations to fit the expressions.

Throughout the course, refer to these gambits and remind students to use them.

Práctica, p. 11
G. 1. ¡No me vas a creer! ¿Sabes lo que me pasó? (gets attention); **¿Qué te pasó?** (shows interest); **¡No me digas!** (shows surprise); **¿Me estás diciendo que no lo hiciste?** (checks meaning).
2. **Bueno...** (hesitates, buying time to think); **ah...un momento, no me digas la palabra** (buys time).
3. **ah...este... ¿Cómo se dice?** (asks for help); **¿Los ingredientes?** (gives help); **ah, no sé cómo se llama, pero...** (circumlocutes).
4. **Y en fin** (abandons the topic and holds the floor); **te voy a contar lo que me pasó ayer** (changes the subject); **Fíjate que** (engages the listener); **Pero espera un momento** (gets foot in the door); **Volviendo al tema de Marcos** (returns to the previous topic in order to add something).
5. **¡Ay mamá!** (interrupts); **Muy bien, muy bien** (interrupts); **¡Claro, cómo no!** (shows agreement).

SITUACIONES, p. 11
H. If your students are advanced enough, you might assign each of the situations to a small group and have them present it to the class, emphasizing the gambits that they use.

ESCUCHEMOS, p. 12
In this first chapter, the listening should be done in class, with a tape player that is equipped with loud, clear sound capabilities. Stress emphatically the five points made in their text. Then concentrate on the *Antes de escuchar* exercises, which are meant to "prime" them for listening by bringing to their attention all that they already know about anecdotes and about situations in which someone suddenly acts in a strange and inexplicable manner. These exercises should aid comprehension considerably. (Nevertheless, reinforce the fact that students must see what they *can* understand, and not panic about the rest; they should "take it one step at a time.")

Conversación 1: Unos chismes, p. 13
Escuchar
L. Be sure students understand the one-sentence description of the scene and the three questions. Then play the tape and have the whole class share their answers. If they cannot answer one or more questions, play it again.

LL. Answers: 1. C;   2. F;   3. C;   4. F;   5. F.

M. Concentrating on these expressions should help students to understand conversational management.

Después de escuchar
N, Ñ. You may want to assign these to groups, or let groups decide which exercise they prefer to do. If the class does not respond to these activities, you may prefer to invent others or go on to the next conversation.

Conversación 2: Una reacción química, p. 15
Antes de escuchar
O. Science students will benefit most from this exercise, and can be asked to explain the terms to the others—in Spanish, if possible.

Escuchar
P. Play the conversation through once without stopping. Then stop after every 2-3 sentences to give students time to find the sentence fragments and number them.

Then play it through again as they check their work. They can discuss their progress at any point if you think it would be helpful.

Q. Students should do this exercise on their own as an assignment, because individuals will work at varying speeds. They should stop the tape and replay any difficult parts as many times as necessary.

R. This is also meant to be assigned, after a short idea-sharing session in class.

Conversación 3: Opiniones sobre una película, p. 16
Antes de escuchar
Everyone can relate to this topic. You might first ask them what movies they saw last, and what kind of discussion they had about it afterward. Was it an intellectual discussion about the message of the film? How do they feel about movies with an intellectual or artistic message? Have they seen some?

Escuchar
Perhaps by this time students are ready to do these exercises on their own and go over them in class, discussing the segment.

Después de escuchar
T. You may want to practice the pronunciation of the *Expresiones útiles...* and remind students to use them.

Capítulo 1: Initiating and Closing Conversations

INTRODUCCIÓN, p. 20
Before beginning this first lesson, you might want to review from the preliminary chapter the elements of a good conversation. Then get students to brainstorm about what kind of relationship should exist among good conversationalists. With what people do they most enjoy talking? Why? What do these people bring to a conversation that makes it successful and enjoyable?

Ask who has friends who speak Spanish. Where are they from? How and where did you get to know them?

A. Amistad internacional. As a homework assignment, have students read through the entries in the personal ads on page 20 and choose one or two people with whom they have the most in common. Then in class, they can share their preferences and their reasons either with the entire class or in small groups.

B. Nuestras amistades. This exercise can also be assigned for preparation at home, then discussed in Spanish briefly in class. Stress the variations in formality and ask students to conjecture about how they think these same functions might be accomplished in Spanish. (The purpose of this exercise is to get students to think about these expressions in preparation for the chapter work. Therefore, it is not necessary to present a lesson on them nor to "correct" the students' suggestions.)

C. ¿Y los hispanos? Best answers: 1) B;   2) A;   3) C.

CH. ¿Conoces a tus compañeros de clase? Have the class contribute items of information that they would like to find out about their classmates, and write them on the board:

> **nombre y apellido**
> **de dónde es**
> **especialización**
> **estado civil**
> etc.

Listing the information in this way gives students the responsibility for deciding how to formulate the questions, which level of formality to use, etc.

If necessary, however, you may want to write out the entire questions, depending upon the ability of the students to formulate their own questions:

> ¿Cómo te llamas?
> ¿De dónde eres?
> ¿Qué estudias?
> ¿Cuál es tu especialización?
> ¿Eres casado(a)?
> etc.

Once the class has decided on the information that they want to get, have them select someone they don't know and interview him (her), taking notes. Each should question the other for only 3 or 4 minutes. After 5-6 minutes, announce that they should be finishing. Then form a circle and have students introduce each other to the class. As each finishes his (her) introduction, encourage the class to ask any further questions and make any comments.

ESCUCHAR Y PRACTICAR, p. 22
Conversación 1: Las vacaciones y las clases, p. 22
Antes de escuchar
D. ¿Cómo te fue en las vacaciones? The purpose of this exercise is to get students to think about the topic of the first conversation as an "advance organizer" to help them comprehend it. This should be very brief, 3-4 minutes each. Students may need help to recall the preterite forms in order to list what they did on their vacations.

E. ¿Qué clases estás tomando? ¿A qué horas las tomas? You may need to help students to formulate the necessary questions: **¿A qué hora tienes (geografía)?** Have them share with the class any classes that two or more students happen to be taking together. They might then suggest some exclamations of surprise that would be appropriate for the situation.

Escuchar
This whole section should be done at home, although you might prefer to begin it in class for this first chapter in order to give training in the use of the tape.

F. Direct students to listen to the conversation on the tape as many times as necessary to answer the three questions. As before, assure them that they are not expected to understand every word; they are to develop their listening comprehension skills little by little, through extensive listening, first for main ideas, then for more details.

G. ¿Qué dirías tú en inglés? The objective of this exercise is to have students think about the purposes of the expressions. They can give appropriate English equivalents, discussing which would be best for each situation; but return students' attention to the Spanish expressions as quickly as possible, perhaps with an exercise such as the following:

Matching:

_____ 1. para iniciar un tema	a. Hola, Carlos, ¿qué tal? ¿Cómo te va?
_____ 2. para expresar sorpresa	b. Mira, ¿cómo te fue en las vacaciones?
_____ 3. para expresar alegría	c. ¡No me digas!
_____ 4. para saludar	d. Nos vemos en clase, entonces.
_____ 5. para iniciar otro tema	e. ¡Oye, qué gusto!
_____ 6. para despedirse	f. ¿Qué clases estás tomando esta mañana?

Después de escuchar
The purpose of these activities is to provide students with opportunities to use the key material that was presented on the tape, to interact among themselves on the topics presented, and to expand their repertoires of expressions for managing conversations. These exercises should be done in class. Although they can be studied ahead of time to save time in class, they should not be written and read aloud or memorized and presented as mini-dramas. Students should learn to negotiate meanings between and among themselves spontaneously in Spanish as they do in English.

H. ¿Estás en mi clase de...? For this exercise, have students refer to the schedule in Exercise E. They should first greet each other, then catch up on each other's recent activities, and decide what class(es) or other activities they have in common. Finally, they take their leave, planning to meet again. The entire class can be doing this exercise at the same time, although you may wish to have one or two pairs of students perform for the class at the end. As always, they may select expressions from the list in *Expresiones útiles* or say something entirely different of their own creation. In either case, you may need to give helpful feedback on the appropriateness or comprehensibility of their exchanges, from the standpoint of a hypothetical native speaker who is not a Spanish teacher.

Conversación 2: ¡Creo que ya nos conocemos!, p. 24
Antes de escuchar
Again, the purpose of these exercises is to prepare the students to listen for comprehension.
I. ¿No es que ya te conozco? These expressions are the ones used in the taped conversation.

J. ¿Cuál es tu nombre? ¿Y tu apellido? This exercise will review **apellido** through brief realistic practice.

Escuchar
Again, these exercises are designed for individual practice at home, although they should be reviewed/checked in class.

LL. ¿Cómo dirías tú en inglés...? You may wish to have students compare their English suggestions; then review the Spanish expressions, perhaps by giving the English and having students provide the Spanish or by giving the purposes and asking students for an appropriate expression in Spanish.

Después de escuchar
M. ¡Hola, yo soy...! Include yourself in this exercise, so that students get practice in making more formal introductions.

N. Conversaciones. You might have students act out these conversations spontaneously, or have them prepare conversations first, using the gambits that they have learned and those presented before exercise M.

Conversación 3: Una presentación y un plan, p. 27
Antes de escuchar
Ñ. Quiero presentarle a... This exercise serves to connect the listening exercise to what students already know to facilitate their comprehension of the taped conversation.

Escuchar

O. ¿Qué dijeron? To do this exercise, students will need to listen to the tape several times. Then, in class they can help each other with any parts they were unable to catch with certainty.

¿TÚ, USTED O VOS?, p. 28

It is recommended that you have students use **usted** with you, to give then practice with formal Spanish. There may also be someone in the class who should be treated in the same way.

Remember, **vos** is singular and familiar; **vosotros** is plural. **Vos** is very common in many areas of Latin America; **vosotros** is used primarily in Spain. The verb forms used with **vos** vary from country to country. You (or a student) may wish to study this further, as a library research project or by interviewing people from various Hispanic countries. Exchange students would be good people to interview.

Personalize the explanation by asking students which forms they would use with specific individuals they know: other students, professors, well-known people in the area. Make it clear that traditions are changing, and that the use of these forms can be expected to vary even from one individual to another, although **usted** should always be used with anyone with whom you are definitely not on a first-name basis. Reinforce the use of the appropriate forms throughout the course.

ACTIVIDADES, p. 29

These activities are meant to provide communicative, interactive practice on the topic(s) of the chapter. Here, students should recombine what they have learned through their previous study of Spanish, particularly the functions and expressions that have been practiced separately in this chapter.

Q. Encuentros. Students may make an outline for the conversations, but do not let them write out every line and read the lines. For example,
1.   Greetings (shake hands); talk about the room; talk about class schedules; make plans to meet for lunch; say good-bye for now.

You may ask all pairs of students to prepare all four situations, then call on one or two pairs to present each one; or you may prefer to assign one or two pairs to each situation. In the latter case, the class might be asked to figure out which situation is being presented. They might also enjoy judging the best presentations.

R. ¡En una fiesta internacional! This is a most enjoyable activity, and it has always been successful in getting students to converse excitedly and at length. Most people enjoy pretending to be someone else, the more different from his (her) own personality the better! Each student should hold his (her) photo up in front of him (her) and circulate, as in a mixer, getting to know as many people as possible. Practice the expressions first, so that students know how to get out of a conversation when they no longer have anything to say.

This activity can be used more than once during the course, with students changing photos and personalities each time. As the term progresses, the conversations should grow longer and more fluent.

Remember, this is a mixer, not a performance in front of the class. Everyone should be up and talking throughout the activity, which can continue until you sense that many students have had enough.

You may wish to demonstrate this activity before beginning. Approach a student, greet him (her), and engage him (her) in conversation, using a large picture of someone and pretending to be that person. After a short exchange, take your leave using an appropriate expression, and move on to another student.

Encourage students to get to know as many people as they can, filling the entire time with conversation; no wallflowers allowed! If someone seems stumped, with nothing to say or no one to talk to, the others should engage him (her) in conversation or introduce him (her) to another person.

RR. ¿En qué se parecen? Before doing this exercise, you may want to review the expressions of surprise for Conversación 1.

S. Les presento a mi hermana. These presentations will usually be better if they are prepared with some care before class -- but not read aloud!

FUERA DE CLASE, p. 31
T. The Hispanic naming system can create problems for non-Hispanics in many situations. This exercise requires students to focus on the naming system and understand how it works within a simulated real-life context. You may want to have students record their calls to each other, or report in class what they plan to do together.

U. This activity can have a tremendous impact on students' motivation to converse as well as on their learning to speak Spanish while becoming involved in the culture! Most communities have more Hispanic citizens than one might think, and it would be to a Spanish teacher's advantage to search them out and become involved in the Hispanic community, no matter the educational or socioeconomic levels of the people. Many communities also have a Cuban Club or other such group(s).

Once students have made an initial contact with a Spanish speaker, they can invite these new friends and acquaintances to class and to parties, and interview them regularly on topics of cultural interest. Students will find that native Spanish speakers are generally easy to know, helpful, even very enthusiastic conversational partners.

Students should contact these people themselves and make their own appointments, etc. This first time, if you are not certain of the availability of local Hispanic resources, the assignment can be a class project to make a list and make the first contacts.

It is a good idea to record at least one round of interviews, which can then be used in class to analyze interactions, including the gambits that are taught in ¡Imagínate!.

V. If you have no local Spanish TV channel, you might use a videotape in class. Many such videos are now available commercially. For this activity, we recommend *Spanish Alive!* and *Spanish from Within,* which are distributed by Heinle & Heinle Publishers, Inc., publishers of ¡Imagínate!.

VOCABULARIO: Palabras y expresiones que quiero recordar
You may want to have the class brainstorm, at least in this first chapter, to share the words and expressions that they found most useful and/or interesting in this chapter. Through sharing in this way, they think about the words, focus on them, and concentrate on their practical use in real conversations.

AN ADDITIONAL CONVERSATIONAL EXERCISE
The 16 Situation Cards that are found at the end of this chapter may be helpful in getting your students to use the expressions they have learned so far. Explain to them that they should pretend that they are passengers on the "Love Boat." It's the first night of the trip and they are all guests at a party. They should play the part of the person described on the card you give them and try to get to know the other guests at the party. (Make a copy of pp. 22-23 and cut the cards so that you can give one to

each student.) If students are puzzled about how to start, suggest that they try these conversation openers: **Buenas noches, permítame presentarme. Soy...; ¿Ha hecho usted este viaje antes?; Me parece que me va a gustar el viaje. ¡Qué fiesta más alegre!; a mí me gusta(n)...**

The role cards have been written in such a way that the characters are related to each other in various ways that will surprise them as they continue to get to know each other. You may want or need to add or subtract characters from the group, according to the interests, ages, etc., of your students. For example, the author added the sociologist to the collection of cards when she had an overly dominant student in a class; this card placed him (her) primarily in the role of observer, so that the others could talk. If this activity seems too difficult for your students, save it for a later chapter when they might enjoy it more. You may also add or subtract as many characters as you wish, keeping in mind that they are all related to someone else in the group in some way that will surprise them as they continue to get to know people.

WRITING EXERCISES
These activities reinforce the topics of the chapter while giving students practice in writing within realistic contexts for realistic purposes. They should be corrected/graded (if at all) in terms of their success in communicating for these purposes, not only for grammatical accuracy, use of punctuation and accents, and other formal aspects of the assignment.
1. Escribe una carta a una de las siguientes personas para presentarte a ella. Explica quién eres, cómo eres, qué estudias, qué pasatiempos te gustan, cuál es tu horario habitual, cuáles son tus planes para el futuro, etc.
   Si la persona es de tu edad o más joven, usa **tú**; si es mayor, usa **usted**. He aquí un modelo para guiarte. Incluye datos sobre tu vida actual—tu rutina y tu horario, aspectos interesantes de la vida en el lugar en que vives, tu compañero(a) de cuarto, tus pasatiempos, etc.

MI VIDA SERA TUYA BUSCO CABALLERO DE 60-68, HOGAREÑO, SERIO Y RESPONSABLE, TENGO 59, EDUCADA Y SIN VICIOS. FINES SERIOS.
EXT. 1205

MI VIDA SIN TI ¡¡Europeo o norteamericano llámame Ya!! SI ERES EDUCADO, TRABAJADOR Y SIN VICIOS, 33-40. FORMAREMOS NIDO DE AMOR. DOMINICANA, SOLTERA, ECONOMISTA DE 31.
EXT. 1209

P.R. SENSUAL DELGADA, TRIGUEÑA DE 50, SIN HIJOS. DESEA AMISTAD CON HOMBRE DE 50-55.
EXT. 1213

SOLO 27 AÑOS AMIGO: te ofreceré mi amistad sincera y perdurable. Soy hispano profesional y discreto. Te espero para compartir buenos momentos.
EXT. 1201

TENGO AMOR PARA TI DIVORCIADO 50, BUENA PRESENCIA, DESEA AMISTAD CON SURAMERICANA 40-45, PARA COMPARTIR HOGAR.
EXT. 1208

ITALIANO DIVORCIADO 42 Y DULCE, INTERESA CONOCER DAMA HOGAREÑA Y COMPRENSIVA, SIN MALOS HABITOS. FINES MATRIMONIALES.
EXT. 1109

JOVEN de 26 AMANTE DEL ROCK Y DE CENAS AL AIRE LIBRE, BUSCA SU MEDIA NARANJA DE 22-28. RELACION DURADERA.
EXT. 1102

¡¡LA FELICIDAD TE ESPERA!! CONMIGO. DAMITA DE 18-32. SOY PUERTORRIQUEÑO DE 29, ALTO Y BIEN PARECIDO. LLAMAME MI REINA.
EXT. 1108

¡MEXICANO SOLTERO! ATRACTIVO 36, DESEA MUJER BONITA Y DE BUENOS SENTIMIENTOS, HOGAREÑA, DE 35-39. LE GUSTE BAILE Y DIVERSION SANA.
EXT. 1103

MUJER PROFESIONAL: Divorciada y de buenas costumbres. Busco caballero blanco, solvente de 55-60 para amistad o tal vez matrimonio.
EXT. 1105

Soy colombiano, soltero, romántico, activo en los negocios nacionales internacionales. Deseo conocer chica mayor 20 años, atractiva guste de hogar, vida social, viajes y reuniones.
Ext. 1807

COLOMBIANO DE 33, MUY SERIO, BUENOS MODALES, DESEA CONOCER AMIGAS PARA INTERCAMBIO DE IDEAS.
EXT. 1007

DAMA DE 43 BLANCA, ATRACTIVA, DIVORCIADA Y SERIA, DESEA CONOCER CABALLERO DE 49-50 PARA FINES SERIOS.
EXT. 1019

DIVORCIADO BLANCO DE 51, DESEA SURAMERICANA PARA AMOR, AMISTAD Y RELACION SERIA.
EXT. 1012

Dama puertorriqueña religiosa, sin vicios. Deseo compañero honesto, sincero y educado para fines serios.
Ext. 1837

Desilucionado del amor. Soy el caballero que tanto has soñado. Te garantizo que soy esa persona. Llámame!
Ext. 1835

BUSCO NOVIA MUY EDUCADA Y ATRACTIVA PARA CENA, BAILE Y TEATRO. SOY SUDAMERICANO, BIEN PARECIDO DE 37.
EXT. 1220

COLOMBIANO DE 21 QUISIERA MIRARME EN OJOS DE 1 CHICA 17-22 Y DARLE MI AMOR. QUE GUSTE DE CINE Y BAILE. FINES SERIOS.
EXT. 1203

LATINO-MORENO 30 años, bien parecido, interesa amistad con dama sincera de 30 a 40, con experiencia de la vida. Niños OK.
EXT. 1911

PERUANO DE 36, ALTO HOGAREÑO SERIO Y TRABAJADOR. GUSTARIA DAMA 25-35 AÑOS. LLAMAME!!
EXT. 1912

PUERTO RIQUEÑO TRIGUEÑO TENGO 50, Y BUSCO DAMA ENTRE LOS 30 Y 43. FINES AMISTOSOS O SERIOS.
EXT.1920

****PUERTORRIQUEÑO*** ALTO BIEN PARECIDO, DESEA CONOCER CHICAS ENTRE 15 Y 24 AÑOS.
EXT. 1914

PUERTORRIQUEÑO DIVORCIADO 42 AÑOS, DESEA CONOCER DAMA MENOR DE 42. PARA AMISTAD O POSIBLE CASAMIENTO.
EXT. 1913

PUERTORRIQUEÑO JOVEN DE 29, DESEA CONOCER DAMA SINCERA Y RESPONSABLE PARA AMISTAD Y ALGO SERIO.
EXT. 1905

SEÑORA SERIA DESEA

Caballero 56 años veterano, atractivo con personalidad definida. Busco dama 40-60 años que quiera hacer un hogar.
Ext. 1805

Caballero americano gusta diversiones sanas y deportes. Deseo conocer dominicano 18-25 años para buena amistad. Llámame!
Ext.1834

Caballero Europeo profesional, bien parecido, divorciado y muy sincero. Deseo conocer una señorita cristiana y de buenos principios, buena familia, sin vicios para matrimonio y nunca separarnos. solamente formalidad.
Ext. 1804

CABALLERO HISPANO DE 27 AÑOS. GUSTABIA CONOCER CHICA DE 25 AÑOS PARA UNA BUENA AMISTAD.
Ext. 1823

Caballero suramericano 30 años. Gustaría conocer damas de 25-35 años con excelentes cualidades. Fines serios. Espero por tí. Llámame!
Ext. 1827

Caballero serio de color. Deseo conocer dama para viajar y disfrutar de la vida.
Ext. 1812

Sample letter:

Estimado (a) / Querido (a) _____ ,

Permítame (Permíteme) presentarme. Soy ——.
Por medio de _____ conseguí su (tu) nombre y
dirección para poder escribirle (te). No me
conoce (s), pero soy estudiante de español
en ——— y me gustaría intercambiar cartas
con una persona de habla española.

Le (Te) cuento que soy...

(Aquí le das información sobre ti.)

¿Ahora quiere (s) decirme algo sobre usted (ti)
y su (tu) vida?

(Aquí le haces algunas preguntas sobre
lo que te gustaría saber de la persona.)

Esperando que me conteste (s) pronto,
me despido, hasta pronto,

(Tu firma)

2. Ahora, imagínate que tu nuevo(a) amigo(a) te ha contestado la carta y quiere conocerte mejor. Escoge una foto tuya con amigos, familiares, etc., y escribe una descripción de la foto: quiénes son las personas, cómo son, cuál es la ocasión por la cual están juntas, etc.
3. Escríbele a algún estudiante de otra clase de español, para que lleguen a conocerse bien. Luego, hagan planes para reunirse todos y practicar lo que han aprendido de cómo llevar una conversación en español. ¿Quieren planear una buena fiesta entre los dos grupos?
4. Un artículo. Tú eres reportero(a) del periódico del Club de Español. Escribe un artículo sobre la gente que has conocido por medio de las actividades de este capítulo. Recuerda que generalmente un buen artículo debe incluir datos que contesten a las preguntas ¿Quién?, ¿Qué?, ¿Dónde?, ¿Por qué?, ¿Cuándo?, ¿Cómo?, no necesariamente en ese orden. El primer párrafo debe contener un breve resumen de todo el artículo. ¡A ver si publican un periódico durante el curso!

Card 1 — Chapter 1 — Situation	Card 3 — Chapter 1 — Situation	Card 5 — Chapter 1 — Situation	Card 7 — Chapter 1 — Situation
José María Vasconcelos, 21 years old, Madrid	José Carlos Villegas, 16 years old, Santiago, Chile	Martín Molino, 45 years old, Madrid	Miguel Blandini, 21 years old, Buenos Aires, Argentina
You are very good looking, with a lot of money and no need to work. You like to travel so that you can meet women of the world. You have been married 3 times. You are looking for your fourth wife on this trip.	You are responsible for looking out for your sister, Carmen, who is travelling with you on the boat. Your parents are strict with her and they have very traditional ideas. But you like to play — maybe a little too much.	You are a very serious bachelor. You like to read and are looking for peace and quiet on this trip. You are the Spanish ambassador in Bogotá, Colombia, and your uncle is the Foreign Relations Minister in Madrid. You are returning to Spain for the wedding of your dear cousin, Teresita. You like classical music but not guitar players.	You are a wealthy and romantic man. You love beautiful women and have been told that Carmen Villegas, a young, gorgeous and unmarried Chilean woman, is on this boat. You travel often to meet and seduce women. You never pass up a good opportunity.
Card 2 — Chapter 1 — Situation	Card 4 — Chapter 1 — Situation	Card 6 — Chapter 1 — Situation	Card 8 — Chapter 1 — Situation
Carmen Villegas, 18 years old, Santiago, Chile	Roberto Vargas, 21 years old, Lima Perú	Rosario Navas, 30 years old, Bogotá, Colombia	Madge Dawson, 35 years old, Omaha, Nebraska
You are very pretty and your family is rich. You have very traditional ideas; that's why you are traveling with your brother, José Carlos, as a chaperone. Both of you are going to Sevilla to visit your aunt and uncle. But you are looking for a little adventure on the trip. You are cheerful and like good-looking men very much. You were told that Roberto Vargas, the famous soccer star, is on the boat.	You are a famous soccer player. All the girls follow you around and you like that, although you have a girlfriend in Spain and are going to marry her next week. Her name is Teresita Molino.	You are an intelligent lawyer and are going to Spain on vacation. You have a friend, Tomás García, in Madrid. He is an expert in Spanish-American relations and would love to work in the Spanish Embassy in Colombia. You are very much in love with him.	You are a high school Spanish teacher. You are going to Spain to improve your mastery of Spanish. You are looking for someone with whom to play tennis. You know a lot about Spanish music. You love guitarists. You also like to read.

Card 9 — Chapter 1 — Situation	Card 11 — Chapter 1 — Situation	Card 13 — Chapter 1 — Situation	Card 15 — Chapter 1 — Situation
Jerry Mason, 35 years old, Salem, Oregon You are a high school Spanish teacher, and you are going to Spain to improve your mastery of Spanish. You play the guitar very well. You do not like sports. You are single and you like women.	Irene González, 27 years old, New York, NY You are always sick. Your entire body hurts and you want everyone to know it. You make up a lot of symptoms and you want sympathy from everybody. You are going to Spain to lie on the beach in the sun. You don't like noise; you want peace. You like to read.	Manuel Barrera, 30 years old, Sevilla, Spain You are the ship's doctor, but you don't have a lot to do. You like parties and cheerful music and you think that happiness cures all ills.	Carlota Castellanos, 25 years old, Puerto Rico You are the waitress who serves the drinks and food. You ask people what they want to eat and drink, but you think your work can be boring. You are a people lover.

Card 10 — Chapter 1 — Situation	Card 12 — Chapter 1 — Situation	Card 14 — Chapter 1 — Situation	Card 16 — Chapter 1 — Situation
Elizabeth Renner, 37 years old, New York and Madrid You are vice president of a large company. You are tired because you've been working hard. You like cruises because they give you a chance to rest. You enjoy social life and you want to get to know everyone. You are looking for a cheerful man and you love to dance. You like rock and roll and are impressed by "important" people.	Charles Kennedy, 50 years old, Los Angeles, CA You are the ship's captain, and are responsible for what happens aboard. You want to get to know all the passengers and learn each one's background.	Rosa María Alemán, 25 years old, Phoenix, Arizona You are the social director. You want everyone to be happy. You introduce people and sometimes interfere in matters that are none of your business.	Blanca Pérez, 30 years old, New York, NY You are a sociologist and are on this trip to study communications and relationships between passengers. You observe and take notes, but you also participate in conversations. You like to play tennis and dance.

Chapter 2: Initiating and Building Topics

INTRODUCCIÓN, p. 34

The purpose of this chapter is to introduce students to initiating and building topics. They are probably unaware of the role that each participant must play in beginning, sustaining and closing a conversation; nor in all likelihood are they consciously aware of the emotional reactions that all of us have to others during conversations. Emphasize these two ideas as you introduce the functional focus of this chapter: initiating and building topics.

ESCUCHAR Y PRACTICAR, p. 35

Conversación 1: Es hora de pensar en el futuro., p. 35

Antes de escuchar

B. ¿Qué quieres hacer en el futuro? The purpose of this section is to activate any and all relevant knowledge that students might have about the topic. Make this a "brainstorming" session in which all students contribute ideas, words, and structures to form a facilitating base for understanding the first conversation. The goal is to get students working in a group and to generate as many thoughts as possible. While doing so, students are also calling to mind vocabulary and grammar that will enable them to understand the conversation more easily and more completely in order to participate more readily and more fully in the follow-up conversational activities. Stress that there is no "right" answer to any of the questions raised in the exercise. The emphasis here is on divergent rather than convergent thinking.

C. Opiniones. The objective of this activity is to have students develop expectations about what they may hear in the conversation. This is an individual activity as opposed to the preceding group activity. Together these activities provide a base of ideas, vocabulary, structure, and context that will facilitate students' comprehension of the basic ideas of the conversation. Be sure that students complete both the group and the individual activities.

Escuchar

Even after completing the activities in the *Antes de escuchar* section, many students may be overwhelmed if they are asked to understand all the content of each conversation the first time. Tell them that to approach total comprehension they must listen to the conversation several times, focusing on different aspects each time. Emphasize that the goal is to comprehend the basic ideas exchanged between the speakers rather than to understand every word.

If you would like to go over the answers to the questions in class, have students write their answers in the text. This will make it easier for them to answer the questions orally in class and/or to compare their answers with those of other students.

Escuchar

CH. La matrícula. After identifying the topic of a conversation, one of the listener's next tasks is to determine who is speaking and what the attitude of each speaker is toward the topic. In this first activity, students should concentrate on the attitude of Marta and her parents toward making preparations for applying for admission to the university.

D. Distintos puntos de vista. Knowing that Marta wants to continue her studies, that she wants the assistance of her parents, and that they want to help her, students are now ready to listen for specific details on what each person thinks.

E. En realidad. The purpose of this activity is to ask students to compare how their expectations of the interchange between Marta and her parents were alike and different from the content of the conversation they have heard.

You may want to expand this activity a bit by exploring how different attitudes of children and parents would influence what is said. Also, you can discuss students' reactions to Marta and her parents. Are these characters typical of their friends and their friends' parents?

F. ¿Quién habla? Here the students' attention is directed to specific phrases that the speakers use, that is, to particular linguistic elements in the conversation. Try to get students to relate the phrases to the attitude and the role of each speaker in the conversation.

G. ¿Qué hará Marta? This time through the conversation the students should think about the results. What will Marta do now in order to apply for admission to the university?

Después de escuchar
After calling to mind relevant ideas, vocabulary, and structures, and after listening to the conversation, students should now be ready to produce meaningful sentences about the same subject, that is, to participate in a conversation on the topic of applying for admission to a university.

Prior to the conversational activity, however, students should study the list of *Expresiones útiles* so that they can incorporate as many of them as possible into their own conversation.

(You may want to experiment with various approaches to get students to learn these useful phrases. One way, of course, is to ask students to memorize the phrases and to give quizzes. Another is simply to stress how useful they can be and to encourage them to use as many as possible in the following activities for this chapter. You can also include a grade for vocabulary usage when you evaluate their speaking skills.)

H. ¿Qué opinan? This conversational activity gives students an opportunity to practice talking about the same topic as that of Conversación 1. The situation is slightly different, however, forcing them to transfer the learned material into a different type of interchange. However, the topic is basically the same.
In these activities be sure to include all three parts. First, establish the context and the purpose of the conversation. Second, give each student an opportunity to exchange ideas with another student. Third, always require that students share the content of their conversations with the other members of the class. Insisting upon a product for their conversation lets them know that they do have a goal to accomplish, and the subsequent "reports" provide additional listening practice for the other students.

Conversación 2: Las clases que tomamos, p. 40
Antes de escuchar
I. Actividades diarias. This is another "brainstorming" activity. Encourage as many different comments as possible about what students and teachers (professors) do. Again, the goal is to generate as many ideas, vocabulary, and structures as possible in preparation for listening to **Conversación 2.**

You can give a different twist to this activity by asking students to comment on what they think teachers do and what they think teachers think about what they do.

J. ¿Cómo es tu horario? In this individual activity the students should focus on their own schedule as a way of anticipating what they may hear in the conversation dealing with the same topic.

Escuchar

L. ¡Tengo mucho que hacer! Since the speakers talk rather rapidly, emphasize to students that they may listen as many times as they would like in order to complete this activity. They are listening for specific words to complete the blanks, but at the same time they are hearing what the speakers are saying, thereby making comprehension easier when they do the subsequent activities.

LL. ¿Qué pasó? Stress to students that they should listen to the conversation for the purpose of answering the given questions. More total comprehension will develop slowly as they do the remaining activities.

M. ¿Qué dirías tú en inglés? Explain the concept of "inferencing" to students and encourage them to practice inferencing regularly in their language study. Give them some examples here, and make a practice of asking them for the meanings of specific words and phrases in the conversations. For example:

> **Anita tenía mucho sueño porque había pasado la noche entera estudiando para un examen importante de español. Inmediatamente después de terminar el examen volvió a su apartamento y se acostó. ¿Qué quiere decir «se acostó»? ¿Qué quiere decir «me» en las siguientes oraciones?**
>
> - **Va a acompañarme al concierto.**
> - **Me dio un regalo.**
> - **Se me perdió la llave.**
> - **Me compró un helado.**
> - **Mi padre me compró un coche nuevo.**
> - **Mi amigo me compró el coche viejo.**
> - **Me levanto a las ocho los fines de semana.**
> - **El hombre desconocido me robó veinte dólares.**
> - **Me lavo la cara.**
> - **Me lavo antes de comer.**

Después de escuchar

N. ¿Cómo es tu día? Whenever possible, personalize the content of these conversations by asking students to express their opinions of the participants or of their ideas. Insist that students speak only in Spanish during group activities. Allowing students to switch to English to communicate unknown vocabulary or structures not only destroys the Spanish classroom atmosphere but also keeps them from learning to communicate even in situations in which they do not have all the linguistic elements that they need to say what they want. Encourage students to use circumlocution or to consult a dictionary or the teacher when they need a Spanish word.

Conversación 3: Nos interesa estudiar en el extranjero., p. 42
Antes de escuchar

Ñ. Estudiar en el extranjero. List the reasons and benefits of study abroad, and discuss the relative merits of each.

Later, you can ask the class to prepare an advice booklet for people who are preparing a trip to another country. Have them distribute a copy to each member of the class for future reference.

O. Programas de estudio en el extranjero. Thinking of questions will be easier for students if they imagine a specific country and a specific situation in which they would like to be studying.

Escuchar

P. ¿Qué pasó? The first task, when listening to any conversation, is simply to orient oneself to the topic. This exercise teaches students to practice this type of listening.

Q. ¡Buena idea! In addition to listening for concrete information, students can listen for clues to speakers' attitudes as they are asked to do in this exercise.

R. Quisiera saber... Another point of focus while listening to a conversation is to attend to the questions that the speakers ask each other. In this exercise they practice listening for questions.

RR. Más información. Given the orientation of the previous exercises, students should now be ready to focus their attention on exactly what each speaker said about study abroad.

Después de escuchar

S. ¿Y Uds.? To make this a meaningful activity for students, encourage them to express their personal feelings, either of attraction and excitement about spending a summer, semester or year studying abroad and their reservations about doing so, or a combination of desire and hesitation. Of course, there are no absolutes nor rights or wrongs in this exchange.

ACTIVIDADES, p. 46

T. Para ganar una beca... Steps to follow:

1. Have students fill out at home the form on page 46 of the text.
2. Have them form groups of four to decide on the most important qualifications of a good exchange student. Circulate around the class to be sure students are making progress with a list of qualities they would look for in students to send to another country to study. Be prepared to give them ideas if they are unable to generate them on their own.
3. Have groups exchange application forms, so that Group A has Group B's forms, etc.
4. Ask groups to study each other's forms and to choose two canditates to interview.
5. Have each group make a list of questions to ask each interviewee.
6. Tell them to interview the candidates and to write down their answers.
7. Give students time to discuss the candidates and have them choose one to be the exchange student. Encourage them to point out the good qualities of all three candidates; do not let them emphasize the weaknesses of any candidates.

U. ¿Quién gana la beca? Do not give students the correct solution too soon. Try to keep them guessing as long as possible.

Solución:

	Alfred	Bertram	Cyril	David	Egbert
latín	3 / 12	1 / 14	2 / 13	5 / 10	4 / 11
inglés	1 / 27	5 / 1	4 / 2	2 / 26	3 / 4
ciencias	4 / 10	2 / 12	3 / 11	1 / 18	5 / 9
matemáticas	5 / 1	4 / 2	1 / 20	3 / 18	2 / 19
historia	2 / 13	3 / 12	5 / 10	4 / 11	1 / 14

(Numbers at left indicate rank; numbers at right indicate points.)

David:	83 points
Alfred:	63 points
Egbert:	57 points
Cyril:	56 points
Bertram:	41 points

V. Especialidades. Ask those students who may not have chosen a major to select one that is of interest to them right now or one with which they are familiar.

X. Una buena conversación. Divide the class into groups of three and give each person in each group one of the Activity Cards on page 30 at the end of this chapter. (You are free to make as many copies as you need of these cards to distribute to students.) Observe how students handle the conversations, and after they have finished, discuss the smoothness and effectiveness of their efforts with them. Allow students to deviate from the assigned topics, but stop the activities when some groups seem to have nothing more to say. If a group races through the questions and finishes right away, ask those students to begin again, this time trying to carry on a good conversation. You may also wish to give them new topics.

Y. Una escena. The «escenas» are modeled after the "open-ended scenarios" develped by Robert DiPietro. Each open-ended scenario follows a planned sequence which permits students to prepare to participate in the scene. First, divide the class into as many groups as there are persons in the scenario and have them brainstorm about what that person might say during the described situation. Second, when you think that students are ready, ask them to choose one person from their group to play the role of their character in the scene. Third, have those selected act out the scene, always giving them the right to request assistance from the classmates in their group if they cannot think of an appropriate response to a previous comment. Fourth, afterwards, analyze the results from the point of view of what was said and how it was said. Try to get students to focus on how to improve the communication of ideas during the conversation. Were there points of confusion? If so, what was (were) the causes(s)? What were the problems? What might each have said? How might they improve the exchange of ideas?

FUERA DE CLASE
Z. You might call the library to be sure they do have catalogues from Spanish-speaking countries. If not, you can ask students to write letters to universities in countries of interest to them to request a copy of their catalogue.

AA. Again, first check to be sure that such materials are available. If there is no office, perhaps someone in your department keeps a file of brochures of this type.

BB. If no students or professors are available for this activity, have students fill out these blanks on their own. Hearing what other students have to say would also be an interesting and stimulating exercise. Later, you can provide students with some samples for each category.

WRITING EXERCISES
1. Juego. Sin usar el diccionario, escribe todas las palabras que puedas correspondientes a las categorías siguientes.

(Los estudios): biología, inglés, exámenes, notas _____

_____

(la vida universitaria: lo académico): _____

_____

(La vida universitaria: lo social): _____

_____

(Los cursos): _____

_____

(Las preocupaciones de los estudiantes): _____

_____

2. En las solicitudes para matricularse en la universidad hay una sección en la que se le pide al (a la) aspirante que explique por qué quiere asistir a la universidad. Piensa en estas dos preguntas: ¿Por qué quiero asistir a la universidad? ¿Para qué quiero asistir a la universidad? Luego, apunta todas las razones que tengas.

Quiero asistir a la universidad porque...

1. _____
2. _____
3. _____
4. _____
5. _____

Quiero asistir a la universidad para...

1. _____
2. _____
3. _____
4. _____
5. _____

Al hacer esto, es posible que se te ocurran razones para no asistir a la universidad. Si puedes, haz una lista para entender mejor todos los aspectos de tu decisión.

1. _____
2. _____
3. _____
4. _____
5. _____

3. Escríbele una carta a un(a) amigo(a) de la escuela secundaria que está tratando de escoger una universidad. Habla de las ventajas y desventajas de la universidad que has escogido tú para que él o ella pueda contárselo a otros estudiantes de su escuela secundaria.

Card 1 - Chp. 2 - Exercise X	Card 2 - Chp. 2 - Exercise X	Card 3 - Chp. 2 - Exercise X
Ask your classmates: 1) if they care whether they get good grades. 2) what advantages they think their university has. 3) which organizations and clubs they belong to and what activities they participate in.	Ask your classmates: 1) if they think it is important to attend all their classes, every day. 2) what are the disadvantages of their college. 3) if they attend soccer games or other sports events.	Ask your classmates: 1) which type of test is better or worse in their opinion (e.g., essay, multiple choice, true/false, oral questions, fill in the blanks, etc.) 2) what type of secondary education they had (and their opinion of it). 3) if they think the college's student government and newspaper are good.

Capítulo 3: Description and Circumlocution

INTRODUCCIÓN, p. 52
This chapter deals with describing people, places, and things and giving and understanding simple directions. The first step in teaching this chapter is to activate students' already existing knowledge about these topics. Also, when students lack a word that they need or have forgotten, they will often need to describe something or someone using circumlocution to get the meaning across.

A. No conozco la palabra, pero puedo describir lo que es. Have students study the cartoon drawing at the bottom of page 52 and then do the exercise in pairs. When they have finished, they can compare their descriptions with those of two other students. Then, if no one knows the word, they can look it up in a dictionary. You should bring to class a very complete bilingual dictionary and a Spanish-Spanish dictionary to encourage students to double-check the Spanish words to be sure that they have selected the best translation. This provides useful instruction in the accurate use of dictionaries.

B. Laberinto. This exercise is a simple introduction to more complex directions that will follow. You may prefer to put the labyrinth drawing on the chalkboard and have the class give you directions to get to the gym, an exercise that becomes very animated as everyone tries to keep you on the path. (In this case, you will need to change the commands from familiar to formal: camina-camine, sigue-siga, párate-párese, vuelve-vuelva, dobla-doble.) (We are indebted to St. Louis Spanish Teacher, Jean LeLoup, for this activity.)

ESCUCHAR Y PRACTICAR, p. 54
Conversación 1: Instrucciones para llegar a un lugar, p. 54
Antes de escuchar
C. ¿Cómo llego al Centro Estudiantil? Here students first follow written directions, before they have to comprehend directions audibly and, finally, give them verbally. This exercise may be done in class (all Spanish, of course) or at home, before listening to the taped segment.

Escuchar
E. ¡Detalles, detalles! This exercise should not be too difficult now that students have listened to the instructions several times for Exercises CH and D. This exercise will focus their attention on more useful expressions for managing conversations.

Después de escuchar
F. Un plano de... This exercise makes students focus on describing very clearly and without visual references. Once one student in the pair has given directions, they should switch roles. The second student should now describe how to get somewhere and the first student should draw a map (or add on to the one already created).

Conversación 2: La persona ideal, p. 56
Antes de escuchar
G. La persona ideal. This exercise requires some thoughtful concentration before writing, a skill that is necessary for creative communication in general. You may prefer to do this as a full-class activity, since the purpose is to focus students' attention on the topic and brainstorm some of the vocabulary. Then, when students listen to the tape, they should understand much with ease and be able to infer meaning from context even beyond their vocabulary knowledge.

Escuchar
H. La cita de Rosa.
     Answers — those that should be marked with an X: 1; 2; 4; 6; 7; 8; 9; 10.

I. ¿Qué dirías tú...? Although students are to write in English, little or no class time should be spent on it. You could even write possible answers on an overhead transparency or on the chalkboard and have students check their own work. Then have them match Spanish with English or do some other practice exercise. Students can work in pairs to make up a short conversation using each Spanish expression, the funnier the better. For example:
    1. —Voy a pasar las próximas vacaciones en la luna.
         —¡Qué casualidad! Yo también.
    2. —Allí viene Madonna.
         —Justo la persona a quien quería ver.

Después de escuchar
J. Chismes. Students may need help with verbs here. Give a short review especially of **ser** and **estar** with adjectives. You may wish to work with the *Expresiones útiles* before beginning. For example, have them match adjectives with a list of famous people's names.
L. Quiromancia. Encourage students to be creative here. They may even draw extra lines on their hands to allow for some wildly imaginative descriptions.

Conversación 3: El caso del anillo perdido, p. 59
Antes de escuchar
LL. Una situación difícil. You may prefer to have students look at the drawing on page 59 and attempt to describe the situation to the plumber.

Escuchar
M. Una conversación con el plomero. You might do this exercise in class and assign Exercises N and Ñ for homework.

N. ¿Qué pasó? Before assigning this exercise, in which students have to work with a narrative description of the conversation, listen again to the conversation and ask the class to summarize as much as they have understood.

Después de escuchar
O. Cómo describir pertenencias perdidas. You may prefer to bring in a collection of objects as prizes. Students will be awarded prizes by describing the objects thoroughly. If two or more students want the same object, they must compete to see who can give the best description. To encourage students to listen to each other, have other students, or a panel, be the judges. Again, you may want to review pertinent vocabulary first, including *Expresiones útiles*.

Q. Mi cuarto. Alternative: Ask students to draw simple scenes and bring them to class. Their task is to describe the scene while another person sketches it. Afterwards, the person drawing compares the sketch with the original.

ACTIVIDADES, p. 63
R. La lotería. After completing the described activity, let students describe what else they might buy, build, or do if they were to win the lottery.

RR. Un anuncio comercial. Students usually relate well to commercials and can devise very creative ones.

FUERA DE CLASE, p. 63
U. This is a kind of treasure hunt. to add to the difficulty and interest of the activity, the descriptive sentences (clues) could be hidden around the campus, along with instructions for arriving at each new place and clue. Have a committee of students set up the game, hide the clues, etc.

WRITING EXERCISES
1. Cierra los ojos y piensa en un lugar—el lugar más agradable que hayas conocido en tu vida. Por medio de tu memoria, vuelve a aquel sitio inolvidable para observar las bellezas, para aspirar las fragancias y para escuchar los sonidos. Luego, escribe unos párrafos y describe lo que ves, lo que oyes, lo que hueles... (Cuando los estudiantes hayan escrito y corregido esta composición, el (la) profesor(a) puede hacer copias para toda la clase. Los estudiantes leen lo que han escrito sus compañeros y cambian las descripciones al pasado—o sea, al imperfecto; así verán uno de los usos del imperfecto y cómo describir el trasfondo para un cuento.)

2. Describe a una persona que para ti sea inolvidable. Haz una descripción de su aspecto físico y de su personalidad y narra alguna anécdota que explique por qué la vas a recordar siempre.

3. ¿Sabes tú hacer algo que pocas personas saben hacer? Escribe unas instrucciones breves, pero claras, para que los compañeros aprendan cómo se hace.

4. ¿Das bien las instrucciones? ¿Has tenido alguna vez que explicarle a otra persona cómo llegar a tu casa o a algún otro sitio? Escribe algunas instrucciones para que uno(a) de tus compañeros(as) pueda llegar a algún sitio del pueblo o del barrio o de la universidad, pero sin mencionar el nombre de su destino. Luego, dale tus instrucciones para ver si llega al lugar.

   ¡Cuidado! Tú también tendrás que seguir las instrucciones de otro(a) estudiante.

Capítulo 4: Requesting and Providing Information

INTRODUCCIÓN, p. 66

Students spend so much class time answering questions that they often have little time to practice the question patterns necessary for requesting needed information. In this chapter students should focus their attention on seeking and giving information. Although in this chapter they will practice within the framework of jobs and professions, students can transfer many of the basic phrases and structures to a wide variety of contexts.

A. La señora no entiende. Have students look at the comic strip and think of as many questions as possible that the two characters might have asked the lady when she answered the door. What possible answers might the lady have given to each?

B. En cuanto al trabajo... In addition to answering the questions in Exercise B, ask students to think about everyday situations in which people usually request information.

ESCUCHAR Y PRACTICAR, p. 67

Conversación 1: Cómo solicitar empleo: Datos personales, p. 67

Antes de escuchar

C. ¿Cómo solicito empleo? Solicit any and all comments from students. The goal is to generate as many different ideas and as much vocabulary and structure as possible. Encourage students to express any other thoughts that occur to them.

CH. Mis datos personales. Suggest to students that they anticipate the content of the conversation by writing the questions they would ask if they were a personnel director. Periodically, it would be a good idea to check students' books to verify that they are completing these personalized writing activities.

Escuchar

D. Para empezar. Keep reminding students that the speakers are talking to other native speakers rather than non-natives. Therefore, the speech on the tapes is fast. Recommend to your students that they do one activity at a time and caution them not to expect to understand every word even after listening to the conversation several times.

E. Una comparación. You may want to discuss these points in class to get students to complete the individual activities in which they anticipate the content of the conversations.

F. En mi opinión... In addition to asking students their opinion about the content of the conversations, ask them to explain why they have the reactions that they do.

G. Otra vez. After students have answered these questions, give them an opportunity to ask each other questions about the content of the conversation that was not covered in the text.

H. ¿Cómo se dice en inglés...? To be sure students understand the meaning of these expressions and to help students remember them for their own use later, have students use each expression in an original sentence.

Después de escuchar
I. As a homework assignment, have students study the **Solicitud de empleo** on page 70 and prepare questions to ask a classmate.

After the introductions in part 3, check students' memory by asking one question about each of the "candidates." For example, **¿Dónde nació Raúl? ¿En qué calle vive Marta?**

Conversación 2: Solicitar un empleo: La preparación
Antes de escuchar
J. Los requisitos. What else would the students like to know? What types of questions would they not ask? What types of questions should they not ask?

L. Mi propia lista. Another alternative to this exercise would be to ask students to prepare five questions listed in order of importance, or the one question that would provide them with a clue as to whether they would want to hire the applicant. What would they really be trying to find out? What are the most important questions to ask? These are the important considerations.

Escuchar
LL. La preparación. As is true in many types of conversations, people listen for specific information just as students are being asked to do in this activity.

M. ¿Cómo es? Comparisons would be interesting here. How do students' reactions differ? What leads them to different conclusions?

N. Qué más? If students can pick out the answers to these questions about the basic content, they have achieved the primary goal of the activity—understanding the information that was exchanged between the two speakers. If they can do this, they should be pleased with their progress.

Ñ. ¿Cómo se dice en inglés? Use these expressions in a spontaneous response activity. Give students the words in mixed order, and ask them to write the first appropriate sentence that comes to mind. Afterwards, a few students can read their sentences to the rest of the class.

Después de escuchar
O. Estoy preparado(a). For this activity, divide the class into small groups. Each group is a committee in charge of finding a good candidate for one of the advertised jobs on page 73. If the class is large, it is better to have several small committees for each advertisement, rather than large groups, to ensure everyone's participation.

P. Mi trabajo. As an example, select a student to be interviewed by the entire class. Although this student should be encouraged to answer each question as completely as possible, he (she) should not give any unsolicited information until the class cannot think of any more questions to ask. Then he (she) should add any important information that has not yet been shared. Encourage students to use the gambits to introduce their questions.

Conversación 3: Solicitar un empleo: Información sobre el puesto, p. 74
Antes de escuchar
Q. ¿Qué quieres saber tú? After students complete this activity, ask them to rank the categories in order of importance.

R. ¿Cómo son las condiciones de trabajo? Always encourage students to complete this individual *Antes de escuchar* activity. Trying to anticipate content is helpful for comprehension.

Escuchar
RR. Ahora le toca a él. Students should learn to listen for specific information in these activities, in which the level of difficulty and complexity is above that of their language skills. If they try to listen as they do in their native language, it will lead only to frustration.

S. ¿Qué más? These are interpretative questions. Compare and contrast the answers of different students, and explore the reasoning behind their particular opinions.

T. ¿Cómo se diría en inglés? Check to be sure students understand each of these expressions and the context in which it is being used.

U. ¿Qué dijeron? If students have difficulty completing this exercise, give them the correct words to fill in the blanks. Play the tape for them in class to help them hear the sounds they have missed or to understand exactly how the native speaker was pronouncing the word(s).

Después de escuchar
V. ¿Qué opinas tú? Discuss with the class their reasons for hiring or not hiring the applicant.

X. Los «seis C».
1. You might first review the six categories on page 77 with the class and ask students if they think they fit one or more than one of these descriptions.
2. Have students work in groups to classify the professions. When they have decided, have the groups compare their results.
3. Have students work in pairs to make up questions to elicit the necessary information for classifying individuals into the six categories. Have them make up at least three to five questions for each of the six categories.
4. Have one pair of students interview another pair, using the questions they have made up. Remember that whenever students ask or answer questions, they should use the gambits. In each group of four, make sure that everyone gets interviewed, "classified," and advised as to appropriate professions for him (her).

Y. La selección de una carrera. Remind students to use the gambits here. You might want to add a third person to each group to observe the use of gambits and provide them whenever needed.

ACTIVIDADES, p. 78
Z. Los objetivos profesionales de tus compañeros de clase. Try to get students to think of the various aspects of a job. If they cannot, you might mention some or all of the following: **la seguridad en el empleo, la fama y el prestigio, la posición social,**

el tiempo libre, el trabajo social, la variedad y la diversión, la creatividad, la actividad física, el estímulo intelectual, el desafío, ser director, el trabajo con animales, el trabajo con plantas, el trabajo con otras personas, ganar mucho dinero, ser independiente, ser vendedor(a), resolver problemas difíciles, etc.

BB. Nuevas oportunidades de trabajo. The purpose of this activity is to challenge the creativity and originality of students' thinking. Obviously, based on the samples presented, one would expect some funny examples. You might prefer to make the task more serious by asking students to describe jobs that will, in their opinion, become common in the future.

CC. Los anuncios clasificados. Be sure students understand the ads before they begin to talk about them. Also, make it clear to students that this is an activity in which they are seeking information about the job and about their friends' interest in it. Ads are on page 37.

CHCH. Una escena. Remember to follow the three-stage format for these "open-ended scenarios." First, divide students into separate groups for each of the roles, and give them time to prepare what to say. Second, have each group choose one member of their group to play the role and act out the scene. Third, have a debriefing in which everyone discusses ways to improve the communication that took place during the role play.

FUERA DE CLASE, p. 80
DD. The number of positions requiring knowledge of a second language may surprise many students, and will surely impress them. Be sure to encourage students to finish this activity completely because the data will provide them with important information.

EE. This activity can also be a source of interesting and stimulating data for students. Students need to be aware of how much the world of business is changing. Have them check all the nearby businesses, even the smaller ones. One never knows which ones have international connections and affiliates.

WRITING EXERCISES
1. Sabes bastante con respecto a algunos empleos, ¿verdad? Escoge uno, y piensa en la experiencia y el conocimiento que debe tener cualquier aspirante a ese trabajo. Luego, escribe un anuncio clasificado, pidiendo solicitudes para el puesto.
2. Dale el anuncio clasificado a un(a) compañero(a) de clase para que escriba una carta en que solicite el puesto.
3. Contesta la carta que ha escrito tu compañero(a), diciéndole que no, pidiéndole más informes o invitándolo(la) para una entrevista.

EMPRESA IMPORTANTE SOLICITA

PERSONAL DE INGENIERIA Y SUPERVISION DE PROYECTOS

SE REQUIEREN:
GERENTES, JEFES DE AREA,
CALCULISTAS, PROYECTISTAS,
DIBUJANTES, SUPERINTENDENTES,
SUPERVISORES.
INGENIEROS: CIVILES, MECANICOS,
ELECTRICOS, QUIMICOS,
INSTRUMENTISTAS, DE PROGRAMACION
Y COSTOS.
BUEN SUELDO Y ESTABILIDAD

HACER CITA A LOS TELS. 76-21-74, 76-09-77 O ENVIAR CURRICULUM VITAE AL APDO. POSTAL 157, SAN NICOLAS DE LOS GARZA, N.L.

A M O

SOLICITA POR NUEVOS PROYECTOS

VENDEDOR (AS)
- DE 22 A 32 AÑOS DE EDAD.
- ESTUDIOS MINIMOS SECUNDARIA O COMERCIO.
- EXPERIENCIA EN VENTAS.
- BUENA PRESENTACION

PROMOTORAS DE VENTAS
- DE 18 A 25 AÑOS DE EDAD.
- ESTUDIOS MINIMOS PREPARATORIA O EQUIVALENTE.
- EXPERIENCIA NO NECESARIA.
- BUENA PRESENTACION.

OFRECEMOS:
ATRACTIVAS PRESTACIONES Y AMPLIAS POSIBILIDADES DE DESARROLLO.

INTERESADOS ACUDIR A AV. MUNICH # 195 SUR ESQUINA CON NOGALAR SAN NICOLAS DE LOS GARZA, N.L. DE LUNES A VIERNES DE 8:00 A 1:00 Y DE 2:45 A 6:00 P.M.

---

150 OBREROS

CONTRATACION INMEDIATA

OFRECEMOS:
- SALARIO DIARIO $15,190.
- SEGURO SOCIAL GRATIS.
- UN SOLO TURNO.
- UBICACION DE LA PLANTA CENTRICA.

INTERESADOS PRESENTARSE
EL LUNES 9
DE 8 A 6 PM. EN:

Cuauhtémoc 825 Nte.
ENTRE ARTEAGA Y CARLOS SALAZAR

!!UNICO DIA!!

REGIS HAIRSTYLIST EN GALERIAS MONTERREY

BUSCA

GERENTE Y ESTILISTA BILINGÜE

DE PREFERENCIA PERO NO NECESARIO

*Salario garantizado, más comisiones y vacaciones pagadas.

Haga su solicitud en
REGIS en Galerías Monterrey
en persona, local 510

EMPRESA IMPORTANTE SOLICITA
PERSONAL PARA LAS AREAS DE

- **ENFERMERIA**
- **RECEPCION**

REQUISITOS:
*Excelente presentación
*Experiencia mínima de un año en puesto similar
*Disponibilidad de horario

Interesadas acudir: HIDALGO 2532 PTE., DESPACHO 203 de 9:00 A.M. a 5 P.M.

Marinela

SOLICITA

AUDITOR

- C.P.A. (pasante o titulado)
- 24 a 28 años
- Sexo masculino
- Disponibilidad para viajar
- Experiencia mínima 1 año

INTERESADOS CONCERTAR CITA AL
TEL. 34-45-42

¿HABLA INGLES?

COMPAÑIA AMERICANA EN EXPANSION EN MEXICO, NECESITA 3 PERSONAS CLAVES PARA GERENCIA Y SUPERVISION. SUELDO DE 5 A 10 MILLONES O MAS. DE 1 A 3 MILLONES MEDIO TURNO. PARA CITAS LLAME: **76-24-00, EXT. 132, MR. WALISER.** HORAS DE OFICINA.

Capítulo 5: Planning and Organizing

INTRODUCCIÓN, p. 82

To get students to think about the topics of the chapter, begin by asking them how much planning they do in their lives. **¿Haces planes cuidadosamente para casi todo lo que haces cada día? ¿Qué actividades planeas con cuidado? ¿Por qué? ¿Dónde te encuentras en la siguiente línea?**

Planeo todo, hasta los detalles	1	2	3	4	5	**Dejo todo a la suerte o a la voluntad de Dios.**
	/------/-------/-------/-------/					

A discussion may ensue about the advisability (or not) of planning. If this can be done in Spanish, it will be worthwhile; if not, go on to activity **A. ¡Organicémonos!**, but spend only as much time on it as can be done in Spanish. The purpose is to elicit students' background knowledge to prepare them for the rest of the lesson. At this point they may not be able to do much in-depth discussing, but you can always return to these activities later.

B. Las vacaciones. Note that there are many ways to express future plans in Spanish, each a little different from the others: **Iré, Pienso ir, Quiero ir, Quisiera ir,** etc. Note also that in Spanish, if one chooses to use the subjunctive or conditional form in the first clause, the second clause should contain a conditional:

> **Me gustaría ir a una playa, donde pasaría todo el día bajo el sol.**

For beginning Spanish students, you might want to tell them to stick to present-tense expressions or to repeat the same verb in the second clause:

> **Quisiera ir a México, donde quisiera conocer las costumbres de la gente.**

C. Los planes. This exercise can be done with the whole class contributing ideas or in small groups, who then share their lists with the entire class.

ESCUCHAR Y PRACTICAR, p. 83
Conversación 1: ¿Adónde vamos?, p. 83
Antes de escuchar
CH. Mi lugar preferido. Before doing this exercise, be sure students have some knowledge of many of the places listed on page 84. Slides, movies, pictures, speakers, and/or realia can motivate your students. You can also share your own experiences if you have visited any of these places. If no resources are available, have students look up these places and report on them briefly, in Spanish, to the class.

Escuchar
D. ¿Qué haremos? Remind students that they will need to listen to the tape several times, rewinding to catch parts they have missed, and using the entire context to get clues to meaning. They should not expect to capture and understand every word.

Después de escuchar
G. Lo bueno y lo malo de... You may prefer to substitute places that you know your students would like to visit.

H. ¿A qué lugares has viajado? You may want to have students prepare these presentations in advance and memorize parts and/or use note cards. They should also use visual aids whenever possible and provide the class with a list of key vocabulary before speaking. At the end of each presentation, you may want to have the speaker quiz the class briefly on the content or have him (her) lead a short discussion.

Conversación 2: Los planes para el viaje, p. 86
Antes de escuchar
I. Los quehaceres de viajar. This activity may be prepared ahead of time and brought to class for comparing and expanding lists.

Conversación 3: Los últimos preparativos, p. 89
Antes de escuchar
N. ¡Ya llegó el día! You may prefer to have the class just make a list of things one has to do in an airport when taking an international flight. Those students who have done so can help others know what to do. The questions here can help you guide the discussion.

Or, since students have already thought a great deal about planning for a trip, you may prefer just to have them read the questions as a preparation for listening to the conversation on the tape.

Después de escuchar
P. Para ir al aeropuerto. If the bus schedule on page 91 is difficult for some students to understand, they need practice in using schedules and charts. You may need to give them some instruction before they work in pairs. For example, lead them to understand that:
1) **horario de salida** is the *schedule of departures* (they should figure this out from the verb **salir**);
2) **Colón** is the station where they will catch their bus to the airport;
3) the hours are in the left column (**hora**), and the other numbers are the minutes after the hour. A bus leaves at each of those times;
4) 13:00 is 1:00 p.m., etc. You might give students problems to practice changing hours to and from the 24-hour clock system.

> **Cambien las siguientes horas a horas p.m. (restando 12 de cada número).**
> | | |
> |---|---|
> | 1. 15:00 | 4. 14:00 |
> | 2. 19:00 | 5. 17:30 |
> | 3. 23:00 | 6. 21:15 |

Then give students some problems to solve using the schedule.
1. **Si sales de Colón a las 4:45, ¿a qué hora llegarás al aeropuerto?**
2. **Estás en la terminal de Colón y necesitas ir al aeropuerto para un vuelo que sale a las 3:30 para París; necesitas al menos una hora en el aeropuerto. Hoy es martes. ¿A qué hora puedes salir de Colón?**
Now they should all be ready for the activity.

Q. ¿Qué hacemos mañana? Students may prefer to plan some other activity, such as a class party or excursion, especially if they can actually carry out the plan later.

ACTIVIDADES, p. 92
R. ¿Eres un(a) buen(a) viajero(a)? You might introduce this exercise in class by asking students for a list of qualities of a good (international) traveler. Then assign it for homework. In class, then, ask students for any experiences they have had with bad travelers, and have them discuss the 15 qualities of the "test," and then compare their answers with those of another student.

RR. ¡Adonde fueres, haz lo que vieres! Fueres and **vieres** are future subjunctive forms. Ask students for the English equivalent: (*When in Rome, do as the Romans do.*)
Some students may respond negatively to some of the drawings on page 94. This is an opportunity for them to see the United States as others might see it. Have them make a list of the ten most "typical" objects of American culture in their opinions (e.g., fast-food restaurants, rock bands, large cars, etc.), and then discuss what values

and cultural traits they represent. Ask students what a foreigner might notice most. As a follow-up activity, native speakers could be invited to the class to discuss cultural differences. If your university is situated in an Hispanic area, students could also go out and interview many different people.

T. ¡Felicitaciones! You might want to assign students to one of these tours, so that they will have to try to convince each other of their preferences.

FUERA DE CLASE, p. 99
Of course, the best activity for this section would be an actual trip to an Hispanic place, such as a country, a border town, a migrant workers' camp, a local Hispanic club, a community or barrio, or even a detention center for illegal aliens. (One of the authors has had very rewarding experiences visiting Central Americans in a detention center in Arizona.) The class might offer these Spanish speakers something in exchange for the Spanish practice—a party, English lessons, or any *appropriate* contribution for new friends to make.

WRITING EXERCISES
1. ¿Qué sueños tienes para el porvenir? Escribe una composición describiendo la vida que esperas tener en el futuro, según tus sueños. ¿Dónde vivirás? ¿Con quién? ¿Qué harás? ¿Trabajarás? ¿Cómo pasarás tus vacaciones? ¿Tendrás familia? ¿Cuántos hijos tendrás?
2. Tú eres presidente(a) de la Cámara de Comercio de tu pueblo y quieres que vengan muchos turistas a conocerlo. Prepara un volante muy original, en el que describas las ventajas que ofrece tu pueblo a los dichosos turistas que lo escogen para pasar allí sus vacaciones.
3. Tú tienes una familia adoptiva en la Argentina, porque viviste allí el año pasado, como estudiante de intercambio. Tu «hermano» va a venir a pasar un mes contigo. Escríbele una carta para explicarle lo que debe traer y dale otros consejos para que disfrute de su visita al máximo.

Chapter 6: Recounting Events, Listening to Anecdotes

INTRODUCCIÓN, p. 102
One of the most interesting, common and useful language activities is to describe and to listen to what has happened to us or to other people. Most of us like to share our activities with our friends and to hear about the activities of others. Thus, from a sociolinguistic point of view, the ability to recount events and to listen to others relating stories about themselves, their families, or their friends is an important language skill for students to acquire. From a language learning point of view, practice in expressing oneself in a series of sentences while thinking about the best way to express oneself is also a necessary language skill, often practiced very little in second-language classes because teachers normally expect a certain type of response from students.

A. Eso me recuerda... After students have a chance to read and to think about the Mafalda cartoon on page 102, ask them to describe in their own words what happens.

Another idea is to have students bring a cartoon to class, and have them describe it to their classmates.

B. Una anécdota cómica. Compare and contrast the type and number of family stories or anecdotes that students have. Obviously, some students will have more then other students and the focus will be different. The variations should be interesting; discussing these similarities and differences will be good language practice and will make students more aware of how they are alike and different from other people. Mention, too, how people are alike and different in the way in which they tell anecdotes to others.

ESCUCHAR Y PRACTICAR, p. 103
Conversación 1: Batman y Robin a la misión
Antes de escuchar
C. El mundo de la fantasía. If students do not seem to remember their own play activities when they were children or if they are reluctant to talk about them, have them talk about any children they know. Surely, they have seen children in imaginary play. Also, ask them to describe Batman and Robin, and imagine what types of things children who were pretending to be Batman and Robin might do. If two children were playing the two roles, who would be Batman and who would be Robin?

CH. Cuando yo era niño(a). After the group-oriented brainstorming session of Exercise C, each student should personalize the situation by thinking of a specific "let's pretend" game from his (her) own childhood. You can make this a writing activity that will serve as a preparatory exercise for listening to the taped conversation.

Escuchar
D. ¿Qué pasó? The purpose of this exercise is to give students practice in listening for basic facts. They will have additional opportunities later to fill in the less-important details. Also, beginning with the skeletal information will make subsequent listening easier and more effective.

E. A mi parecer... These questions focus on students' opinions of the situation, of the children, and of their punishment and will help them relate what happened to these children to themselves when they were children. Another approach would be to talk about students' reactions to the father's punishment. Would they have punished the children? Why or why not? If so, how?

F. ¿Qué dijeron? Have students look at the words they have written while listening to the taped conversation. Afterwards, give them the correct spelling for all the words they wrote in the blanks, and ask them to listen to the tape while looking at the correct and corrected words that they have written.

G. Más detalles. By the third or fourth time students listen to the conversation on tape, they should be able to comprehend the less-important details. However, this does not imply that answering these questions is not useful. This is simply another step leading to a complete understanding of the conversation. Getting only the basic facts will probably not satisfy students who feel that there is much in the conversation that they still do not understand. They need to go beyond that initial level of comprehension.

H. ¿Cómo se dice en inglés? Students can now turn their attention to the language used by the speakers to communicate, especially to those expressions used by speakers and listeners to promote the conversation. Stress the contribution of the listener as well as the speaker, and encourage the students to perform in a similar fashion in the class conversation activities.

Después de escuchar
I. ¿Sabes lo que me pasó a mí una vez? Encourage students to use the expressions from the conversation and the list of *Expresiones útiles* as they are telling favorite family stories and reacting to the anecdotes told by their classmates.
Define for the students the term **punto culminante,** and give them an example by telling them an anecdote from your own childhood, stopping at the most exciting point, as they will do in this activity.

Conversación 2: Mi hermano menor, p. 107
Antes de escuchar
J. Los hermanos mayores y los hermanos menores. This is an activity dealing with perceptions and opinions. Try to get students to talk about their relationships with and their feelings toward older and younger brothers and sisters. Ask them to give examples of specific actions that led to their subsequent attitudes.

L. Preguntas personales. Encourage students to think about their relationships with their brothers and sisters, their parents, and their grandparents. Ask what kinds of activities they do with them and what their attitude is toward these activities. As stated previously, you may want to make this a written activity.

Escuchar
LL. En el restaurante. The goal of this activity, as is true the first time students listen to any of the conversations, is to attempt to understand the answers to the basic questions about the conversation. Who? Where? What happened? How? Why? What was the result?

M. Yo creo... Whenever possible, try to get students to react personally and affectively to the conversations in the text. In addition, for cognitive comprehension, people have opinions about what they hear. Do they have any? If not, why not? If so, what are they?

N. Explicaciones. While listening this time to the conversation on tape, students listen for the answers to questions to gain a more complete understanding of the conversation. Point out that in this particular case all the questions have to do with the "why" of the situation.

Ñ. ¿Cuándo ocurrió? Now that they comprehend, students should know enough to begin to focus on the language used and to analyze its function in the exchange. How did the speakers use the present, the imperfect, and the preterite forms of verbs to communicate their ideas? What is the function of each tense in a conversation? Spend some time in class asking students to give you their ideas on the specific meaning and function of each verb in the conversation.

Después de escuchar
O. Mi hermano(a). Try to include some short activity prior to the *Después de escuchar* activity, in which you encourage students to learn the words and phrases of the *Expresiones útiles*. For example, in this case you can read students the phrases in random order, asking them to respond as if you had actually used the phrase in a story that you were telling them. Also, as you go around the class listening to their descriptions, give students examples of instances in which the phrases would be useful, if they forget to use them.

Conversación 3: Mi hijo quiere tener un animal doméstico., p. 109
Antes de escuchar
P. Los animales. All students should have some information, some examples, and some opinions on this topic. Be sure to emphasize the "why" as well as the "what." Also, you can make this a cultural activity by comparing and contrasting pets in the American family with those in Hispanic families using all four questions used in this exercise to stimulate their brainstorming.

Q. En mi casa... Encourage students to make this a vocabulary learning activity as well as one used to recall old memories. They should either ask or consult a Spanish-English dictionary if they have had pets whose Spanish names they do not know. Afterwards, conduct a survey to determine who had the most pets, the strangest pets, etc.

Escuchar
R. La historia de un animal doméstico. Remind students to listen only for the answers to the given questions and not to be distracted by other information in the conversation. They will have other opportunities to concentrate on other information.

RR. Preguntas personales. This activity will stimulate students to think about the content of the conversations from a more personal point of view. Feel free, of course, to add other questions, especially when you have information about individual students.

S. Una rana en casa. Answering these questions should be a relatively simple task after students have listened for the second or third time to the conversation.

T. Y después, ¿qué pasó? Here students should focus on conversational phrases and strategies. As they identify lines and write them, they are also attending to what listeners may say to reinforce and to encourage speakers.

Después de escuchar
U. Mi animal doméstico preferido. Before beginning this activity, students should study the *Expresiones útiles*. Before coming to class, students should prepare for the classroom conversation by answering the questions asked in number 1 of this activity.

V. Razones obvias. Of course, there is no correct answer to the question posed in this activity. This is a divergent thinking exercise, and you should encourage students to give as many different answers as they possibly can.

ACTIVIDADES, p. 112
X. ¡Todos tenemos un tesoro de cuentos inolvidables! Insist that students bring pictures of the animal or the person for the introduction. Other photos to set the scene would also be helpful. Stress the importance of describing a problem situation that has an identifiable point of maximum interest that will keep their classmates' attention. Remind students that as listeners they need to participate in the telling of the anecdote by facial expressions and comments to show interest and to request clarification.

Y. ¡Buscamos actores y actrices cómicos! This should be a fun activity. Name a "blue ribbon" panel of talent scouts to judge the presentations. (These judges must be able to explain and to justify their selections. You might even like to reward the winners with some type of comical prize or ribbon.) Make it clear to students that they should bring in props to make their jokes and anecdotes funnier.

Z. Mi primera cita. This can be another fun activity. Try to get students into the spirit by telling an anecdote about a date that happened to you or a date that you have heard about. If any students would prefer not to describe a personal experience, they can describe another person's first date or create an imaginary situation. They should describe emotions as well as actions and conversation.

AA. ¿Sabes lo que me pasó a mí? The important aspect of this activity is that each student see only the information on his (her) own card. Thus, the conversation cannot be prepared beforehand. (Use Situation Cards on page 47 for this activity.)

BB. Una escena. This is an "open-ended scenario," and the students should follow the previously described three-stage format.

FUERA DE CLASE, p. 114
CC. Another possibility is to make xerox copies of the comic strip or cartoon without the script and give it to the class. Ask students to write what they think the characters might be saying. This can be done either before the students' description or afterwards.

CHCH. Tell students that they need to select a scene or situation representative of the TV program and its major characters. If the scenes are too obscure, guessing the identity of the program will be almost impossible.

WRITING EXERCISES
1. **La vida familiar.** Recuerda las diferentes etapas de tu vida hasta ahora y escribe una experiencia que tuviste relacionada a cada uno de los siguientes períodos.

      Modelo: cuando tenías un año
                   Cuando tenía un año aprendí a caminar

1. cuando tenías tres años

  _____

2. cuando tenías cinco años

  _____

3. cuando estabas en el primer grado

  _____

4. cuando estabas en el séptimo grado

  _____

5. cuando tenías quince años

  _____

6. cuando tenías dieciocho años

_____

7. el año pasado

_____

8. la semana pasada

_____

9. ayer

_____

Comparte con un(a) compañero(a) lo que has escrito y apunta aquí cualquier palabra o expresión nueva que él (ella) haya usado.

_____

2. **Asociaciones.** ¿Qué actividades asocias con las siguientes situaciones y épocas de tu vida? Para cada etapa escribe dos o tres cosas que hacías normalmente.

      Modelo: en la Navidad
                    yo jugaba con mis regalos.
                    Comíamos mucho pavo.

1. En tu cumpleaños, cuando eras niño(a)

_____

2. en la Navidad, cuando estabas en la escuela primaria

_____

3. durante los veranos cuando estabas en la escuela secundaria

_____

4. el año pasado, en tus horas de ocio (tiempo libre)

_____

3. **Una tira cómica.** Tu profesor(a) les va a dar partes de una tira cómica. Cada persona tiene que escribir un resumen de su parte. Entonces, en grupos pequeños ustedes tienen que poner los resumenes en orden para crear la historia.

RABANITOS - Tira Diaria por Charles Schulz

4. **El profesor les dará algunos papeles.** Arriba de cada papel habrá algunas palabras que ustedes pueden usar para comenzar un cuento. Por ejemplo, **Érase una vez..., Anoche..., El último fin de semana..., Cuando era niño(a)..., Oye, ¿sabes lo que me pasó ayer?** etc. etc.

Le dará el papel a un estudiante para que escriba una oración que continúe la narración. Luego, el estudiante le pasará el papel a otro que escribirá otra oración. Todo sigue así hasta que todos los estudiantes hayan escrito una oración, cada persona añadiendo algo a la anécdota.

Card A — Chapter 6 — Exercise AA	Card C — Chapter 6 — Exercise AA
You are a working mother and you work in a travel agency. Today you were very busy, and a man who called you six times changing his plans caused you a lot of problems. Each time he called you had to change his airline reservations.	You are a 9-year-old child and you go to school on your bicycle. This morning a dog attacked you. It didn't bite, but it scared you so much that you fell off the bike. Also, you hurt your knee and tore your pants. Besides, you arrived late for school and had to visit the principal.

Card B — Chapter 6 — Exercise AA	Card D — Chapter 6 — Exercise AA
You are a family man working in a real estate agency. You're pleased because today you sold a house. You will earn a lot from the deal, but you're also glad because the house pleased the family very much.	You are a high-school student. You're very pleased because you got a good grade on your chemistry test. It's hard for you to do well in school and you studied a lot for the test.

Capítulo 7: Managing Wishes and Complaints

INTRODUCCIÓN, p. 116
You might begin the chapter by asking students if they like to shop, why or why not, where they like to shop, with whom, etc.

A. ¡Me encanta salir de compras! Students can do this exercise in pairs or small groups, and then share some of their answers with the class.

ESCUCHAR Y PRACTICAR, p. 118
Conversación 1: ¿Me las deja por ciento veinte?, p. 118
Antes de escuchar
C. El regateo. You may want to demonstrate bargaining by offering to "buy" something from a student. Ask him (her) how much it costs, offer half that price, and encourage him (her) to bargain with you and defend the price.

Escuchar
D. ¿Qué dirían en inglés? Again, you shouldn't dwell on the English expressions; return quickly to the Spanish. For example, you might have students work in pairs, selecting any five expressions and building a conversation around them. Then select 2-3 pairs of students to present their conversations to the class. (Choose different groups each time, so that everyone has a chance to perform and they never know when it will be their turn.)

Después de escuchar
E. Un mercado en la clase. Remind students that the *Expresiones útiles* are meant to give them many possible expressions to use; there is no need to learn them all. Guide students in selecting appropriate expressions, so that they neither become overwhelmed and ignore the words nor try to memorize the entire list.

Conversación 2: Tengo que devolver estos zapatos., p. 120
Antes de escuchar
F. Los zapatos apretados. This exercise can be done as a full-class activity. You might prefer to have students explain what is happening in the drawing on page 121 and give them the vocabulary they need as they go along. Write the words on the board to prepare them for listening to the conversation.

Conversación 3: ¿Qué talla busca?, p. 124
Antes de escuchar
L. ¿Qué ropa te gustaría comprar? As vocabulary preparation for doing the activity, you might begin by having students describe the clothing in the drawing.

Escuchar
You may need to review the names of fabrics with students before they listen to the conversation on tape: **seda, algodón, lana, cuero, poliéster, nilón, rayón**, etc.

M. Un vestido especial.
    Answers:
        1. rojo (vivo)   4. talla 10
        2. mangas largas   5. descotado
        3. falda por encima de la rodilla (corta)   6. seda

N. Answers:
        1. C;   2. F;   3. C;   4. F;   5. C

Ñ. ¿Cómo se dice en inglés? Again, de-emphasize the English. You might spend some time analyzing the following Spanish expressions:
        • **Ando buscando - Estoy buscando**
        • **éste** - *this one*
        • **¿Por qué no me hace el favor de... - Hágame el favor de...**
        • **me doy cuenta de (darse cuenta de)** - *I can see/realize*
        • **le queda perfecto** - *it fits you perfectly*
        etc.
Then ask students to use several of the expressions in short conversations (not isolated sentences, which do not really demonstrate meaning as well as an interactive exchange does).

Después de escuchar
O. Un regalo. Have several groups present their situations before the class. Other students may judge which is the best performance.

ACTIVIDADES, p. 126
Q. ¡Ay, qué servicio más malo! Use Situation Cards on page 50 and 51.

RR. ¡A comprar un automóvil! Have half the class be customers, the other half salespersons. This serves as a review of describing (Chapter 3) and gives practice in bargaining.

FUERA DE CLASE, p. 129
U. As always, this activity is optional and depnds on the availability of local resources.

WRITING EXERCISES

1. Escribe un anuncio comercial (clasificado) de una página para vender algo: un coche, una casa, tu bicicleta, etc. Descríbelo bien.
2. Tú has comprado algo que no funciona o que no te gusta. Lo compraste por correo, de un catálogo y ahora tienes que devolverlo. Escribe una carta en que explicas lo que pasa y quejándote de la calidad del producto.

```
Sres.
YNOS, S.A.
Calle del Sol Poniente
Oriente

Muy estimados señores:

Hasta la fecha sus productos siempre me han parecido
magníficos.  Creo que ustedes han estado a la vanguardia en
la creación de aparatos electrodomésticos y electrónicos.
Sin embargo, estoy muy disgustado con el último producto que
pedí: un radiorreceptor multibandas que supuestamente me iba
a permitir escuchar transmisiones radiales de Europa, Asia,
el Medio Oriente y América latina.  Pagué un dineral por el
aparato, otro tanto por el envío por correo expreso y ahora
que tengo el producto en mis manos, no tengo más alternativa
que devolverlo y exigir la devolución del dinero que yo sí
me tengo que ganar con el sudor de mi frente.  Esta radio sí
capta transmisiones extranjeras, pero ¡todas son en otros
idiomas!  ¡No entiendo nada de lo que dicen!  Me parece que
ustedes deberían decir en su anuncio que es necesario
contratar a varios intérpretes, uno por cada idioma del
mundo, para poder usar este radiorreceptor.  Aquí les
devuelvo este aparato defectuoso y por favor me devuelven mi
dinero inmediatamente pues he decidido comprar una máquina
que amasa pan, lo hornea, lo corta en rebanadas y me lo
sirve a la mesa ¡automáticamente!

Muy disgustado,

Roberto Robles
```

3. Escribe un artículo sobre la entrevista que hiciste fuera de clase. Pueden hacer un «periódico» de los resultados de las entrevistas de todos los estudiantes.
4. Escribe una descripción de tu colección. ¿Qué coleccionas? ¿Por qué? ¿Por qué es interesante? Explica el valor que tiene la colección para ti. ¿Cuántos ejemplares tienes? ¿Sabes quién tiene la colección más grande del mundo? ¿Quieres tratar de convencer a tu lector(a) que él (ella) también debería coleccionar la misma cosa?
5. Escribe una carta a San Nicolás, pidiéndole algo especial para la Navidad. Si quieres, pide una lista de regalos, pero explícale por qué los quieres y por qué los mereces. ¿Te has portado bien? (This will require a review of the present perfect forms.)
6. Describe por escrito algo que te pasó alguna vez cuando fuiste de compras, o inventa una historia chistosa sobre el mismo tema. ¿Qué querías comprar? ¿A dónde fuiste para comprarlo? ¿Qué te pasó? ¿Cuál fue el resultado? ¿Cuál es tu conclusión?

Card 1A—Chp. 7—Exercise Q	Card 2A—Chp. 7—Exercise Q	Card 3A—Chp. 7—Exercise Q	Card 4A—Chp. 7—Exercise Q
Six weeks ago, you went to a shoe store so the cobbler could make you a pair of boots. You need them urgently, but every time you go to pick them up, they aren't ready. Once the cobbler wasn't there; another time, he had been sick; and the last time, he told you that the man who cuts the soles had not come to work. You have now decided that this will be your last visit!	You bought a TV set but you car's brakes, but it still has a car's brakes, but it still has a very strange noise. You think that this must mean that the brakes were not repaired well and that this could be dangerous. Go see the mechanic to complain.	A mechanic repaired your car's brakes, but it still has a very strange noise. You think that this must mean that the brakes were not repaired well and that this could be dangerous. Go see the mechanic to complain.	Yesterday you took an assignment to a copying place. You need it today, in an hour, to turn it in to your teacher, who is very demanding and does not allow work to be handed in late. Go to the copying place and ask for your work from the employee who is working there at the time.
Card 1B—Chp. 7—Exercise Q	Card 2B—Chp. 7—Exercise Q	Card 3B—Chp. 7—Exercise Q	Card 4B—Chp. 7—Exercise Q
You are a cobbler and specialize in making very fine boots. Recently you've been sick and have had family problems: your grandmother died, you wife doesn't love you anymore, your oldest son doesn't want to get a job, etc. Also, you don't like complainers. You need to sell a lot of boots to pay your bills and to buy more leather.	You are a salesperson in a store that has a rule of no cash returns or exchanges to customers. In addition, it seems to you that this customer has used the TV set several days.	You are a mechanic who specializes in brakes. When you repair car brakes, there seldom are complaints. A small noise in the brakes once in a while is normal in certain models.	You are a penniless student who works many hours a week making photocopies. You are tired and you get a lot of complaints because the guy who works nights makes a lot of mistakes. You can't find the work that this customer brought in yesterday.

Card 5A — Chp. 7 — Exercise Q

Yesterday you bought "fresh" fish at the supermarket. Tonight you hare having a special dinner for some people that you want to impress, but upon unwrapping the fish, you find it has a terrible odor. It seems to be half rotten. Go to the supermarket and try to return it.

Card 5B — Chp. 7 — Exercise Q

You are the butcher at the supermarket. Someone comes in with fish that smells very badly and you are told that it was bought yesterday in your shop. You are sure that you only sell fresh fish.

Card 6A — Chp. 7 — Exercise Q

Yesterday you bought typing paper at the *La Ibérica* bookstore in San Salvador. Today you look at the bill and see that you paid C7.50 (colones). You think that the price should have been C5.00. Also, when you got to your office, the pens you bought weren't in the bag. Today, you return to the bookstore to straighten things out.

Card 6B — Chp. 7 — Exercise Q

You work at the *La Ibérica* bookstore in San Salvador, El Salvador. Yesterday you sold typing paper and twelve Bic pens to the person who is here now complaining. Defend yourself.

Card 7A — Chp. 7 — Exercise Q

Yesterday, at the music store, you bought two 90-minute cassettees and a liquid to clean your tape player. Today you need to use these items but you find that the cassettes are only 30-minute ones. You go back to the store to exchange these for 90-minute cassettes.

Card 7B — Chp. 7 — Exercise Q

You work in a music store. Someone tries to exchange two 30-minute cassettes for two 90-minute ones. But you think that the 90-minute cassettes cost three times as much. Try to collect the difference.

Chapter 8: Giving and Receiving Advice

INTRODUCCIÓN, p. 134
In normal everyday life we give and receive advice on routine and major decisions that we have to make. Therefore, the functions and phrases stressed in this chapter deal with an integral aspect of everyday language use. As is true in most of the chapters, these functions involve communicative interaction, and students need to learn how to play both roles, i.e., that of the giver and that of the receiver.

A. ¿Piensan lo mismo? When someone gives us advice, we can accept it or reject it. In the comic strip on page 134 the dog accepts Carlitos' advice. However, the result is not what Carlitos expected. Can the students think of other examples in which the outcomes were unexpected? What kinds of advice are people more likely to accept? What kinds of advice are they more likely to reject?

B. Los consejos. Make sure each student thinks about each of the questions in Exercise B by asking several students to answer each question. Add the question "Why?" when they answer the last question.

ESCUCHAR Y PRACTICAR, p. 135
Conversación 1: El médico y el paciente, p. 135
Antes de escuchar
C. Consejos médicos. If students do not respond to the given stimuli in this brainstorming activity, you can ask them to list various types of doctors and to discuss why someone would go to each. Also, you can ask students to list various types of patients and to discuss how each might respond to a doctor's advice.

CH. Mi rutina diaria. The consensus seems to be that most students do not eat what they should; they do not get as much rest as they should; and they do not exercise as much as they should. What do students think about what they are doing or not doing?

Escuchar
D. El pronóstico médico. The three major questions in this exercise deal with the basic content of the conversation. Hints in the form of words or number of answers expected will help students know how much information they should find.

E. Por mi parte... The purpose of this activity is to help students relate what they are hearing to their own personal experiences.

F. ¿Qué opinas tú? This is another activity that helps students focus on their affective reactions to the doctor and the patient and to what they say. Also, ask students to consider how what each person says and/or his tone of voice influences them to form their opinions of each other. In addition, it is likely that students will have different reactions to the same words and tone of voice. If you have the time, examine who holds what opinions and who agrees or disagrees with whom in the class.

G. ¿Qué más pasó? Always encourage students to answer the minor questions as well as the major ones so that they feel they have understood most of the conversation.

H. ¿Cómo se diría en inglés...? The language goal of this exercise is to have students focus on some of the gambits used in the conversation and to infer the English equivalents from the context in which they are used. Learning to understand the gambits they hear in real conversations will greatly improve their ability to talk to native speakers.

Después de escuchar
I. El (La) paciente y el (la) médico(a). After studying expressions that speakers use to request and to give advice, students should be better able to participate in activities in which they give and receive advice. You can help students learn these expressions by giving them some of the expressions in random order, asking them to tell you whether they would be used to ask for advice or to give advice.

Be sure students have thought about the personality type of the doctor and activity of the patient before they begin the conversation. As a follow-up activity, ask students to respond to the doctor's recommendations.

Conversación 2: Los cursos, p. 140
Antes de escuchar
J. ¿Qué cursos vas a tomar? Students should have many ideas about each of the questions in this exercise. One possible approach is to ask students to answer based on their own experiences and on what guides other students when they select courses. Also, you might ask students to describe an ideal curriculum, ideal schedule, ideal course, ideal student, and ideal professor.

L. Quisiera saber... Have a few students list for their classmates the questions they would ask, and give their classmates an opportunity to interpret from those questions the type of student he (she) is.

Escuchar
LL. ¿Qué quiere saber? It is recommended that students listen to the conversation more than once to answer these basic questions. At the same time, encourage them to try to answer the questions with the fewest possible number of repetitions.

M. ¿Qué opinas? This is another exercise used to elicit an affective response.

N. Más detalles. Studying the questions before listening to the conversation will help the students comprehend and collect the information more easily.

Ñ. ¿Cómo se diría en inglés? As always, one of the last steps in the process of understanding the conversation completely is to understand the function of some of the phrases used. These conversational phrases are important links in understanding what the speakers say, and they are certainly useful to those participating in similar conversations.

Después de escuchar
O. ¿Qué cursos tomas este semestre? Remind students to study *Expresiones útiles* before they prepare this exercise. As you circulate among the students during this activity, suggest phrases that they may use in their conversations about the course schedule. If you wish, you can hand out a schedule form and ask students to complete one for their conversational partner.

Conversatión 3: El ejercicio, p. 142
Antes de escuchar
P. ¿Haces ejercicios? You may wish to ask students to describe the physical activity of an exercise addict, of someone who does not exercise, and of a couch potato. You might also ask students to draw pictures of one of these three types or to bring in pictures of one for members of the class to describe.

Q. Debo comenzar a trotar. Two or three students can ask their questions with the other members of the class providing hypothetical answers.

Escuchar
R. ¿Qué consejos le da? This conversation involves a basic exchange in which the uninformed speaker requests advice from the expert. Since the orientation remains the same throughout, understanding the information exchanged requires that the listener comprehend the relationship between the speakers and the purpose of the converation.

RR. ¿Qué crees? What do students think and why? Why would they or wouldn't they begin jogging? Be sure to expand on these two yes/no questions.

S. ¿Y qué más? Answering these final content questions should be fairly easy for students after they have completed the previous exercises.

T. ¿Qué quiere decir...? This activity provides more practice on inferring meaning of conversational phrases from the context in which they are used. Emphasize to students that they must understand the conversation in order to infer the meaning of these phrases from the context.

Después de escuchar
U. Consejos sobre los deportes y los ejercicios. First, give students the *Expresiones útiles* in random order; ask them to tell you whether they are most useful for giving or receiving advice. This activity should involve a true exchange of information between someone who knows and someone who desires to know. Encourage students to find out more about a sport or type of exercise that they know little or nothing about.

ACTIVIDADES, p. 145
V. Lo que tienes que hacer es... These lists are modeled after the lists of advice that are usually included in many magazine articles. You may want to do one as a class before dividing the students into smaller groups. Each group has two responsibilities: first, to come up with ideas, and second, to reach agreement upon a final list that they will present to the class. Insist that other students react to the list and that they provide alternatives if they do not agree with the list presented.

X. Temas. Suggest that students substitute their own theme if the two given topics in this exercise do not interest them. When they seem to have exhausted their ideas, compare and contrast the recommendations of those groups who discussed the same topic.

Y. Consejos académicos. With information-gap activities it is important that only the student playing the role know what is on the Situation Card. Be sure students do not "fudge" by letting the other student know what is on their cards. If time permits, introduce a general discussion of the counseling system in your school. What are the students' opinions? What advice do they receive from the counselors? What is their reaction to that advice? What advice do they give and receive from other students? (Use Situation Cards on page 56.)

Z. Una escena. During the debriefing sessions of the third stage of these "open-ended scenarios" focus on the communication strategies used by the participants and discuss alternatives that would have promoted greater communicative effectiveness. Of course, students will ask questions about vocabulary and grammar, but they should be able to attend to communicative aspects of a conversation and to consider ways in which the flow of information can be facilitated.

AA. El horóscopo. As is the case in most of the conversational activities, students can play them straight or they can get the same conversational practice and have more fun by making a slight alteration in the activity. For example, in this case students might want to prepare an **horóscopo cómico** or one for **enemigos** or **amigos** instead of the more common generic one.

FUERA DE CLASE, p. 147
BB. When assigning this activity to students, it would be a good idea to give them a list of some of the possible sources from which to choose. You may also wish to have students write letters asking for advice. These could then be used in class as a substitute for an advice column in the newspaper.

CC. The information obtained in this activity will be helpful to all students. In addition, learning to take notes in Spanish will be a helpful skill for them to acquire and have. Therefore, ask students to take notes during this activity. You can later collect these notes to check their abilities. If they are not doing well, you may wish to prepare other similar activities in order to give them additional practice.

WRITING EXERCISES
1. Consejos. Tus amigos tienen que decidir algo. ¿Qué les puedes aconsejar?

1. Isabel pasó la noche estudiando para un examen de historia que tenía a las nueve. Ahora son las diez. Tiene otra clase, pero quiere volver a su habitación para dormir.

   Tú aconsejas: _____

2. Roberto bebe demasiado. Está en una fiesta, y se ha emborrachado. Cuando sale, cree que puede manejar el auto.

   Tú aconsejas: _____

3. María tiene pelo rojo. Te pregunta si te gusta el vestido rojo vivo que piensa ponerse para ir a una fiesta esta noche.

   Tú aconsejas: _____

4. Fernando no es buen estudiante de matemáticas. Está preocupado porque tiene un examen importante de esa materia la próxima semana.

   Tú aconsejas: _____

5. Catalina quiere salir con Esteban. Tú sabes que él es un muchacho descortés.

   Tú aconsejas: _____

6. Manuela está descontenta porque cree que no es popular. Tú crees que lo es, pero tiene la mala costumbre de no saludar a sus amigos.

   Tú aconsejas: _____

7. Hay una chica en la clase de inglés que a Pepe le gusta mucho, pero no sabe cómo se llama.

   Tú aconsejas: _____

8. José tiene que escoger su especialización este semestre, pero no sabe cuál.

   Tú aconsejas: _____

9. Ana quiere pasar el tercer año de la universidad en España, pero al mismo tiempo no quiere dejar a su novio por tanto tiempo.

   Tú aconsejas: _____

10. Pablo está cansadísimo. Casi no come nada, y no duerme mucho. Muchas veces no se acuesta hasta las dos de la mañana.

    Tú aconsejas: _____

11. Andrea quiere sacar sobresaliente en todas sus materias. Por eso, estudia todo el tiempo. Ni siquiera sale los fines de semana para divertirse.

    Tú aconsejas: _____

12. Tu madre está preocupada porque tu hermano, que tiene diez y ocho años y está en el último año de la escuela secundaria, no le habla. Pasa horas sólo en su cuarto.

    Tú aconsejas: _____

2. Escribe una carta para pedir consejos y dásela a un(a) compañero(a). él (Ella) escribirá una respuesta. Por fin, el (la) profesor(a) leerá algunas de las cartas a la clase para que ustedes traten de adivinar quién las escribió.

Card 1 — Chapter 8 — Exercise Y	Card 2 — Chapter 8 — Exercise Y
You are a counselor at the Academic University. You're a well-known physics teacher and think that the most important thing in life is learning. You like helping serious students, but don't like having to talk to frivolous students. You are talking to an intelligent student who insists on wasting his(her) time at school. You try to persuade him (her) to take serious courses such as math, Spanish, English literature, philosophy, and of course, physics.	You are a student at the Academic University. You don't like to study, write reports, do homework, or anything else. The most important thing in life is having as much fun as possible. Your father is president of a large company and sends you a check every week so that you can have a good time at school. You also have a bright red Honda CRX that your father gave you. You are talking with your counselor about the courses you want to take next semester. You know that it won't be easy to persuade him, but you want to take Dance 1, Art 1, Theater 1, and Phys Ed 1. You don't want any classes before 10 or after 2 o'clock. You also don't want any classes on Friday because you want to rest for the weekend parties.

Capítulo 9: Expressing and Reacting to Feelings

INTRODUCCIÓN, p. 150
You might begin this chapter by asking students what messages are typically expressed on friendship cards, asking how people feel about their closest friends.

Then ask: How often do you think about the person(s) that you love the most? **¿Cuántas veces al día piensas en tus amigos más queridos? ¿Puedes contar las veces?**

Finally, have students read the card on page 60, noting the feelings caused by thinking of a loved one and the expression **te quiero.**

A. The tiger card lists three symptoms. Students can add others: **no pienso en mis estudios; me olvido de todo;** etc. If you are using the text at the high school level, you may want to have students just translate or paraphrase the symptoms given on the card.

B. ¡Ay, me siento tan triste! Students can prepare their answers at home and compare them in small groups in class.

ESCUCHAR Y PRACTICAR, p. 152
Conversacion 1: Los últimos chismes, p. 152
Antes de escuchar
C. ¿Te gusta chismear? Explain **chismear** and ask students if they gossip and about whom. **¿Quiénes chismean más, los hombres o las mujeres? ¿Por qué chismeamos?** Then ask if students have kept in touch with their friends from high school. If so, what has happened to them since graduation? Then assign the exercise.

Escuchar
CH. Los chismes. Answers: a. lotería, millones 2. casó, Rosita 3. estuvo gravísimo, hospitalizado/fue operado de la vesícula/casi se muere.

E. Para expresar...
Answers: 1. a; 2. b, c; 3. a; 4. a; 5. c; 6. b; 7. c; 8. c ; 9. b.

Después de escuchar
F. Diez años después. Encourage students to use five different expressions from the lists of *Expresiones útiles.* First, have them share their gossip with one classmate (using **tú, te,** etc.) Then, you may want to have each student share one item of "gossip." If it is a large class, use **fíjense, imagínense, no se pueden imaginar, ¿saben qué?, les tengo una noticia...,** etc.

Conversación 2: Felicidad, tristeza, preocupación y consolación, p. 155
Antes de escuchar
H. ¡Qué emocionante! / I. Emociones y reacciones. These exercises can be done in pairs or outside of class, then shared with the entire class.

Después de escuchar
M. ¡No me digas! Again, this exercise may be done in class or be assigned for homework. You might also ask each student to think of something that is happening or has happened in his (her) life or somene else's life, and announce it to the class. The others should see who can give the most appropriate reactions. Examples:
—**Mi gata tuvo siete gatitos ayer.**
—**¡Qué horror! Odio los gatos.**
or
¡Ay, qué lindo! Me encantan los gatitos.
or
Me alegro de que seas tú y no yo.

Conversación 3: Tranquilízate, no peleemos más, p. 159
Escuchar
Have students study the drawing on page 161 and describe what they think is happening.

Q. ¿Cómo dijeron...? To avoid dealing with English when you go over this exercise, you might call on students at random to tell what they have underlined for **Número 1**, etc. You might also give students the expressions in Spanish, scrambled, and have them put the expressions in the order in which they are used in the conversation.

Después de escuchar
RR. Te voy a contar lo que me pasó una vez. Students may need help with vocabulary, especially verbs in the past tense.

ACTIVIDADES, p. 163
T. ¡De película! ¡De película! is used in Spanish to exclaim that something is/was just great! (—¿Cómo te fue en la fiesta? —¡De película!)
   For this exercise, you can begin by asking students how many saw this movie and what its title was in English. (Beaches.)
   Again, you may need to help students with the necessary verbs and perhaps with other expressions.

U. A compartir opiniones. Have students give their own opinions to these questions, then give them the information from the magazine article on page 59.

V. Situaciones. You may prefer to assign the situations to make sure they are all presented. Then let students in groups change with other groups if they wish.

X. Piropos. Encourage students to be poetic. You may want to have them express the **piropos** to their chosen classmates in front of the class.

FUERA DE CLASE, p. 166
Z. If you have no Spanish television channels, you can ask students to watch a soap opera in English and comment on it in Spanish.

AA. You can also rent a Spanish movie, such as Carmen, and show it in class as a separate activity.

Aquí tienes lo que ellos
REALMENTE
PIENSAN DE NOSOTRAS

Los sicólogos han tenido que trabajar arduamente durante largo tiempo explorando las relaciones entre los hombres y las mujeres para poder llegar a algunas conclusiones definitivas sobre los pensamientos y reacciones de ellos con relación a nosotras, y he aquí lo que han encontrado:

● **¿A qué edad son los hombres más susceptibles a los encantos de la mujer?**

● Los hombres son más vulnerables durante dos periodos específicos. El primero y más vulnerable es entre los veinte y los veinticinco años. Después, su vulnerabilidad al atractivo femenino tiende a reducirse gradualmente con cada año que transcurre.

Luego, cuando alcanza los cuarenta, algo le pasa a su resistencia y en los siguientes años es más vulnerable a los encantos femeninos que a ninguna otra edad, excepto a principios de la veintena.

● **Desde el punto de vista del hombre, ¿a qué edad es una mujer más atractiva?**

● Según todas las encuestas realizadas hasta el momento, la mayoría de los hombres piensan que las jóvenes de entre veinte y veinticinco años están en el punto cumbre de su belleza y atractivo.

Sin embargo, un pequeño porcentaje considera que la mujer tiene su mayor encanto a finales de la adolescencia.

● **¿Qué es lo que menos les gusta a los hombres de sus esposas?**

● El espíritu de contradicción y la irritabilidad, en primer lugar. Otras cinco características que los hombres entrevistados hallaron muy irritantes son:

1. Que sean exigentes y al mismo tiempo criticonas.
2. Que hablen demasiado y pierdan el tiempo chismeando.
3. Que gasten mucho.
4. El egoísmo.
5. Que beban y fumen más de la cuenta.

● **¿Son las mujeres el principal tema de conversación entre los hombres?**

● No, de ninguna manera. Los hombres, y ésta sí es la pura realidad, hablan de las mujeres mucho menos de lo que las mujeres piensan. De acuerdo con los investigadores que han escuchado las conversaciones sostenidas entre miles de hombres de todas las edades y ocupaciones, el tópico principal indiscutible en todas las charlas masculinas son los negocios o el trabajo. El dinero viene en un segundo lugar casi tan importante como el primero. Ningún otro tema tiene, ni de lejos, tanta importancia para los hombres como ésos.

Las conversaciones acerca de otros hombres ocupan un tercer lugar bastante desairado. Y, por fin, las conversaciones acerca de las mujeres vienen después, pero muy lejos. En un cuarto lugar a menudo compartido con los diversos pasatiempos y, sobre todo, con los deportes.

Como puedes ver, está muy lejos de ser cierto que, como creen muchas mujeres, cada vez que los hombres se reúnen sea para hablar de ellas. Por lo menos, eso dicen las encuestas.

● **¿Cómo describe el hombre a su mujer ideal?**

● De acuerdo con las características más citadas, la mujer ideal debe medir 1,68 m (5' 6") de estatura, pesar cerca de 56 k (124 lb), no usar anteojos, tener buena figura y ser atractiva.

También debe ser valiente, servicial, y absolutamente veraz todo el tiempo. Por supuesto, no debe ser nada dominante.

● **¿Cómo se siente el hombre cuando la mujer toma la iniciativa en el amor?**

● Contrariamente a lo que la mayoría de las mujeres piensan, a muchos hombres sí les gusta la idea. Una encuesta en Inglaterra demostró que el 49% de los entrevistados encuentra correcto que sea la mujer quien se le proponga al hombre, mientras que sólo el 38% está en contra. El resto prefirió no responder. Pero la mayoría de las mujeres prefiere dejar que el hombre al menos se crea el agresor.

WRITING EXERCISES
1. Prepara una tarjeta de amor o de amistad en español.

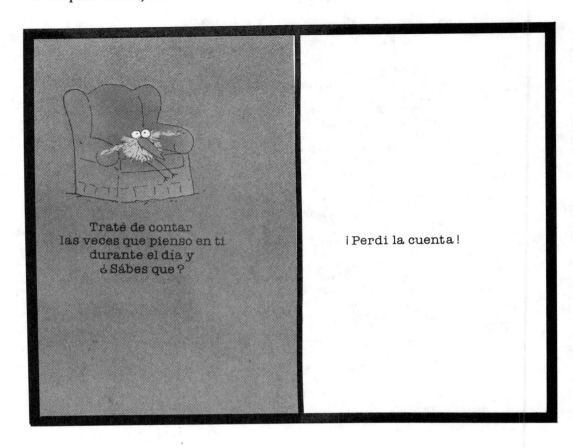

Traté de contar
las veces que pienso en ti
durante el dia y
¿Sábes que?

¡Perdi la cuenta!

2. Inventa una carta en la que pides consejos a Dear Abby por algún problema emocional que tienes. Explícale la situación y cuáles son tus sentimientos.
3. Tú eres Abby. Escribe una respuesta a la carta de un(a) compañero(a).
4. Escribe una composición sobre la amistad. ¿Por qué es tan importante la amistad? ¿Qué tipo de persona es el (la) amigo(a) ideal? ¿Tienes algún amigo íntimo? ¿De qué manera influyen en ti tus amistades?
5. Describe a tu esposo(a) ideal. ¿Qué aspecto te gustaría que tuviera? ¿Qué cualidades especiales? ¿Cómo te gustaría que te tratara? ¿Cómo lo (la) tratarías tú? ¿Cuántos hijos tendrían? ¿Cómo y dónde pasarían la vida?

Chapter 10: Expressing and Responding to Opinions

INTRODUCCIÓN, p. 168
We all have different opinions about things, people, and society in general, and much of our conversation deals with this exchange of feelings and ideas with others. Certainly, students who have much contact with native speakers will have opportunities to express and respond to opinions.

A. ¿Qué opinan? Stress the implied likes and dislikes of the mother, father, and the baby in this cartoon. What is funny about the situation? What human tendencies are the object of the cartoonist's attention?

B. ¿Te gusta o no? List on the board the pastimes, the things, and the people that students like and dislike. Count the duplications. In each category, which are the most and least common? You might test students' memory and interest in each other by making this information the basis for a test during the next class period. Ask students to list the names of all their classmates, and have them give at least one of the favorite pastimes, things, and people of each student. An alternative activity would be for you to use the same data as the basis for a true/false listening comprehension exercise.

ESCUCHAR Y PRACTICAR, p. 169
Conversación 1: La importancia de tener una computadora, p. 169
Antes de escuchar
C. La computadora. Begin with a survey on how many students use a computer regularly and for what purposes. With this information you have a basis for comparing the opinions of two groups in your class as will happen in Conversación 1. Be sure to include opinions of your own, especially about how life has changed and will change as a result of having computers.

CH. ¿Tienes una computadora? As a conclusion to Exercise CH, have each student state his (her) opinion about computers.

Escuchar
D. Opiniones distintas. In order to get into this conversation, students will first need to identify those speakers who are proponents and those who are opponents of using a computer. After that, the task of listing the features they like and dislike about computers will be less difficult.

E. ¿Qué opinas tú de la computadora? One of the major purposes of this type of activity in *Imagínate* is to have students reevaluate their expectation about the comments the speakers make about computers. They knew that the conversation would deal with this topic, and they should have begun to listen expecting to hear certain likes and dislikes. How did what they hear agree or disagree with their expectation?

F. En contra de las computadoras. Students should always personalize the materials in the text. You might even ask them to play the role of a computer salesperson and to reveal the secret tactics they would use to convince reluctant prospective clients to buy a computer.

G. When students are able to answer these questions, they will have understood the principal ideas exchanged during the conversation.

H. ¿Cómo se dice en inglés? Of course, to add to their linguistic knowledge, students should go beyond meaning to focus on the language itself. If students attend to the listed phrases, their ability to infer meaning from context will improve. They will also add to the number of usual phrases they have available for use in their own conversations.

Después de escuchar
I. ¿Comprar o no comprar una computadora? Review the *Expresiones útiles* by asking students to give you the English equivalents of a few sentences given in this section.

An alternative activity, which may be more relevant to the students in your class, would be to follow the format used for debating a proposal which provides for a computer for each student for his (her) own personal use.

Conversación 2: ¿Qué vamos a escuchar?, p. 172
Antes de escuchar
J. La música que me gusta. Musical tastes among students will probably be fairly predictable and uniform, although individual students may prefer different bands and artists. Encourage students to express their likes and dislikes. At the same time, it is also important to try to get those students who have different tastes to feel free to express their likes. The idea is to generate as much discussion and as much vocabulary as possible in order to prepare students to listen to the conversation about music.

L. ¿Por qué? Many students may not have thought about the latter two questions. Encourage them to describe how they feel when they listen to their favorite music and have them explain why they like or dislike certain types of music.

Escuchar
LL. The first task of the listener in any conversation is to orient himself (herself) to the topic and to the position of each speaker. That is the purpose of this activity.

M. Tipos musicales. Try to get students to think beyond the content to the implications of what the speakers are saying. Do certain types of people like similar types of music? How do people's tastes influence our opinions of them and our reactions to them?

N. ¿La música clásica o la música popular? In this activity students are to focus their attention on the opinions of the speakers. What other opinions would they add to the ideas presented in the conversation?

Ñ. ¿Acuerdo o desacuerdo? Give students the comments requested in this exercise from the conversation and see if they can give you an appropriate response to express their agreement or disagreement with the statement.

O. ¿Qué significan? Ask students to use each of the expressions in this exercise in an original statement about music.

Después de escuchar
P. Los gustos musicales. Before students begin this activity, give them the following statements and ask them to give you an appropriate response, depending on their own likes and dislikes, from the *Expresiones útiles*.

> 1. **La música religiosa le hace a uno más completo.**
> 2. **El cante flamenco le hierve la sangre a uno.**
> 3. **La música clásica llena los estadios.**
> 4. **La música instrumental produce sueños.**
> 5. **La música roc es universal.**
> 6. **El jazz mueve las masas.**
> 7. **La música folklórica suena aburrida.**
> 8. **La música popular está escrita por los mejores autores musicales.**

Add others that arise from class comments. Of course, several different responses may be appropriate for each statement.

Include in this activity a discussion of Hispanic artists and artists of Hispanic descent who are popular in the U.S. Play some Hispanic music for the class and discuss their reactions.

Conversación 3: La televisión: ¿es un bien o un mal?, p. 175
Antes de escuchar
Q. A favor de y en contra de la televisión. Begin this activity with a survey of students' viewing habits. What do they watch? How much time do they spend watching television? Have the answers to these two questions changed in the last four years? Afterwards, you can move to a more general discussion of their opinions about the effects of television on their lives.

R. ¿Qué crees tú? Ask a few students to share their lists with other members of the class. Focus on the similarities and the differences among the lists presented, and consider why they are different. Discuss with students the reasons for the popularity of television as a form of diversion and recreation.

Escuchar
RR. Las actitudes. Advise students to study these questions before listening to the conversation and to listen for the answers to them.

S. ¿Qué opinas tú? Students are products of television, and they have opinions about it. With which of the speakers do they agree? Why? Because students have their own likes and dislikes, they would probably have answered differently if they were the speakers in this conversation. What would they have said?

T. Preguntas personales. Here students should answer from the point of view of the participants in the conversation. Another activity would be to ask students to answer the question in the exercise from their own point of view.

U. Las opiniones. Listening for the positive and negative expressions used to describe likes and dislikes will help improve students' ability to do the same during conversations in Spanish, i.e., to catch the key phrases that indicate attitudes and opinions, which is a useful conversational strategy.

Después de escuchar
V. Aconsejador(a) oficial. One way to review the meaning of the phrases in the *Expresiones útiles* is to prepare a question that would elicit each of the basic phrases as a response. For example, talking about television. **¿Qué tipo de programa te gusta más?**

An alternative is to give students a copy of a week's TV listing from a newspaper from Spain or Latin America and ask them to perform the activities outlined in this exercise. Another option is to ask students to compare the programs on television in Spain or Latin America with those on TV in the U.S. and to discuss aspects that they like and dislike about each.

ACTIVIDADES, p. 178
X. ¿Qué hacemos? You can change this activity a bit by describing the situation more concretely. The following examples may give you some ideas. One student in the group will be 21 years old that weekend. It is Parents' Weekend at the university. The scene occurs in October, February, or May. The groups consists of only girls, of only boys, or both.

Y. Un buen pasatiempo. Circulate around the room to be sure that each student is expressing his (her) opinion. The idea is to be open enough and into the activity enough to be able to practice the chapter functions of expressing and responding to opinions.

Z. A discutir un tema. Make sure that students understand the format for the debate before they prepare for and begin this activity. Obviously, you should make any changes that seem reasonable to the students, some of whom may have had some debate experience.

AA. Profesiones—La más importante. This is an "information-gap" activity, and it is important that students not see each other's information cards. This activity involves decisions that may frustrate some students. If it appears that students will not be able to resolve their differences and arrive at some plausible order, be ready to assist them or to terminate the activity at an appropriate point. Obviously, the order is not so important as the opportunity to express their opinions about the value of the person they are representing. (Use Situation Cards on pages 67-68.)

BB. Una escena. Do this activity as you have done the other "open-ended scenarios." However, now that students are more advanced and more proficient you should place more and more stress on the communication strategies that would have facilitated the exchange of information that occurred during this conversation.

FUERA DE CLASE, p. 180
CC. Explain to students that this will be a challenging activity because comprehension is more difficult when one cannot see the person to whom one is talking. They should take advantage of this opportunity to practice this type of communication. If you decide to include students from other classes, acquaint them with the topics that the callers will discuss during the phone call.

WRITING EXERCISES
1. Completa las siguientes oraciones según tus gustos.

a. Me gusta la música _____ porque es

_____.

No me gusta la música _____ porque es

_____.

b. Con respecto a los pasatiempos, prefiero _____ porque es

_____.

Nunca _____ porque es

_____.

c. Entre los programas de televisión _____ es mi preferido

porque es _____.

No miro_____ porque es

_____.

d. Con respecto a las películas, soy aficionado(a) a _____

porque son_____.

No soy aficionado(a) a _____ porque son

_____.

e. Hablando de deportes, a mi parecer _____ es

_____.

No me parece interesante _____ porque es

_____.

f. Mi curso predilecto es _____ porque es

_____.

no me interesa nada, porque es _____.

g. Como mucho _____ porque es

_____.

Nunca como _____ porque es

_____.

h. Actualmente se lleva _____ porque es

_____.

No me gusta llevar _____ porque es

_____.

2. ¿Estás de acuerdo o no?
   Expresa tu conformidad o desconformidad con lo que se dice.

   Ejemplo: Bruce Springsteen va a dar un concierto en la universidad.
            El profesor de música: *¡No debes malgastar el tiempo así!*
            Los estudiantes: *¡Bruce Springsteen es un artista increíble!*

a. Lupe y Gregorio prueban la comida típica de la India.
    Lupe: Me fascina cómo mezclan las especies en la comida.

    Gregorio: _____

b. El candidato habla de sus planes para el futuro de la ciudad.

    Adela: _____
    Beatriz: ¿Cómo puedes decir eso? ¡Son tonterías!

c. José y Pili miran un cuadro de Picasso.

    José: _____
    Pili: Al contrario, yo lo encuentro anticuado.

d. Juanita lleva su nuevo vestido de París.
    Roberto: ¡Es increíble! Ella no debe gastar tanto dinero en seguir la moda.

    Carmen: _____

e. IBM le ofreció a Rodrigo un sueldo de treinta mil dólares al año, pero él decidió
    seguir con sus estudios de post-grado.

    Paco: _____
    Su padre: No lo puedo creer. No se da cuenta de lo difícil que es conseguir un
    empleo tan bueno.

f. La profesora de español cree que todos deben estudiar por lo menos dos idiomas
    durante cuatro años.
    Fernando: Buena idea. Estoy completamente de acuerdo.

    Caterina: _____

Debe haber vacaciones de otoño así como las hay de primavera. Los estudiantes se cansan mucho durante las largas semanas de otoño.

Los estudiantes: _____
Los profesores: ¡Qué va! Ya tienen demasiadas vacaciones.

h. Pepe toma seis vitaminas distintas cada día.
    Paco: Yo también. Me parece muy razonable.

    Juan: _____

3. ¿Qué dirías tú en las siguientes situaciones? Responde a lo que dicen las siguienes personas expresando tus propios sentimientos.

a. Un(a) compañero(a) de clase: Me gusta mucho la clase de matemáticas. Es muy interesante.

    Tú: _____

b. Un amigo. ¡Qué grupo más original es «El Desastre»!

    Tú: _____

c. Tu novio(a): Esa película debe ser muy interesante.

    Tú: _____

d. Tu compañero(a) de cuarto: Me interesa muchísimo la ciencia ficción.

    Tú: _____

e. Tu padre: ¡Me encanta la música clásica

    Tú: _____

f. Una amiga: ¡Qué malo tener clase cuando hace buen tiempo!

    Tú: _____

g. Un profesor: Por mi parte no soy muy aficionado a los deportes.

    Tú: _____

h. La dentista: Me sorprende que no te limpies mejor los dientes.

    Tú: _____

i. Tu madre: Creo que debes dormir más.

    Tú: _____

j. Tu compañero(a) de cuarto: ¡Cuánto me gusta dormir hasta el mediodía!

    Tú: _____

4. Escribe una carta en la que expreses tus sentimientos. Puedes escoger una de las situaciones indicadas a continuación.
a. Una carta al (a la) redactor(a) jefe(a) del periódico estudiantil de tu universidad, sobre algo que te parezca importante en este momento.
b. Una carta al (a la) jefe(a) de una comisión federal sobre una cuestión importante de actualidad. Por ejemplo, la televisión.

Card 1 - Chp. 10 - Exercise AA	Card 3 - Chp. 10 - Exercise AA	Card 5 - Chp. 10 - Exercise AA
You're a good football player. All the fans know you and think you're the top player. You weigh more than 300 lbs. and play defense. You always try to "kill" the players on the other team.	You are a famous author. You write novels about love and romance in today's world. Every year you sell more than 1,000,000 copies of your books.	You are a police officer with your parents and grandparents. You like to live in the country, work the land, and raise animals. You sell corn, wheat, vegetables, pigs and chickens.
Card 2 - Chp. 10 - Exercise AA	**Card 4 - Chp. 10 - Exercise AA**	**Card 7 - Chp. 10 - Exercise AA**
You are a mother and housewife. You're very kind and extremely patient. You clean the house, prepare the meals, and take care of your children and husband. You like your life very much.	You are a nutritionist. You work in a government office and give classes on nutrition and good eating habits. You want people to learn how to stay healthy.	You are a farmer, just like your parents and grandparents. You like to live in the country, work the land, and raise animals. You sell corn, wheat, vegetables, pigs and chickens.
Card 9 - Chp. 10 - Exercise AA	**Card 6 - Chp. 10 - Exercise AA**	**Card 8 - Chp. 10 - Exercise AA**
You are an insurance salesperson. Although you're young, you already sell more than a million dollars in insurance each year. You specialize in a type of insurance that parents need to pay their children's college tuition.	You are a neurologist and a surgeon. You're in charge of medical research at the Mayo Clinic. You recommend medicine and diets as well as exercise to patients when they need them and when there's no other choice, you operate.	You are the owner of a small hardware store. People always come to you when they need something to repair a light, door, or other broken household item.
Card 11 - Chp. 10 - Exercise AA	**Card 13 - Chp. 10 - Exercise AA**	**Card 15 - Chp. 10 - Exercise AA**
You're a garbage collector. Twice a week you go to people's houses, collect their trash, and take it to the dump. You work six days a week. You did not finish high school.	You're a secretary. You help everyone. You greet clients and answer their questions. You let your boss know when his appointments have arrived and when he has a phone call. You are the person on whom everyone depends.	You're a mechanic. In high school you liked vocational courses. Currently you work in a service station. You're only 20, and some day you hope to own your own repair shop.

Card 10 - Chp. 10 - Exercise AA

You're a high school teacher. You teach basic mathematics. Not many students know how to do basic arithmetic and you try to teach them what they need for life after high school.

Card 12 - Chp. 10 - Exercise AA

You are a cleaning person at a hotel. You go into guests' rooms when they're gone and clean everything, including the bathroom. You change the sheets and make the beds. You arrange everything, take out the trash, and leave everything clean.

Card 14 - Chp. 10 - Exercise AA

You are a clerk in a store in a downtown shopping district. You help customers and they pay you to help them choose their purchases. After the store is closed, you rearrange the stock.

Card 16 - Chp. 10 - Exercise AA

You are a plumber. You do all kinds of installation and repair work on pipes and drainage systems. You know how to install bathrooms and kitchens and you can also make repairs to anything that is not working well.

Card 17 - Chp. 10 - Exercise AA

You are a truck driver. You travel between San Diego and Los Angeles with all kinds of merchandise. You could earn more money with a longer route, but you prefer to spend more time with your family.

Card 18 - Chp. 10 - Exercise AA

You are a radio disc jockey. You have a morning show from 6 to 12 in the morning. You play records and ads, read the news, and in general try to cheer up the listeners who start the day with you.

Card 19 - Chp. 10 - Exercise AA

You are a mail carrier. You get up early in the morning and go to the post office. First you have to pick up all the mail for the people on your route. Next you have to deliver it every day except Sunday and holidays. You deliver letters, bills and a lot of ads.

Capítulo 11: Arguing and Fighting Back

INTRODUCCIÓN, p. 182
You might do Exercise A with the class and begin Exercise B. Then assign Exercise B or divide the class into small groups to work on it for a very few minutes before coming back to the full class to share and compare answers.

C. Críticas. As a follow-up to this exercise, you can ask students to collect cartoons without captions or dialogue lines and write an appropriate dialogue.

ESCUCHAR Y PRACTICAR, p. 184
Conversación 1: ¡Baja el volumen de esa música, por favor!, p. 184
Antes de escuchar
CH. ¿Qué piensas? Since the purpose of this exercise is to prepare students to listen for comprehension, you may prefer to do this activity quickly as a full-class exercise.

Escuchar
D. Dos amigos discuten. Students should be directed to read the statements through before listening to the conversation on the tape the first time.

E. ¿Qué se usa para...?
      Answers: 1. a;   2. c;   3. a;   4. c;   5. b;   6. a;   7. b.

F. ¿Quién ganó? If students begin to argue here, direct them to the expressions listed for Exercises G and H.

Después de escuchar
G. Más problemas. After the pair work, have students compare their rejoinders with the rest of the class. Two or three students can serve as a panel of judges to select the most defensive responses. For a change of pace, you can turn this into a contest to see who can give the fastest response.

Conversación 2: ¡Por favor, papi!, p. 187
Antes de escuchar
¿Cómo era tu adolescencia?
I. Since the exercise is done in class, point out cultural characteristics: For Speaker 2: you can explain that in Spain young people typically meet new friends while circulating among themselves in the streets, theaters, and cafes in the evenings. University students frequent social bars. The evening meal in Spain is quite late at night by American standards. For Speaker 5, explain that in many cases in Latin America young people usually have parties at home, where they often dance all night. You might ask: If you were an exchange student or a visitor from another country staying in the home of Speaker 4 or 5, what opposing stereotypes would you develop about American youth and families?

Escuchar
J. La niña quiere ir a una discoteca.
      Answers: 1. F;   2. C;   3. C;   4. C;   5. F;   6. F;   7. C;   8. F;   9. F;   10. F.

L. ¿Qué significan las siguientes expresiones? Have students discuss the purpose of each expression. Why do the girl and her father use each expression?

Después de escuchar

You might have students role play situations between young people and parents, in groups of two or three. First, students need to write out role cards (not a script); then have them practice acting out the situation once before performing for the class. The preparation of these situations can be done outside of class.

Conversación 3: Una escasez de hornos de microonda, p. 189
Antes de escuchar
M. ¿Qué harían ustedes? You may want to do this as a full-class brainstorming exercise. Since you know your students and what they might want to buy, you can fill in the blanks and lead the discussion in a lively manner.

Escuchar
N. La señora impertinente. After students have filled in the missing parts of the conversation at home, you can have them do a "dramatic reading" of the script, dividing it into three parts so that more students can participate.

Ñ. ¿Qué dijeron para expresarse? Although this would normally be a difficult exercise, once students have finished the previous one, it is simply a matter of selecting the appropriate sentences from the script in Exercise N.

ACTIVIDADES, p. 192
P. Conversación. Again, a panel of students may be formed to select the best conversations.

To encourage impromptu responses, you might bring in a ball of yarn or string. For each item in the exercise appoint a student to say the first line (**Tú**); then throw the yarn ball to another student, who must play the role of the other person and think of something to say quickly. (If you think this exercise might not work spontaneously, have students prepare the exercise at home ahead of time and be ready to respond quickly to any and all of the statements.)

Encourage students to extend the conversations beyond the three lines indicated for each item.

R. Representar papeles. Use Situation Cards on page 71.

RR. ¿Qué pasó? Although the Situation Cards call for one male and one female, it might be entertaining to have a male play the female role and vice-versa. Often, when people play the role of a member of the opposite sex, they feel freer to exaggerate. Also, an interesting discussion of stereotypes might ensue. (Use Situation Cards on page 70.)

WRITING EXERCISES
1. Escribe una carta semejante a "Dear John" a un(a) novio(a) imaginario(a) o real, en la que rompes con él (ella) y explicas el por qué de tu decisión, acusándolo(a) de haber hecho algo que te ha disgustado mucho. Luego, cambia de carta con un(a) compañero(a) y escriban una contestación. Si quieren, pueden compartir la correspondencia con los demás, pero conviene que corrijan primero sus faltas.
2. Describe una situación que te haya dado mucha ira. Explica lo que pasó, cómo te sentiste, la pelea que tuviste con alguien y cómo se resolvió el problema.
3. "Poisoned pen pals": El (la) profesor(a) distribuye a cada estudiante el nombre de otro(a) estudiante quien va a ser su «corresponsal venenoso». Sin saber a quién escribe, cada uno inventa una carta corta en la que acusa al otro de alguna atrocidad. Luego, las entregan y el (la) profesor(a) las distribuye para que se contesten. (El (La) profesor(a) les advertirá que tiene el poder de censurar las cartas y las respuestas.)

Card 1A - Chp. 11 - Exercise R	Card 2A - Chp. 11 - Exercise R	Card 3A - Chp. 11 - Exercise R
You are a tidy person and always try to keep your room clean. You spend a lot of time cleaning and expect your roommate to do the same. You always hang your clothes up, and never leave them on the floor or bed.	You own your own business and have many responsibilities. You have to get up very early in order to get to work. Your son, however, never studies, gets bad grades, goes to bed late and wakes you when he comes in late at night.	It's a Saturday night at 9:00 and you have just arrived at your friend's apartment. You've worked all day in a store downtown. You're tired and all you want to do is watch TV.

Card 1B - Chp. 11 - Exercise R	Card 2B - Chp. 11 - Exercise R	Card 3B - Chp. 11 - Exercise R
You don't keep things tidy and your room is always messy. You never have clean clothes because you hate to wash them. You can never find anything because it's all on the floor. You're very comfortable with your way of life.	You're a high school student. You don't like to study; you prefer to spend your nights partying and you always go to bed as late as possible. The only problem is that you have bad grades, and your father (mother) yells at you when you get in late and make noise.	It's 9:00 Saturday night. Your friend has just arrived at your apartment. You slept until noon today, and you're ready to go out. You want to go to a bar and then a party at a friend's house.

Card 1 - Chp. 11 - Exercise RR	Card 2 - Chp. 11 - Exercise RR
You're angry because you had a date with Camila to go to the movies last night, but she wasn't around. You think that she stood you up in order to go out with Marcelo. If her excuse convinces you, invite her to go out again this weekend. If it doesn't convince you, don't ask her out.	You're angry because Sebastián was going to take you to the movies last night, but he never showed up. You think he stood you up to go out with María Loreto. If his excuse convinces you, agree to another date; if it doesn't, tell him you don't want to go out again.

Chapter 12: Managing a Discussion

INTRODUCCIÓN, p. 198

The contents of this chapter serve as a review of all the previous chapters in the text. That is, managing a discussion implies using all the functions already studied in the earlier chapters, in addition to others, of course. It would be helpful for students to go back and review the functions of each of the first eleven chapters to recall phrases that may now be somewhat vague in their minds. In fact, if you have omitted activities in any of the previous chapters, it would be a good idea to do some of them before doing Chapter 12 as a review and as a helpful preparation for the activities in this chapter.

A. ¡A conversar! Be sure that each student has written something, and have each person share what he (she) has written with other members of the class.

ESCUCHAR Y PRACTICAR, p. 199
Conversación 1: Cómo me siento viviendo en los Estados Unidos, p. 199
Antes de escuchar
C. ¿Qué les gustó y qué les disgustó? One additional point to explore is to ask students what aspects of their lives they would miss the most if they left the U.S. to study or to live in a Spanish-speaking country. Also, you can conduct an informal survey of those students who have moved the most and the least, those who have moved the longest and the shortest distances, those who have lived abroad and those who have not, etc.

CH. Fuera de mi casa. New places, people, and experiences are exciting to some people and unsettling to others. Compare and contrast the different reactions of different students in the class. Use these similarities and differences to point out that reactions are usually emotional rather than rational.

Escuchar
D. ¿Cómo se sienten? When people talk, they use phrases and expressions that reveal their attitudes. The students' first assigned task in this activity is to listen for some of these revealing phrases. The second task is to find out the reasons for some of these attitudes. The successful completion of both tasks is necessary in order to comprehend the conversation.

E. Reacciones. Since students live in the United States, try to get them to respond openly to these questions. They probably feel comfortable with what Americans do, and hearing their culture analyzed and even criticized may make them feel uncomfortable and even antagonistic. This would be a good time to help them learn to deal with these common emotional reactions to criticism of one's own culture. Also, it will make them more aware of how important it is not to criticize, analyze or offend others when they travel abroad.

F. ¿Qué dijeron? Remind students that they may and should listen to the conversation as many times as necessary so that they will understand and be able to answer the less-important questions.

G. Análisis. The emphasis in this activity is on the flow of the conversation as the speakers explore the topic together and cooperate with each other to ensure that communication continues. Point out the role that each speaker plays and the contribution that each makes. You may also wish to stop the tape and ask students what they might have said at that particular point in the conversation.

Desués de escuchar
H. Las fiestas. To stress the importance of studying the expressions in the *Expresiones útiles*, read some of them in random order, asking students to indicate in which category they belong.

As you circulate among the groups, be sure that all students are contributing to the discussion. Assist them with unknown vocabulary and phrases. If any students have gone to parties in other countries, ask them to describe similarities and differences of those events with parties in the U.S.

Conversación 2: Lo bueno y lo malo, p. 203
Antes de escuchar
I. Hay cosas buenas y cosas malas. As you manage these brainstorming discussions, incorporate as many of the expressions given in this chapter as possible, and use as many of the communication strategies as possible. Again, try to get students to share their reactions to criticism and to praise of their own country and their own culture. Also, ask them for their opinions of the validity of the criticism and of the praise.

J. Quisiera cambiar... The idea here is to encourage students to analyze their own culture and to think about those aspects that they like and those that may be less agreeable to them. Since these views are personal, you might want to have students write out their responses.

Escuchar
L. Lo bueno y lo malo. Suggest to students that as they listen for answers to complete lists of this type, they should first listen without writing anything at all. Afterwards, they should write the good and bad aspects they can remember. The second time students listen they can write as they catch those points they had either missed or had forgotten during the first listening.

LL. ¿Y tú? Theorists say that we listen and read expecting to hear or read certain information. When we don't, we are surprised. What comments had students not anticipated? Which had they expected?

M. ¿Una actitud común? This is another activity in which the focus is on dealing with intercultural differences and the emotional reactions that those differences may evoke. Students need to be aware of these differences and learn how to handle them in a positive fashion.

N. ¿Qué dijeron? Key words often convey important feelings. In this activity students need to pay attention to the words the speakers use that reveal their attitudes and opinions.

Ñ. ¿Qué dicen para...? Once again attention is on conversational strategies. To learn to participate in conversations with native speakers, students should be aware of the phrases and expressions that native speakers use to keep the conversation going. They should use more and more of these strategies and incorporate more and more of these phrases and expressions into their own speech.

Después de escuchar
O. Los estereotipos. To provide students with a helpful review, ask questions using the important phrases in the *Expresiones útiles*.

Prepare a few examples to help students get started on this activity, which may be somewhat difficult for those who have not thought much about stereotypes. However, some students may have these stereotypes in their minds and they should be made aware of them for their own benefit and for the purposes of discussion in part 4 of this exercise. Be sure to discuss each question in part 4 as a cultural activity as well as a conversational one.

Conversación 3: Lo que me gusta y no me gusta, p. 207
Antes de escuchar
P. ¿Qué creen? In order to introduce students to the topic of the conversation, begin this activity with a short presentation given either by a native speaker familiar with American life or by an American familiar with Hispanic culture. Stress similarities and differences in order to help students understand what Hispanics might find comfortable and uncomfortable about living in the U.S. Based on the information gained in this presentation, students will have more to say during this brainstorming activity, and they will be able to understand some of the aspects of Hispanic culture that they might find comfortable and uncomfortable.
Again, students can write their ideas prior to listening to the conversation. The purpose is to encourage them to anticipate what they may hear on the tape.

Escuchar
Q. ¿De qué hablan? First, students should focus on the major topics covered during the conversation.

R. ¿Qué dijeron? This activity will help students listen for specific words and phrases. Be sure to give students the correct answer, if they are unable to identify all the words that go in the blanks.

RR. ¿Qué te parece? Encourage students to think about the material in a personal way by asking them to respond to the opinion questions that relate to the conversation.

S. Más información. Answering these questions about less-important details will challenge students and, when they have completed them, they will feel that they understood the entire conversation.

T. En mi opinión. There is no need to go over the content questions in class unless some students raise questions about the correct answers. However, you should always do the opinion questions. These require students to interpret what the speakers have said and to think about the significance of that interpretation.

Después de escuchar
U. El estudio en el extranjero. To review the phrases in the list of *Expresiones útiles*, you can give students the questions and ask them to give a variety of possible answers to each.
Be sure that students prepare part 1 before coming to class. You might introduce the class activity by asking them what they have heard from other students about studying in Spanish-speaking countries. Then, students can divide into groups to do part 2 of this activity.

ACTIVIDADES, p. 210
V. Te toca a ti. Require that no two students talk about the same topic, and be prepared to help maintain the conversation if things start to drag. It will be useful to take notes and prepare a few questions of your own to ask if necessary.
Stress the goal of this chapter: the ability to lead and to participate in a discussion. If students have difficulty doing this activity, review the strategies and expressions for managing and participating in discussions.

X. En busca de soluciones. Students should feel free to substitute any other topic that interests them more.

Y. El periodismo. Have students prepare the questions as homework. In class, they should interview a classmate. Choose one or two of the better ones for presentation before the class and/or for videotaping.

Z. ¿Quieres salir esta noche? Distribute a different card to each of the four students in each conversation group. Be sure they do not know what is on the other cards. (Use Situation Cards on page 76.)

AA. Una escena. This is another "open-ended scenario." Give students time to prepare for the various roles and to play the scene. As you have done in the later chapters, during the follow-up debriefing session stress ways to improve the interaction taking place during the conversation. Focus on conversational strategies and the use of appropriate phrases and expressions.

FUERA DE CLASE, p. 212
BB. Describe the **tertulia,** and ask students how they think it relates to Spanish culture. Appoint people to be in charge of the necessary arrangements: one should arrange the facilities and another should lead the conversation. Make this one of the culminating experiences of the year.

CC. Check what newspapers or magazines are available as well as the location of each before giving this assignment to students, and give them a bibliography. Having a list will make this a much more satisfactory assignment for students.

CHCH. Direct different members of the class to different stores and different types of stores. Try to get as wide a sample of products as possible.

WRITING EXERCISES
1. Yo creo que... Completa las siguientes oraciones con tus opiniones.
1. Yo creo que *María es la persona más inteligente que conozco.*

2. A mí me interesa_____

3. Me parece que _____

4. Yo opino que _____

5. Estoy de acuerdo con que _____

2. Una variedad de respuestas. Con un(a) compañero(a) practiquen tratando de dar por lo menos tres respuestas apropiadas a las siguientes frases. Al oir las respuestas de tu compañero(a), debes contestar de una manera apropiada.

1. Tenemos un examen mañana. No puedo ir al cine esta noche.

_____

2. Me interesa mucho viajar.

_____

3. ¿Qué te parece la fiesta?

_____

4. ¿Por qué no hablamos de otra cosa? Me aburren los deportes.

_____

5. Pero chico, eso es absurdo. ¿Crees tú que no valen nada los estudios universitarios?

_____

6. Uno debe divertirse mucho en la universidad.

_____

7. Perdón, pero ¿qué dijiste?

_____

3. La sátira. El objetivo de este ejercicio es satirizar una conversación típica.
Formen grupos con un máximo de cinco personas.
1. Decidan dónde se lleva a cabo la conversación.
2. Piensen en qué papeles desempeñarán los miembros del grupo.
3. Escriban la sátira en que se burlan de las conversaciones comunes.
4. Represéntenla en clase.
La mejor será la que logre que el público se ría más.

Card 1 — Chapter 12 — Exercise Z	Card 3 — Chapter 12 — Exercise Z
Your parents send you money each week and so you are never short. Tonight "Boris and the Spiderheads" will perform. Tickets are $20.00, but you don't care. You like their music a lot, and, naturally, you want to go. Try to persuade your friends that it is worth it because of the group's quality.	You generally have money, but this weekend you don't have any left. Tonight you would like to eat in the cafeteria and then go to a basketball game that is free for students. Try to persuade your friends to do what you want.

Card 2 — Chapter 12 — Exercise Z	Card 4 — Chapter 12 — Exercise Z
Your parents don't send you much money but you have a job. You were paid yesterday so today you have enough to do what you want. You don't like eating in the cafeteria. To survive, you eat in restaurants whenever possible. Also, you like to bowl. It is your favorite sport. That's why tonight you want to eat in a good restaurant and then go to the bowling alley. Try to convince the rest to go to a restaurant first and to go bowling later.	You never have any money. Neither do your parents, so they can't ever send you any. You can't eat in restaurants or do anything else. As usual, you have to find "freebie" things to do. Tonight, you thought you'd stay at the students' dorm because there are some ping-pong tables and you have a good time practicing. Try to persuade your friends to do that tonight.

Part 3:

Teaching, Evaluating, and Testing

Preparing for Oral Tests

A functional approach to learning: "getting around vocabulary—a vocabulary for getting around." Students have traditionally learned how to converse in Spanish by memorizing lists of Spanish words and their English equivalents, and by thinking of things to say in English and then stringing the Spanish words together to make Spanish sentences. They are not used to thinking of conversation as a collaborative effort between two or more speakers. Thus, you may want to sensitize them to the fundamentals of spoken communication.

What one speaker says depends on what the other speaker has said. A response is a direct reaction to a statement and has to "fit" the perceived intentions of the previous speaker. For example, if someone tells you he (she) has found $50 on the street, he (she) expects some reaction of surprise or admiration, and you are obligated to show such feelings.

A lot of what is said in everyday conversation is made of routinely–used, formulaic sentence elements that serve as interpersonal social "glue." They have a purely contact maintenance function. They are not created anew by every speaker in every situation. For example, after the remark, "He could have called me!," the commiserating rejoinder "Yeah, really," or "You're absolutely right" shows the empathy expected by the first speaker, without the obligation for the listener to generate an original response.

Informal conversation is systematically redundant. You don't say things once, you bounce them back and forth with your conversational partner, echo them, paraphrase and expand them, comment on them. For example:

A: It's really gotten cold, hasn't it!
B: Yeah, and it's only September.
A: Pretty cold for September.
B: Much too early. I hope it gets warm again.

Successful conversation requires good listening skills and the willingness and ability to understand fully what the other speaker has said. It means requesting as much clarification, explanation, or repetition as is necessary to give a response that matches the intentions of the other speaker. For example, if A says: "Where do you come from?," B is expected to say something like "You mean now or originally?" if there is any doubt in his mind about the intent of the question.

Although the *Expresiones útiles* have been highlighted in the book and should be practiced individually for the right speed and intonation, they cannot be simply learned as isolated vocabulary items to be used at random. Learning spoken communication strategies requires a different mode of learning. The following advice should be useful to your students.

Listen to the taped conversations with the transcription and focus your attention on the prefabricated parts of speech. Notice the rhythm, the intonation and speed at which they are used. Listen to the same conversation over and over again without the transcription (in the morning as you're getting dressed, at night as you're fixing dinner), get used to the "music" of the conversation, the pitch, the sound. Try to replicate the gambits you have noted by imagining yourself in other situational contexts with other topics of conversation.

Discuss with the teacher the effect the speaker intends to achieve through the use of a given strategy, e.g., gaining time, saving face, showing emotion, displaying politeness, etc.

Use any of the strategies you have learned at the **earliest possible opportunity**, whether in or out of class, during the course of the lesson or in role-plays designed specifically by the teacher to practice those strategies. Don't wait for a context to present itself—create one!

Self–evaluation. Before any official testing or grading of communicative proficiency, it is essential that the students have had the opportunity to practice the various communicative strategies in various authentic or simulated situations and of observing/evaluating each other doing so. This can be done in small groups or with the whole class. Social behavior in the foreign language must be explicitly discussed and commented upon in a non–normative, non–judgmental spirit of mutual trust and understanding. Thus behavioral options can be offered which the student may or may not choose to take...according to how much they are able or willing to adopt the verbal behavior of Spanish speakers in natural settings.

Observing the teacher. Select one student of a group of students to observe how **you** manage topics in the course of the lesson. How does your teacher react to students' statements?

| positive reactions | negative reactions |
| e.g.... | e.g.... |

How does the teacher change topic? How does he (she) start the lesson/ How does he (she) end it? Discuss the strategies used with your teacher at the end of the lesson. Has the teacher used English during the lesson? How could he (she) have said that in Spanish?

| English | Spanish equivalent |
| _____ | _____ |

Observing fellow students. Students should note how their fellow students take the floor during the course of the lesson to display knowledge, ask for information, request clarification, express an opinion, complain and make a suggestion. If one function is overused, you should discuss with the students ways in which other functions and idiomatic gambits (appropriate for the classroom situation and the register you wish to use with your students) could be used.

Evaluation of role–play. Simultaneous role–plays with peer observers can be useful. The value of a role–play or a small group activity will be greatly enhanced if for each group one peer observer notes the way participants fulfill the appropriate functions and report the results to the whole class in a subsequent ten–minute debriefing session. This will give **you** the opportunity to review once more the verbal strategies that were used, add others that could have been used also, and make comments about the general management of the situation by the students.

Role play in front of the whole class is another useful evaluative tool. Select three members of a peer jury to observe groups of two or three in role–play activities. As in diving competitions, each member of the jury gives a one–ten rating on overall fluency of interaction, appropriateness to situation, and accuracy of grammar and vocabulary and holds up the rating at the same time as the other jury members. The group with the highest rating wins. The activity should of course be repeated with different group combinations.

Group discussion with whole class observers. You may choose one of the small groups you observed during simultaneous plays or discussion debates and ask those students to conduct a similar activity in front of the class. Divide the class into three groups. The first group is to observe the way the speakers take turns, the second group should note the management of the topics, the third, the way linguistic errors are corrected and repairs in communication are performed. Have the observers fill out their respective grids as they go along.

Group 1: Please write down as much as you can about the way the speakers take turns. The important thing is not what they say, but who addresses whom, how and how often.

Names of speakers: ....

Speaker Addressee Previous speaker How is the floor taken

Synthesis: How did each of the speakers participate in the conversation?

Group 2: Please write down in as much detail as possible the way the speakers manage the topic of this conversation. Here are some strategies they are likely to use:
1) show with words that they are listening ("really", "yeah")
2) ask for clarification ("what do you mean")
3) offer help ("you mean: ...")
4) repeat themselves to gain time
5) ask for help ("how do you say...")
6) bring in a new topic
7) echo or quote other speaker's utterance
8) comment ("you're right")
9) throw the ball back with a question ("why do you say that?")
10) summarize what has been said before
Note both the words they use and what strategies these words are serving.

Names of speakers: ....

Speaker What was said What was done

Synthesis: How did each of the speakers participate in the conversation? (What strategies did each one tend to use most?)

Group 3: Please note the instances where you felt there was misunderstanding or miscommunication among the speakers. Write down how the misunderstanding was repaired. Also make a note of any grammatical or vocabulary error you think the speakers have made. Note the wrong word and its correction, and if the error was corrected either by the speaker or by the listeners.

Names of speakers: ....

Speaker Misunderstanding Repair Error Correction

Synthesis: How did each of the speakers participate in the conversation?

Each group then discusses its observations with the conversational partners, who compare them with their own perception of the turn–taking, topic management, and repairs. Such an honest and open "conversation on the conversation" sensitizes students to the complex nature of interpersonal interaction and opens up possibilities for change.

A remark is in order. A debriefing of this kind can be done totally in the foreign language; in fact it requires much less specialized vocabulary than some everyday situations with highly idiomatic demands of the specific nomenclature needed to explain grammar in the foreign language. What the students typically need to say are things like: "You spoke so long, I could not say what I wanted to say"; "I wanted to say X, but I didn't have the word"; "Why didn't you answer my question?"; "X said everything I wanted to say"; etc. It is the experience of this author that "talking about talk" can create a bond of mutual understanding in the classroom, demystify the difficulties of conversing in a foreign language, and serve as a catalyst for developing communication skills.

Testing with the Testing Tape

Because most of the recorded segments on the Testing Tape are variations of conversations from the Student Tape, they are especially useful for testing comprehension as part of a chapter test. You may use any of the numerous types of exercises that are given in the *Escuchar* sections of the chapters. Here are a few examples:

1. **Cierto–Falso** exercises.
2. Cloze exercises, in which students listen and fill in the missing words on a transcript.
3. Order–of–appearance exercises, in which students read a list of points made on the tape, then listen and indicate, by numbering them, the order in which they hear them. Alternatively, some extra items of information can be added, and students can be asked to check the ones that they hear.
4. Multiple–Choice items based on the content of the conversations.
5. Students may be asked to read a list of the gambits used by the speakers, then listen to the segment and indicate the communicative purpose of each gambit within the context of the conversation. Alternatively, have them match expressions with purposes.
6. Students may be asked to summarize the main points made by one of the speakers. It is a good idea to tell them how many points they should mention.
7. Give several alternative titles for the conversation and have students select the best one.
8. Have students evaluate the effectiveness of the speakers' conversational strategies according to their understanding of the conversation and its outcome.
9. Have students fill in missing information on a chart of the information given or the points of view of the speakers.
10. Draw 3–4 pictures and have students select the one that best fits the content.

This list is by no means exhaustive. Scoring procedures may vary from counting the number of items of information and taking percentages to evaluating summaries by means of rating scales, with a given number of points assigned for each of several categories, such as Completeness, Comprehensibility, Accuracy of information, Accuracy of vocabulary, and Accuracy of grammar.

Testing the Use of Communicative Strategies

Sensitization to the interactional aspects of spoken Spanish and the training in the use of communicative strategies offered by the activities in this book cannot be measured by traditional tests of grammatical or lexical competence. Communication strategies can be tested only in specific situational and interpersonal contexts, if the student is to use the appropriate tone, register and degree of courtesy. Your assessment of the degree of cultural "appropriateness" of a given communication strategy will depend on how much you want your students to conform to certain rules of behavior for native–speakers. There is at this time a lot of disagreement among foreign language educators as to what one should require of students and to what extent they should be able temporarily to adopt behaviors that meet the expectations of native speakers talking to one another. It is the belief of the authors of ¡Imagínate! that at least rudiments of the behavior expected from native speakers should be taught and tested.

The appropriate use of a given strategy is not only ensured by the right enunciation of a given verbal expression, it is also determined by the accuracy and fluency of its delivery, and by the way it "fits" with the general thrust of the conversation. Except for fixed routine etiquette expressions, there is no single "best" way of fulfilling a given function. Evaluation of the student's use of communication strategies is thus bound to contain a large part of subjectivity on your part for which you should not feel apologetic. Yours will often be a global assessment of a certain social behavior in the foreign language and your criteria are as good as any other native speaker's or near native speaker's.

You should, however, be aware that a student's interactional competence is very much affected by the choice of topic, the personality of the other conversational partner, the function to be fulfilled and the number of participants in the conversation. For example, some students are just not inspired by such topics as shopping or sports; a usually quite talkative student might be reduced to silence by an overwhelmingly extroverted conversational partner; another might be good at arguing and debating but may feel incapable of verbalizing emotions. You will be well advised to test your students three or four times during the term with different partners and on different topics.

Testing the use of communication strategies can be done in three different ways.

Testing Etiquette Proficiency.

Appropriate rejoinders in routine situations can be tested with either a written or a semi-oral test, with single or multiple–choice responses. Suggestions are listed below:

The right word at the right time. *On the telephone:* You want to call X. You dial the number. What do you say? X is not there. You want to leave a message. What do you say? X tells you he (she) is leaving tomorrow for Mexico. What do you wish him (her)? *On the street:* You meet a friend you haven't seen for a long time. What do you say? *At a party:* You thank the host at the end of the party. What do you say? *At the store:* You only want to look around. What do you say? In the classroom: You haven't heard what the teacher said. What do you say?

The right answer at the right time. *On the telephone:* "This is Mrs. X. May I speak to Mr. Y?" Mr. Y _____. *On the street:* A stranger asks the way to the museum. You: (You don't know, but give a polite answer.) _____. *At a party:* Host: May I introduce you to X? X, this is Y. Y: _____. *At the store:* Salesperson: May I help you? You: (not interested in buying anything—courteous answer) _____.

Responses are graded according to whether the student has recognized that this is a routine formulaic exchange, has understood the intended meaning and has kept the appropriate social distance (*usted–tú*, etc.). For example, if A says to B: "Thank you for lending me that book," it would be inappropriate for B to respond with nothing,or to say "Why are you thanking me?" Rather, A's "thank you" calls for a simple, "You're welcome." Similarly, the use of *Señora* calls for *usted* not *tú.*

Testing Functional Ability

The ability to do with the language what is required by the situation can be tested as verbal action and reaction, either orally or in writing.

Students are tested for oral ability individually in your office, or in class while others do other assignments. The student draws from a pack of situation cards that specify the setting (**Where**), the speaker (**Who**), the preceding events (**When, Why**), the function (**What**) to be fulfilled, and the socially appropriate tone of the exchange (**How**). Students may be asked to act out both roles, or one.

Example 1:	**Where:**	At the supermarket
	Who:	Cashier and customer
	When, Why:	Cashier has returned the wrong change.
	What:	Customer complains politely, cashier responds with excuse, offers to repair the situation
	How:	Usual social distance between employee and customer. Customer may show irritation or impatience or just remain courteous; employee has to remain courteous and helpful.

Example 2:	**Where:**	At the tourist information booth
	Who:	Employee and tourist
	When, Why:	Tourist has just arrived in unknown town, employee is competent and helpful
	What:	Tourist asks for information about the town, employee provides the requested information and/or asks for clarification of tourist's intentions.

Example 3:	**Where:**	On campus
	Who:	You and your friend meet an old acquaintance of yours
	When, Why:	You bump into X, whom you haven't seen for a long time, in the main corridor
	What:	You greet X and introduce your friend to him (her)
	How:	You are very happy to see X again, with whom you are on familiar terms. Observe usual social distance between your friend and X, since they don't yet know each other.

Students are given two minutes to think of what to say and how to say it, then they play one and/or the other role with you, the teacher, as the other speaker.

Students can also be evaluated by means of a written test. Students have to write short dialogues illustrating the desired function in different situations. Be sure to specify the appropriate tone for the exchange. Example:

Function: express and react to complaints

Example 1:	**Where:**	Dorm
	Who:	Two roommates
	Why:	B borrowed A's bicycle; it got stolen because B forgot to lock it
	How:	A and B are good friends and can afford to be frank with one another. A does not mince his (her) words. B is extremely embarrassed and apologetic, offers excuses and a possible repair to the situation.

Example 2: **Where:** Garage
            Who: Auto mechanic, car owner
            Why: Car was brought in 6 weeks ago for repair, and it is
                     still not fixed.
            How: Customer is irate, has come in several times, wants to
                     take car to another garage if not repaired
                     immediately. Auto mechanic remains courteous at all
                     times, explains the reasons for the delay, offers
                     excuses, and suggests calling the boss.

In both types of tests, the grade should be determined by the following factors:

Oral Test
fluency/intonation
idiomatic language use
appropriateness to situation

Written Test
grammatical accuracy
idiomatic language use
appropriateness to situation

It is our experience that, in role–plays, students either underestimate their responsibility to adopt the register appropriate for the role and the situation, or they are simply ignorant of the social distance that is appropriate, say, between an auto mechanic and a customer in the target culture. You should make fully clear to them that they should not behave any way they fancy, but that these are roles to be played in accordance with specific social and cultural expectations.

Testing Interactional Competence

Beyond mastery of appropriate gambits in appropriate situations, and the individual ability to recognize and respond to as well as to express communicative intents in context, there is a more global competency that the activities in this book are designed to develop. Called *discourse management aptitude* by some, *strategic ability* by others, it refers to the way in which conversational partners know how to build on each other's input to push the conversation forward— drawing inferences from what the other speaker has said, showing interest by asking further questions, clarification by paraphrasing or repeating what one has understood, referring to shared knowledge, finding transitions from what the other has said to what one wants to say, veering the topic to avoid repeating oneself. Interactional skills such as these introduce the necessary coherence in the flow of the conversation; they both ensure smooth communication and help overcome linguistic difficulties.

The intent of each communicative strategy practiced in *¡Imagínate!* is the development of such interactional competence. Oral testing can occur in groups of two or more, either face–to–face in your presence, or students can record themselves and hand you the cassette for evaluation, or both. You may want to let the students at first choose their partner. Students have ten minutes to prepare themselves individually and note the vocabulary or gambits they want to be sure to use. They may not rehearse together. They are then given a strict time limit of two minutes for a situational role–play, or three minutes for the discussion of a topic. They may look at their notes while talking. You have told them ahead of time that you will give each team three ratings on a scale of one to ten for the following abilities:

1) **Functional ability.** Students should be able to demonstrate the ability to recognize what kind of verbal behavior a given situation calls for in Spanish and to fulfill the required speech function appropriately by using both the right register and the right tone. They should open and close the conversational encounter in the appropriate manner.

2) **Interactional competence.** This rating should reflect the student's abilities to push the conversation forward. Monologues are frustrating for the listener, who doesn't feel acknowledged or valued; they constitute an undue imposition on the conversational partner who has to manage the conversation single–handedly. Each student on a team gets the team's rating.

3) **Grammatical accuracy and fluency.** The rating will reflect the degree of comprehensibility and the flow of speech. Too many grammatical errors irritate the listener and detract from the message a speaker wants to put across. Too slow a delivery makes the listener lose the thread of the conversation.

Interactional competence is not a fifth skill that students can start developing once they have mastered grammatical structures, content vocabulary, and situational gambits, and once they have learned how to express basic communicative functions. In fact, because the whole format of ¡*Imagínate!* is interactional and every chapter introduces interactional strategies, the students are gradually given the building blocks of an interactional competence that should be emphasized and tested at every stage. In the beginning you might give a top rating for evidence of at least two pairs of coherent utterances in a role–play involving two speakers.

For example, you would give the A/B team ten points out of ten for interactional competence in the following exchange, defined within the parameters given above:

(In the garage: A is a car mechanic, B, an angry customer)
A: Hello, what's happened to my car?
B: What do you mean "What's happened to your car?"
A: I brought it in six weeks ago and it's still not ready!
B: Well then it should really be ready. Let me look!
or
    Oh, I'm sorry to hear that. Let me check.

This exchange in which A and B nicely build up on each other's intentions could be diagrammed as follows:

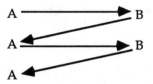

By contrast you would want to give only five points out of ten to the following C/D exchange: (same situation)

C: Hello, what's happened to my car?
D: I don't know.
C: What's happened to my car? (louder)
D: You're crazy!

C would only get seven out of ten points because he (she) repeats himself (herself) instead of clarifying his (her) request/complaint. D would get three out of ten points for a non–collaborative behavior which would be quite insulting in the target culture. The diagram for this exchange might look something like this:

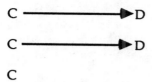

Conclusion

Testing the use of communicative strategies means testing social behavior. Students have not been used to thinking of language use in these terms. For most of them, the goal is to say as much as they can, as correctly as they can. However, you cannot test social behavior if you have not first sensitized the students to the cultural differences in communicative strategies and discussed these differences through observation and evaluation. Only then can you require them to enter temporarily another cultural persona, and adopt a conversational behavior that is foreign to them, (e.g., interrupt even if they **never** interrupt in their mother tongue), or role play a tourist in a hotel even if they have never had to deal with hotel management in their mother culture.

Part 4:

Student Tapescript

and

Testing Tapescript

The following native speakers of Spanish are included on the *¡Imagínate!*
student and testing tapes:

Eduardo Barzana, Mexico
Cathy Mains-Bradley, born in U.S., raised in U.S. and Puerto Rico
Mercedes Fernández Isla, Spain
Rudy Heller, Colombia
José Kleinberg, Colombia
Carmen Helena Martínez, Venezuela
Cristián Rodríguez Martínez, Colombia
Pilar Candiles, Colombia

Student Tapescript

Introducción–Conversación 1

Una joven cuenta a su amigo lo que le ocurrió cuando salió a cenar con otra amiga.

— Marcos, lo que te tengo que contar de María Luisa…
— A ver, a ver, cuéntame…
— Hizo algo muy extraño que todavía no comprendo.
— ¡Ajá! Sí…
— Imagínate, que la otra noche salimos a comer juntas…
— Sí, sí, cuéntame.
— Estábamos en el restaurante, ordenamos la cena. Vino la cena, todo estaba lo más bien cuando de momento, ella mira su reloj, se para y dice, tengo que marcharme, tengo que ir al doctor. Y se fue.
— ¡Qué extraño!
— No sabía qué hacer y no la he visto; no he hablado con ella. ¡No sé para qué tenía la cita o si está bien; no sé!
— Tendrás que llamarla a ver qué pasó.
— Sí, sí, ojalá que no le pase nada. Debo llamarla para ver si está bien.

Introducción–Conversación 2

El profesor hace una explicación a una joven pero ella no lo entiende.

— Mire, Teresita, le voy a com…le voy a explicar un asunto que en términos generales puede sonar difícil para la mayoría de las personas. Se trata en este momento de cómo se está fabricando la vacuna contra la malaria, una vacuna sintética. ¿Usted sabe qué es eso?
— ¿Qué quiere decir sintético?
— Sintético quiere decir que no es un producto biológico sino que es un producto hecho por el hombre en una forma artificial, a expen…, a expensas de reacciones químicas o…
— Ay… no comprendo, profesor. Explíqueme un poco mejor.
— Bueno, espere y verá. En general siempre dos sustancias, cuando se ponen a funcionar, reaccionan entre ellas. Y si esa reacción es muy lenta, es una reacción química, que puede ser acelerada por otra sustancia mediadora que se llama catalizador.
— Que se llama, ¿catalizador?
— Sí.
— ¿Qué es lo que es esa sustancia?
— Y, entonces estas sustancias, eh, entre las dos, que se llaman reactantes, producen un tercer producto, que es el que vamos a llamar sintético. Porque el medio ha sido creado por fuera de un organismo biológico. Entonces, en esa misma forma podemos concebir la posibilidad de crear vacunas sintéticas. Y…
— Ah, ¿me puede repetir eso último? ¿Cómo se crea la vacuna sintética?
— Ay, bueno, O.K., vuelvo otra vez. Ah, dos sustancias se juntan en un medio adecuado y para que la reacción sea efectiva, se usa una tercera sustancia que se llama catalizador y da un producto. Y este producto es el que viene siendo finalmente la vacuna sintética que se va a utilizar después, eh, contra cualquier organismo.
— Ah, entiendo, sí. Entiendo.

Introducción–Conversación 3

Tres amigos conversan sobre una película que vieron recientemente.

— Oigan, ¿vieron esa película «De regreso al futuro»? ¿Qué les pareció?
— Ay, ¡qué película! Me gustó muchísimo.
— A mí me pareció bien. Hay unos puntos que no son reales, pero…
— Bueno, pero eso es… eso… ésa es la razón de ser.
— Yo creo que es lo propio de la ficción, ¿verdad? Una película de ficción así debe ser.
— ¿Pero ustedes saben por qué esa película la han concebido? Básicamente es para mostrar a la gente que eso puede ser factible en algún momento.
— Bueno, es posible. Todo es dejar la imaginación correr y… este … imaginarse lo que uno quiera.
— A mí, realmente, lo que diga la película no me impor… no me interesa mucho. La actuación es lo que más me impresionó.
— A mí me pareció que hay un mensaje verdaderamente científico.
— La escenografía, aaahhh, es para mí lo mejor de todo.
— No, y es divertida también. Es amena.
— No, no, no. Ustedes no le entendieron el mensaje de la película, definitivamente.
— Yo estoy ya harto de buscarle mensajes a películas que no entiendo. La verdad, yo paso el momento y ya.
— Pero fíjense que cuando el carro aparece y desaparece eso es casi como la teoría de Einstein.
— No, no, no. Pero uno va… yo voy al cine…´
— A divertirse.
— Ah claro, —a divertirse, yo estoy de acuerdo contigo. Yo me compro mis palomitas y ya.
— Ustedes no saben ver cine. Yo creo que no saben ver cine. Porque el mensaje yo creo que era ése.
— Bueno, pero cada persona tiene su… su razón de por qué va al cine.
— Al día siguiente yo me compro la crítica, y leo lo que digan y estoy de acuerdo.
— No, pero también tienes que tener tu propio… propio concepto.
— Sí, sí, por supuesto, también.

Capítulo 1–Conversación 1

El primer día de clase, después de las vacaciones, dos amigos descubren que van a estar en la misma clase de historia.

— Hola, Carlos, ¿qué tal? ¿Cómo te va?
— Hola, Carmencita. Mira, ¿cómo te fue de vacaciones?
— Ay, pues muy bien, de maravilla.
— ¡Qué gusto verte!
— ¿Qué clases estás tomando esta mañana?
— Mira, yo todavía no estoy seguro. Lo único que tengo claro es que voy a tomar historia.
— ¿Hoy por la mañana tomas historia? Pues yo también.
— ¿No me digas? Oye, ¡qué gusto!
— Sí. ¿A qué horas la tomas?
— A las diez de la mañana.
— Yo también.
— Ay, ¡vamos a estar juntos, entonces!
— ¡Qué maravilla! Nos vemos en clase entonces.
— ¡Qué bueno!

Capítulo 1–Conversación 2

Dos jóvenes conversan y un tercero se acerca, se hacen las presentaciones y terminan dándose cuenta de que se conocían.

— Carmencita, como te venía contando, las vacaciones fueron fantásticas.
— Ajá.
— Eh, ¿puedo interrumpir?
— Sí, bien pueda…
— Gracias. Buenas tardes. Yo soy Cristián Rodríguez.
— ¿Qué tal, Cristián? Ve, te presento a mi prima.
— Ah, mucho gusto. Encantada.
— Pero, ¿tú eres, eh, Carmencita?
— Sí, ese es mi nombre.
— Y ¿tú no eres prima de Margarita Zapata?
— Sí, Margarita es mi prima.
— Oye, repíteme tu apellido. ¿cuál es, qué es?
— Rodríguez.
— Rodríguez, sí…es, tiene algo relacionado. ¿Qué pareces? ¿Qué opinas tú?
— Sí, yo creo que…¡Es más! Creo que nos conocimos hace varios años en una fiesta en casa de Margarita.
— ¡Ay…ahora, caigo!
— Sí, ¿te acuerdas?
— Yo creo que yo te he conocido a ti antes, ¿eh?
— Ay, pero, ¡qué gusto de verte otra vez! ¡Cómo pasa el tiempo! ¡Qué pequeño es el mundo! ¿Eh?
— Sí… sí, este mundo es un pañuelo. Bueno, yo los dejo. Muchas gracias.
— Muchas gracias.
— Y le haces, le das recuerdos a Margarita cuando la vuelvas a ver.
— Gracias, se lo diré.
— Bueno,
— ¡Que estés bien!
— Adiós.
— Adiós.

Capítulo 1 –Conversación 3

Un joven presenta a dos amigas.

— Carmen, te presento a mi amiga, María José.
— Mucho gusto, María José. ¿Cómo estás?
— Muy bien. Mucho gusto en conocerte.
— ¿Qué les parece si después de clase vamos a tomarnos un café?
— A mí me parece muy buena idea. ¿Por qué no nos vamos?
— Claro que sí. ¡Vamos!
— Ya. Entonces, vamos a clase y nos vemos aquí a la salida y vamos al café.
— Perfecto. Hasta entonces.
— Muy bien. Nos vemos en una hora.

Capítulo 2–Conversación 1

Unos padres conversan con su hija acerca de sus planes para la matrícula en la universidad.

— Marta, ahora que estás terminando la secundaria, es importante que comiences a pensar en la matrícula de la universidad.
— ¡Tan pronto, papá!
— Sí, hija, incluso en solicitar formularios para pedir una beca.

— Porque las universidades hoy en día, todas, son muy, muy costosas. Sí, especialmente, a la universidad a la cual yo quiero asistir, es muy costosa.
— Podemos empezar tú y yo a escribir cartas para pedir formularios.
— Exacto, porque hay plazos fijos y fechas límites que tenemos que cumplir.
— También sería importante pedir referencias, alguna carta a un profesor tuyo.
— Sí, yo quizás pueda pedirle referencia al profesor Martínez. Él siempre ha sido pero muy amable conmigo.
— Y te ha ido muy bien en las clases de él. Además tendrás que escribir una... un ensayo sobre el motivo por el cual quieres asistir a esa universidad.
— Ay, ¿ustedes me pueden ayudar?
— Claro, claro, hija.
— Pero lo importante es que comencemos pronto.
— Sí, papá, la verdad es que me estoy entusiasmando tanto con todo esto.

Capítulo 2–Conversación 2

Dos jóvenes conversan sobre sus cursos y descubren que van a estar en la misma clase de filosofía.

— José, creo que estoy tomando demasiados créditos este semestre.
— Y eso, ¿por qué, Rodolfo?
— Me asigné en demasiadas clases.
— No, pues eso es fácil, elimina algunos cursos.
— Pero no, ya estoy inscrito en todos. No puedo dejarlos ahora. Pero dime una cosa, ¿tú estás tomando filosofía?
— Sí, tomo una clase de filosofía a las tres con el profesor Martínez.
— ¿A las tres?
— Sí.
— ¿Lunes, miércoles y viernes?
— Lunes, miércoles y viernes, sí.
— ¡Estamos en la misma clase!
— Ah, pero, ¡perfecto!
— Claro, podemos estudiar juntos, y me ayudas a pasar el examen.
— Más bien tú, me ayudas a pasar la materia.
— OK, dime, ¿a qué horas almuerzas tú los martes y jueves?
— Doce y media a una, más o menos.
— Podemos almorzar juntos también, porque yo, los miércoles y viernes tengo gimnasia y prefiero no comer, sino cenar nada más.
— Ah no, perfecto, ésa es la hora en que yo visito a la novia.

Capítulo 2–Conversación 3

Dos jóvenes conversan con una profesora sobre el estudio en el extranjero.

— Hola, buenos días. ¿Cómo están?
— Buenos días, profesora García. ¿Cómo está usted?
— Buenos días.
— ¿Qué tal?
— Mire, estamos aquí porque nos interesaría ir a estudiar al extranjero.
— Eh, concretamente, ah, a la Universidad de Salamanca en España.
— ¡Qué buena idea! Salamanca es una ciudad muy bonita. ¿Y por qué Salamanca?
— Pues, ya verás. Eh, mi interés en particular es literatura española del siglo quince.
— Y yo, la verdad que lo que quisiera es vivir con una familia, mientras estudio y así pues, conocer un poco más de las costumbres en España, a pesar de que sean muy similares a las nuestras, pero la experiencia, me gustaría, me gustaría tenerla.

— Sí, los dos proyectos, me parecen muy interesantes. ¿Y cuánto tiempo quieren estar allá?
— Según entiendo, el programa, eh, tiene una duración de un año aproximadamente.
— Sí, es cierto.
— Sí, nos interesaría un año.
— Ummhm.
— ¿Recomienda usted vivir en la misma universidad?
— Pues yo recomendaría vivir con una familia. En primer lugar es más barato y en segundo lugar, así traban amistad con españoles y conocen mejor las costumbres.
— Me parece excelente idea.
— Sí, eso es lo que yo quiero. Y, ¿qué tenemos que hacer? ¿Cuáles son los requisitos?
— Tienen que rellenar algunos formularios. También estaría bien escribir una carta, contando por qué quieren ir. Tienen bastante tiempo para hacerlo. El plazo no termina hasta el 6 de junio.
— Ah, está bien…
— Ah, muy bien…

Capítulo 3–Conversación 1
Una joven explica a su amigo cómo llegar a la casa de quien celebra una fiesta.

— Oye, ¿sabes cómo llegar a la casa de Mariana donde va a ser la fiesta el sábado?
— No, yo quiero ir, pero no sé llegar allá. Explícame.
— Ah, pues, mira. ¿Te acuerdas en el centro del pueblo, esto, la iglesia en la plaza? ¿Sabes dónde es?
— La iglesia…¿la de la cúpula grande?
— Exactamente, la plaza.
— Sí, sí.
— OK. De allí te voy a dirigir porque es la forma más fácil de llegar.
— OK.
— Frente a la iglesia, hay una calle. Es la calle Violeta. Vas derecho en la calle Violeta hasta el final de la calle. Doblas a la izquierda…
— ¿Cuántas cuadras son…son?
— O, son…como…como cuatro o cinco.
— Ya.
— Pero, de todos modos vas derecho, y la calle se termina. La calle Violeta se termina. Y cuando llegas a esa intersección, entonces doblas a la izquierda, y sigues derecho dos cuadras hasta que llegues al anuncio de pare.
— Ya.
— OK. Y luego doblas a la izquierda otra vez y dos casas más abajo, la conoces en seguida porque es donde está toda… va a estar toda la gente, donde va a estar el escándalo y el ruido y sabes que llegaste.
— Ya, ¿de qué color es la casa?
— Bueno, de noche no se va a ver el color, pero es color de rosa, de todos modos.
— Ah, ya. OK. Entonces, ¿la fiesta es a las siete?
— A las siete.
— Ojalá no me pierda yo buscándola.
— Oye, si te pierdes, sigue el ruido.
— Ya. Busco el ruido y así encuentro la casa.
— Muy bien. Nos vemos entonces.
— Ya. A las siete. Chao, pues.
— Chao.

Capítulo 3–Conversación 2

Una joven cuenta a su amiga sobre su cita con Roberto el viernes pasado.

— Elena, ¡qué casualidad! Justo la persona a quien quería ver.
— Sí, Rosa, y ¿por qué?
— Porque te quería contar sobre mi cita el viernes pasado.
— ¿Qué cita? No me digas.
— Pues tuve una cita con Roberto, un chico que conocí en clase.
— Y, ¿qué tal es?
— Bueno, es encantador. Es alto, guapo, va a ser ingeniero…
— Uy, pero, ¡qué bien!
— Y fíjate que la cita fue maravillosa.
— ¿Qué hicieron?
— Pues me vino a buscar a la casa. Me llevó a cenar. Luego fuimos a bailar, y terminamos la noche en una fiesta.
— ¿Y baila bien?
— Es encantador y baila divinamente bien.
— Ay, pero Rosa, ¡qué maravilla! ¿Y lo vas a volver a ver?
— Sí, dijo que nos veamos otra vez este fin de semana.
— ¡Qué bien!

Capítulo 3–Conversación 3

A una señora se le ha perdido el anillo de bodas en el baño, y desesperada, llama al plomero.

— Plomería San Vicente y Hermanos, Limitada, a la orden.
— ¡Aló! Me tienen que ayudar, señores. Estoy desesperada.
— Cálmese, señora. ¿En qué le podemos ayudar?
— Pues, se me ha perdido mi anillo de bodas.
— Somos una compañía experta en plomería; no somos detectives.
— Ay, por eso es que lo llamo, señor, porque se me ha perdido el anillo en el baño y no lo encuentro.
— Bueno, en el baño, ¿dónde? ¿En el lavamanos, en la tina, en el inodoro?
— Pues, no sé, pero, ¡ay, fíjese que aquí veo, aquí lo veo! Está… está en el lavamanos.
— ¿En qué parte del lavamanos?
— Pues aquí lo veo, mire aquí está.
— pero, ¿adónde? ¿Adónde?
— En el lavamanos.
— ¿En el lavamanos? ¿En qué parte del lavamanos?
— Pues ahí abajo, abajo está.
— En el tapete, señora, explíquese.
— ¿Qué es eso de tapete? Está allá abajo.
— Eh, ¿diría usted en el tubo?
— ¿Qué tubo? Está abajo; se ve de arriba, está abajo.
— Señora, ¿hay un gabinete que cubre el lavamanos?
— Sí, sí.
— Pues, abra la compuerta.
— Ajá.
— ¿Ve usted un tubo?
— Sí, aquí está un tubo. ¿Está dentro de ese tubo?
— Pregunto yo, no usted.
— Sí, ya veo el tubo.
— Eh, bueno, señora, para ahorrarle a usted el viaje, le recomiendo que utilice una llave inglesa y comience a remover el tubo.

— ¿Qué es eso de llave inglesa? Yo no entiendo eso.
— Señora, OK, eh, mire, estaré ahí en cinco minutos y la saco de este percance.
— Ay, gracias.

Capítulo 4–Conversación 1
Un joven solicita un puesto en una empresa.

— Buenos días, señorita. Vengo a buscar trabajo.
— Ah, buenos días. Entonces, usted viene a solicitar el puesto de vendedor con nuestra empresa.
— Así es, señorita.
— Y, ¿cuál es su nombre?
— Eh, Yo me llamo Carlos Martínez.
— Y ¿su segundo apellido?
— Carlos Martínez Gómez, a sus órdenes, señorita.
— Muy bien, y ¿su fecha de nacimiento, por favor?
— Yo nací el 29 de abril del treinta y cinco.
— Y ¿de qué nacionalidad es?
— Yo soy colombiano.
— Ajá, ¿usted es casado, soltero?
— Pues,… casado, pero… divorciado, para decir la verdad.
— Ajá, sí, muy bien. Eh… ¿su dirección, por favor?
— Yo vivo en la calle 45, número 3-21, en el apartamento 801.
— Ajá, muy bi… Y su tele… ¿su número de teléfono?
— Es el…ocho, cuarenta y tres, treinta y dos, veintitrés.
— Ah muy bien, entonces ya tenemos toda la información aquí y le avisaremos.
— Bueno, muchas gracias, señorita.

Capítulo 4–Conversación 2
La jefa de personal continúa entrevistando al joven interesado en el puesto de vendedor.

— Señor Martínez, me gustaría que me hablara un poco sobre… eh… por qué quiere trabajar para nuestra empresa.
— Bueno, a mí me han dicho que esta empresa tiene… que aquí el vendedor tiene mucho futuro. Se puede comenzar, eh, trabajando de vendedor sencillo, pues, así de puerta en puerta, y progresando y progresando, uno llega a ser gerente de ventas en un lapso de tiempo muy corto.
— Bueno, así esperamos, ¿no? Y, ¿cuáles son sus calificaciones?
— Bueno, yo estudié, eh, administración de empresas con especialización en ventas. Y como… como yo soy buen vendedor, yo en el colegio y… y en la universidad vendía mucho, cosas así a mis compañeros. Entonces yo sé que soy buen vendedor.
— Ajá, muy bien… y éste es… o sea de que, ¿sus planes futuros en realidad es hacer carrera dentro de esta empresa?
— Ah, sí, señorita. Como es una buena empresa y tiene mucha prestancia, pues, sí.

Capítulo 4–Conversación 3
El joven aspirante le hace preguntas a la jefa de personal sobre el puesto de vendedor.

— Dígame una cosa…
— ¿Sí…?
— ¿Aquí los…. aquí pagan sueldo y comisión, o solamente comisión? ¿Cómo hacen?

— Al nivel de… de vendedor que usted está aplicando, le pagamos un salario o sueldo, y este… y le pagamos los gastos de transporte, y luego más adelante, pues, si usted continúa con nosotros, y pasa a un puesto un poco más alto, ya entonces, eh, tendrá también comisión.

— Pero, perdone la pregunta, señorita, eh…

— Sí, dígame.

— ¿Aquí me proporcionan carro?

— No, al nivel suyo, no. Eh… este… eso podríamos quizás, ah, discutirlo una vez que hayamos decidido si lo vamos a emplear o no.

— La verdad es que, yo no tengo carro ahora, entonces no sé cómo me… cómo iría de empresa a empresa a vender.

— Bueno, eso en realidad está fuera de… de mi… de mi territorio, ¿no? Eso yo… yo no podría prometerle nada en ese aspecto.

— Pero en un futuro usted ve que hay posibilidades …

— Sí, en un futuro, sí, cómo no.

— Ah, ya, muy bien…. Dígame, le hago otra pregunta….

— Sí.

— Eh, ¿cuántos vendedores hay aquí?

— Eh, en este momento tenemos al nivel uno, tenemos quince vendedores.

— Ajá.

— Luego, está… el nivel dos, como le expliqué, que ya es por comisión, y el salario más bajo, eso… son cinco vendedores.

— Ya… ¿y ésos son como supervisores?

— No, ellos tienen unas áreas de venta mucho más grandes que las del nivel uno.

— Ah, ya. Y dígame, ¿quién sería mi jefe? ¿Mi jefe también es vendedor?

— No, su jefe sería uno… uno de los gerentes de la región.

— Ah, ya, ya. Y los productos, eh, ¿se venden fácil o es difícil?

— O, sí, ¡cómo no! Todo el mundo está, eh, muy contento con nuestros productos.

— Ah, bueno, entonces así, sí…

— Sí. Bueno, eh, señor Martínez, encantada de conocerle y ya le avisaremos de nuestra decisión.

— Bueno, le agradezco mucho su tiempo, señorita. Muy amable.

— Muchas gracias.

Capítulo 5–Conversación 1

Tres amigos se enteran de que sus vacaciones son los mismos días. Quieren hacer un viaje juntos pero no se ponen de acuerdo.

— Oigan esto. Me acaban de avisar que… que… tengo quince días de vacaciones a principios del año que entra.

— Ah, pues yo pedí los mismos… las mismas dos semanas a principios de año. Las pedí libre y me las dieron.

— ¿El dos de enero? ¿Quince días? Yo también.

— ¡Qué bueno!

— Vamos organizando algo juntos.

— ¿Vamos juntos? Vamos a viajar juntos, ¿sí? ¿Qué países vamos a visitar?

— Pues yo tengo ganas de ir a Sudamérica.

— Buena idea. Sur América es genial.

— Sí, ¿por qué no comenzamos con Ecuador?

— Ecuador ya está un poco abajo.

— Y, ¿por qué quieres ir a Ecuador?

— Ay no, me encantaría ir a Ecuador. Parece que Quito es una ciudad preciosa. Y luego, pues lo que me interesa más, en realidad, es volar a las Islas Galápagos.

— Ah, sí. Sí. He oído hablar de eso.

— Yo donde tengo muchas ganas de ir es a Argentina. Ehh... visitar las Pampas, visitar el Río de la Plata. Y ya que estamos por ahí, pasamos a Uruguay, a Montevideo. También dicen que es ciudad muy bonita.

— Sí, pero fíjate qué interesante sería ir a las Islas Galápagos.

— No. Espera y verás. Francamente yo tengo una mejor idea. Yo quiero que conozcamos en el Perú: Machu Picchu y Tiahuanaco. Son unos sitios interesantísimos.

— Miren. Todos esos lugares son muy bonitos pero, ¿cómo vamos a viajar de un lugar a otro? Tenemos nada más quince días.

— Yo he oído hablar de que en tren es muy fácil y es muy barato.

— Sí, pero en tren, imagínate el tiempo que nos toma.

— Pero a mí me parece que vamos a necesitar muchísimo dinero para un viaje de ese tipo.

— Y tiempo. Si vamos a visitar tres países y vamos a volar hasta las Galápagos, y vamos a... vamos a necesitar muchísimo tiempo.

— Pero el problema por avión es peor. Porque los pasajes de un país a otro en Sur América son más costosos.

— Bueno, no habrá en Sudamérica una cosa que por un solo precio pueda uno utilizar muchos....

— No hay, no hay, definitivamente, no....

— Que yo sepa, no.

— Yo, de todas maneras, yo prefiero ir primero a Machu Picchu, Tiahuanaco y porque es mi idea. Es mi intención.

— Pues chico, yo creo que vamos a... entonces... a que... tomar las vacaciones separados ... porque yo ya tengo mi corazón ya puesto en que voy a visitar las Galápagos.

— Vamos a hacer una cosa. Lo pensamos y nos juntamos en un par de días y discutimos ya bien si podemos hacer el viaje juntos.

— Bueno, buena idea. Yo creo que sí.

— OK, está bien.

— Bueno.

Capítulo 5–Conversación 2
Tres amigos se reúnen y planifican el viaje que harán juntos.

— Bueno, yo me voy a encargar de la organización de esto. ¿Quién va a traer los pasaportes?

— Los pasaportes, yo puedo buscarlos.

— ¿Y las visas también?

— Y las visas, sí.

— OK, muy bien. Y, ¿quién se encarga del hotel?

— Yo me encargo de los hoteles.

— Haces las, eh, las reservaciones.

— Sí, en cuanto, en cuanto tú nos digas, le, cuando vamos a volar, hago las reservaciones.

— OK, ahh, ésa es otra cosa, ¿los pasajes aéreos? Yo consigo los pasajes aéreos. Y tenemos que hacer una lista de todas las cosas que tenemos que llevar.

— Sí, porque vamos a necesitar ropa para clima frío y ropa para clima caliente.

— Exacto, exacto, y también, ¿tú te encargas de las cámaras?

— Sí, me encargo de las cámaras. ¿Qué tipo de cámaras creen que sería mejor traer? ¿Video o cámara regular?

— De ambas, de ambas. Tú te encargas de las cámaras, ambas cámaras, y tú consigues las películas y los bombillos, lo que necesitemos.

— Y, ¿cuántas maletas, cada uno puede llevar?

— Cuando hagas las reservaciones del avión, ellos te dicen.

— Ah, muy bien.
— Yo creo que son dos maletas cada uno. Bueno, entonces…
— Entonces, pregunta.
— Sí, ya sabemos qué vamos a hacer. Tú te encargas de los pasaportes y las visas, tú te encargas del hotel, yo hago las reservaciones aéreas…
— Yo me encargo de las cámaras.
— Ya.
— Estamos listos para viajar.
— Muy bien.
— OK, vámonos.

Capítulo 5–Conversación 3

Los tres amigos se reúnen otra vez y establecen sus planes y sus horas de salida.

— ¡Qué emocionante! Ya mañana salimos de viaje, eh, ¿a qué hora nos vamos a encontrar en el aeropuerto?
— Bueno, para que no dejemos el carro allá, mi mamá nos va a recoger a todos.
— ¿A qué hora?
— Yo creo que te recogemos a ti a las ocho y media y luego a ti, faltando un cuarto para las nueve, para que lleguemos al aeropuerto a las nueve y cuarto, porque el vuelo sale a las diez y cuarto.
— Muy, muy bien, muy bien, y cuando lleguemos ahí, ¿tenemos que llevar las maletas?
— Exacto, entregamos las maletas, hacemos chequear los pasajes y estamos listos para viajar.
— Hay que pasar por la inmigración.
— Ah, sí, claro, necesitamos más tiempo.
— Hay que pagar los impuestos. Sí, necesitamos más tiempo. Tenemos que estar en el aeropuerto a las, a las ocho y media, yo creo.
— Sí, y yo tengo que comprar algo en la tienda libre de impuestos, porque quiero llevar, quiero comprar un radio de onda corta.
— Muy bien, ¿por qué no, no lo hacemos, que nos recoja tu mamá, cosa de que lleguemos a la… al aeropuerto a las ocho y media?
— O sea, una media, una hora antes, a las siete y media, y a ti te recogemos faltando un cuarto para las ocho.
— A un cuarto para las ocho, perfectamente.
— OK, y en Quito, es nuestra primera parada. ¿Vamos a alquilar un carro?
— Yo creo que sí.
— ¿Y no saldrá muy costoso?
— Pues no sé, porque… ¿Cómo vamos a llegar del aeropuerto al hotel?
— Pues en un… en un autobús.
— Aunque fíjate que si vamos para, para las Galápagos, pues entonces tenemos que hacer reservación e ir inmediatamente.
— Bueno, pero hablemos de eso una vez que lleguemos al Ecuador. Comencemos primero con… Arreglamos… a las siete y media te recojo a ti, y a ti te recojo faltando un cuarto para las ocho. Mi mamá nos deja en el aeropuerto y ella se vuelve en el carro.
— ¡Fantástico, no puedo esperar! ¡Estoy loca por irme!
— ¡Yo estoy listo para viajar ya!
— Ay, ¡qué emocionante!

Capítulo 6–Conversación 1
Una joven cuenta una anécdota a su amiga sobre ella y su hermano cuando eran niños.

— Te voy a contar algo increíble.
— A ver.
— Imagínate que un día mi papá decide regalarnos los disfraces de Batman y Robin. Entonces, mi hermano, como es el menor, él es Robin y yo soy la mayor, entonces, yo soy Batman.
— Claro.
— Bueno, dos días después, decidimos que Batman y Robin se van para una misión. Y nos subimos al tejado.
— Uy. ¡Qué horror!
— Nos tomamos de las manos y decimos, «Batman y Robin a la misión» y brincamos del tejado abajo, desde el tercer piso. Y en esas, mi papá llega.
— Y ¿qué pasó?
— Y nos ve. No, pues, que nos ve en el jardín todos llenos de las espinas de las rosas de mi mamá.
— Ay, ¡Dios mío!
— Bueno, nos castigaron tres días en la casa y mi papá no se aguantó con nosotros y nos sacó a la calle otra vez.
— Ah, pues, comprendo. Sí, es muy comprensible el cuento.

Capítulo 6–Conversación 2
Una joven cuenta una anécdota a su amiga sobre su hermano cuando era pequeño.

— Oye, conoces a mi hermano, ¿no?
— Sí, sí, sí lo conozco.
— Y sabes que es muy serio y muy formal….
— Ajá, sí, ajá.
— Pues te voy a contar un cuento para que veas que es una persona completamente diferente ahora a lo que era antes.
— No me digas.
— Bueno, estábamos nosotros en familia, de vacaciones en Santa Cruz.
— Ajá.
— Y, pues, papi decidió que estábamos ya grandecitos, así que nos iba a llevar a un restaurante muy formal y muy fino. Así que nos vestimos todos en nuestras mejores galas.
— Imagínate, tú.
— Y bueno, claro. Y entonces fuimos. Y que si sopa de tortuga…, y que si esto y que si lo otro.
— Ay, ¡Dios mío!
— Bueno, sí. A todo lo que da. Bueno, de todos modos, estábamos así nosotros comiendo, y tú sabes que los meseros a veces, cuando son niños, pues son niños, pues no, no se ocupan mucho, ¿verdad?
— Ajá, sí.
— Entonces, estábamos comiendo y estábamos comiendo. Y de momento el mesero decide que mi hermano ha terminado de comer. Y le trata de quitar el plato de la comida. Y mi hermano toma el tenedor….
— Ay, ¡Dios mío!
— …y lo apuñaló con el tenedor. (Se ríen.)
— ¡Qué horror! ¡No!
— Bueno, el mesero dejó caer el plato y dio un grito que quedó en el cielo.
— Me puedo… ay, ¡Dios mío! Qué horror, y ¿qué pasó después?
— Bueno, mami se iba a morir… (Risas)

— (Risas) ¡Yo creo que sí! Ay...
— Pero mi hermano siguió comiendo....
— Ay, ¡qué chistoso, por Dios!

Capítulo 6–Conversación 3

Una madre cuenta a un amigo una anécdota sobre su hijo.

— Pues Carlos, oye lo que me ha sucedido. Eh, a mí no me gusta tener animales en la casa.
— No.
— Y, entonces, pues, mis hijos hasta cierto punto se sienten un poco como, como mal, ¿no?, porque no pueden tener animales en la casa. Entonces, a mi hijo de diez años se le ocurre...
— ¿Cómo se llama él?
— Riqui.
— Ajá.
— Se le ocurre que él quiere tener un animal.
— Ajá.
— Y, ¿sabes con qué se presenta a la casa?
— ¿Con qué?
— Con una rana... pero tenías que ver el tamaño de la rana. A mí no me gustan las ranas. Cuando llega con aquella rana, yo no lo dejo entrar en la casa.
— Ajá.
— Sino, digo: No... tienes que dejar la rana afuera. Bueno, después de una gran discusión, eh, pues deja la rana afuera. A la mañana siguiente, pues, la rana está ahí.
— ¿Dónde?
— Afuera. Tranquila. La metió en un, en un cubo.
— ¿En el jardín?
— En el jardín. La metió en un cubo.
— Ajá.
— Y, este, eh... pues le daba su comida todo... le daba su comida todos los días.
— Y eso, ¿qué le daba? ¿Moscos o qué?
— Eh, ¡No me preguntes! No, sé. Total es que pasan los días y llega ayer.
— Sí.
— Salimos afuera y encontramos que la rana no está.
— No estaba...
— No está...
— Ah, pero tú si le estabas poniendo cuidado a la rana porque desde que...
— No, no, la rana se desapareció. Y resulta que el vecino de al lado nos dice de que lo que sucedió fue... que un perro inmenso, de...que vive como tres casas más abajo...
— ¿Un dálmata? ¿O cuál?
— No sé qué, qué clase de perro es, pero un perro inmenso llegó al cubo y se comió la rana.
— ¡Así es la cosa!

Capítulo 7–Conversación 1

Un señor y una señora regatean el precio de las naranjas en el mercado.

— Buenas tardes. ¿Qué se le ofrece, señor?
— Yo quiero comprar naranjas. Tenemos que hacer un jugo esta noche en la casa.
— Mire, éstas están muy, muy bien.
— Sí, pero dígame, señorita, ¿no hay unas más grandecitas?

— Eh no, en realidad todas las naranjas que tenemos hoy son éstas que ve usted aquí.
— Y ¿a cómo están?
— Pues, mire, eh, si las compra por unidad son a quince pesos cada una.
— Ajá.
— Si las compra a media docena son cuarenta pesos...
— Ah, un buen discuento.
— Y si compra la docena entera son setenta y cinco pesos. ¿Qué le parece?
— Bueno, mire, yo necesito hacer jugo para catorce personas, así que necesito como cuánto, ¿dos docenas, diría usted?
— Dos docenas, sí, está bien.
— Bueno, yo quiero dos docenas de éstas, éstas son a setenta y cinco, ¿no?
— Sí, exactamente.
— Entonces, señora, si le compro dos docenas, son ciento cincuenta. ¿Me las deja por ciento veinte?
— Um, ciento treinta, ¿qué le parece?
— Trancémonos por ciento veinticinco, pues.
— Bueno, ya son las siete de la tarde y tengo ganas de cerrar. De acuerdo, ciento veinticinco.
— Dos docenas por ciento veinticinco. Gracias, señora.
— Adiós, señor.

Capítulo 7–Conversación 2
Un joven desea devolver los zapatos que compró pero el dependiente no quiere aceptarlos.

— Sí, señor. Buenas tardes. ¿En qué le podemos servir?
— Buenas tardes, señor. Vea, tengo un problema. Yo tengo que devolver estos zapatos porque definitivamente me quedan muy apretados.
— Sí, señor, pero cuando usted los llevó, eh, le quedaban perfectamente.
— Sí, pero usted me insistió de que con un uso adecuado... iban a ceder y me iban a quedar más confortables, y eso no ha ocurrido.
— Pero, si mal no recuerdo, cuando usted los compró, venía con unas medias delgadas. Ahora está usando tal vez...
— Yo no creo...
— ... unas medias...
— ... que eso influya mucho. Además, estos zapatos son como de un material, eh, muy ordinario. Yo lo que quiero es que me los cambie o que me devuelva el dinero.
— Sí, señor. Parece que usted cambió de gusto desde que compró los zapatos, y los usó...
— Yo no he cambiado de gusto....
— Y entonces ya no se lo podemos devolver. No, no se lo podemos aceptar.
— Yo no he cambiado de gusto. Lo que pasa es que estos zapatos no son buenos. Me quedan muy apretados. Me están doliendo los pies. Usted tiene... tiene que hacer algo.
— Bueno, pero es que ya ha pasado una semana desde que usted los llevó y entonces realmente este problema, yo no lo puedo resolver. Tengo que llamar al dueño. Permítame un momento.

Capítulo 7–Conversación 3
Un joven entra en una tienda en busca de un vestido para su novia.

— Buenas tardes, señor. ¿En qué puedo servirle?

— Gracias señorita, eh, ando buscando un vestido para mi novia. Mi novia tiene un talle parecido al suyo. Eh, me gustaría un vestido, eh, de color rojo, tal vez de mangas largas...

— Ajá, muy bien.

— ...y de falda por encima de la rodilla.

— Ajá, muy bien. Eh, debe ser entonces una talla 10. Aquí tenemos este vestido. ¿Qué le parece?

— Sí, este vestido está agradable. Pero este color rojo, eh, es como apagado. Quiero un rojo más vivo...

— Más vivo....

— ...y...tal vez descotado.

— ¡Como no! Mire, aquí está éste. ¿Qué le parece éste? Es de la mejor seda.

— Sí, eh... ¿Por qué no me hace el favor de ponérselo ... eh, de esa manera, eh me doy cuenta de cómo luce....

————————

— Ah, pues, mire, aquí está. ¿Qué le parece?

— Sí, sí, éste le queda perfecto. Ajá. Bueno, eh, entonces me llevo el rojo.

Capítulo 8–Conversación 1

El paciente, después de oír el diagnóstico del médico, no quiere seguir sus recomendaciones.

— Buenas tardes, doctor Méndez. Aquí visitándolo a ver qué noticias me tiene de mis análisis de la semana pasada.

— ¿Cómo me le va, mi señor? En este momento la noticia que le tengo es muy seria....

— No me diga.

— Todos los análisis y el examen médico que le he practicado la defina a usted como un paciente de alto riesgo a infarto del corazón.

— Ay... ya me puso esto nervioso y... y, ¿qué me sugiere usted hacer?

— Bueno, hay muchas medidas que vamos a tomar. Primero, pienso yo que... hay que ... cambiar la dieta y dejar la grasa.

— Ay, doctor, pero... yo... yo... yo necesito comer varias veces... y... y... comer nada más verduras y cosas vegetarianas... e... siento que no me llena.

— Es importante que usted tenga conciencia de estas cosas. Y la otra medida que vamos a tomar, que le sugiero, es hacer ejercicio. Tiene que dejar a un lado la vida sedentaria.

— Ay, doctor, mire. Yo hace muchos años que, que no hago ejercicio. Cuando era joven, yo era muy deportista, pero usted sabe, el trabajo y las obligaciones en la casa, y... pues no es fácil, ¿verdad?

— Bueno, de todas maneras, yo insisto que usted debe hacer algún ejercicio.

— Pero, bueno, a ver ¿qué, qué tipo de... de deporte me recomendaría usted, doctor?

— Por ejemplo, trotar. ¿Qué opina usted del trote todas las mañanas?

— Ay, es muy aburrido. Es demasiado aburrido.

— Y, por ejemplo, practicar tenis es... con algún amigo, algún conocido.

— No, eso sería, como ya le dije son deportes en que se necesita mucha energía. Yo hace mucho tiempo que no utilizo mis músculos, doctor.

— Señor, usted tiene que pensar en su salud.

— Pero, ¡qué barbaridad! Me quiere usted que de la noche a la mañana me ponga a hacer un deporte que es muy difícil.

— Bueno, y ¿qué opina, por ejemplo, de la natación? Ése es un ejercicio sencillo, práctico, y no requiere mucho tiempo.

— Mire, la natación a mí me gusta. A mí… Yo era… nadaba mucho de joven, pero ahora me… me arden los ojos mucho con el cloro que le ponen en las albercas.

— ¡Ah!, definitivamente usted es una persona difícil. ¿Por qué entonces, finalmente, no se dedica a perseguir muchachas?

Capítulo 8–Conversación 2

Un joven necesita completar sus cursos y le pide consejo a su amiga sobre qué curso tomar.

— Oye, me faltan tres créditos para completar los cursos de este semestre. ¿Qué me recomiendas tú?

— Pues un curso de psicología, muchacho.

— ¿De psicología? Y, y, ¿cómo son esos cursos?

— Son absolutamente fantásticos porque, mira, no solamente aprendes sobre cómo la gente actúa de la forma en que actúan, pero aprendes sobre ti mismo y puedes crecer.

— Pero, ¿es difícil o fácil ese curso de psicología?

— Bueno, uno tiene que leer, y tiene que aplicarse, pero es fácil.

— Tú te has especializado en psicología. ¿No es cierto?

— O sí.

— O sea, que, ¿has tomado muchos cursos?

— O sí, sí, me faltan dos, dos clases.

— Y… ¿Y los profesores son simpáticos, los cursos son divertidos o es puro estudio, estudio, y lectura y lectura?

— Bueno, depende del profesor y claro está mientras más clases uno toma pues más interesantes son las clases, pero hay… hay profesores interesantes también porque como están estudiando eso de la psicología ellos se estudian ellos mismos. Bueno, hay gente que dice que hay profesores que son … tienen sus rareces.

— ¿Tú, tú me recomiendas el curso de introducción? ¿Comienzo con ése?

— Esto… tú… ¿No has estudiado la psicología antes?

— No, no. Es que nunca he estudiado….

— Ah, pues, entonces ése sería perfecto para ti, y lo que tienes que recordar es tomarlo con el profesor Rodríguez, que es mucho más interesante que el profesor Méndez.

— Ya. Y, ¿es fácil?

— Sí, es…

— ¿Los exámenes que él da son difíciles?

— No, todo del libro.

— Ya. OK. Muy bien. Entonces creo que voy a tomar ése.

Capítulo 8–Conversación 3

Un joven desea comenzar a trotar y le pide consejos a su amigo.

— Pedro, con toda esta gente trotando y haciendo ejercicio, a mí me parece que yo también debería trotar un poco. Tú, ¿qué opinas?

— Te lo recomiendo. Eso de trotar es lo mejor que puede hacer uno.

— Sí, ¿tú tienes experiencia? ¿Tú trotas?

— Mira, yo llevo cinco años trotando… todos los días. Corro tres kilómetros diarios mínimos.

— ¿Y cómo te sientes?

— Magnífico.

— ¿Pero no se cansa uno mucho?

— Al principio te puedes cansar un poquito, pero poco a poco tienes que correr y si no corres, te sientes mal.

— Ajá, ¿y qué ropa se usa? ¿Qué ropa me recomiendas? ¿Sudaderas o… ?

— Bueno, mira… sí, sí, tienes una sudadera, unas camisetas y, y unos pantalones cortos. Con eso tienes suficiente. Lo más importante es que te compres unos zapatos cómodos y zapatos especiales para correr.

— ¡Ah! ¿Hay zapatos ya especiales para correr entonces?

— Ah sí, sí, sí. Hay zapatos que te protegen el pie, los tobillos, las rodillas. Es decir, el zapato es la parte más importante del vestuario para correr.

— Oye, y la primera semana, ¿cuántas millas piensas que yo deba correr?

— No, no, no. Comienzas con lo que te dé el cuerpo. Comienzas un poquito y cada día vas aumentando un poco. Los primeros días te va a quedar molido el cuerpo porque no has hecho ejercicio. ¿No es cierto que tú no haces ejercicio?

— No, yo no, poco.

— Ya. Entonces, los primeros días corres poco, y poco a poco vas aumentando la cantidad que corres. Pero, cómprate unos buenos zapatos.

— Salgo corriendo entonces.

— Exacto. Sales corriendo de aquí.

Capítulo 9–Conversación 1
Un joven cuenta las últimas noticias a su amigo sobre personas que ambos conocen.

— Eduardo, ¿sabes la última noticia?

— A ver, cuéntame.

— Pepe se ganó la lotería.

— ¿Ese suertudo?

— Imagínate. Doce millones de pesos.

— ¡Qué bárbaro! Y… ¿Qué piensa hacer él con tanto dinero?

— Yo no sé. Él como es tan bobito, ni sabrá qué hacer con eso.

— ¡Ay! ¡Qué bárbaro!

— Y ¿sabes que allí mismo en el trabajo estaban contando que… que el … el José?

— Sí.

— Se casó.

— Sí, me acuerdo de él, me acuerdo de él… ¿Se casó?

— Sí.

— Ese tipo….

— Adivina con quién.

— ¿Con quién?

— Con Rosita.

— ¿De veras?

— Sí, ¿conoces a Rosita bien?

— Sí, claro. ¿Cómo no?

— Una chusquita ella, bajita de ojos claros.

— Mucho, mucho, muy bonita es la muchacha.

— No, y él está yendo bien y lo ajuició porque hasta dejó el vicio de fumar y de tomar.

— ¡Qué bueno! Fíjate que… qué bueno porque merecía él tener una novia buena.

— Excelente… En un momento de esos que uno está allí en el trabajo discutiendo y todo, también, me di cuenta que el gerente estuvo gravísimo hospitalizado.

— No me digas eso.

— Lo operaron de la vesícula. Estuvo en cirugía en unidad de cuidado intensivo, grave.

— ¿De verdad?

— Pero ya está mejor.

— Pobre hombre.

— No, la familia está muy contenta porque a ése lo declararon casi muerto.

— Pues me lo imagino con esos casos.

— Imagínese.

Capítulo 9–Conversación 2

Tres amigos conversan sobre sus planes después de la graduación. Dos de ellos no tienen tan buenas noticias sobre sus planes futuros.

— Señores, estoy contentísima. No me aguanto. Mañana es la graduación. ¡Qué felicidad! Salir de aquí. Ya tengo mi nuevo trabajo. Estoy extática. Voy a ser vendedora. No me aguanto. No me aguanto.
— ¡Qué noticia tan buena! Me alegro muchísimo.
— Mujer, estás hecha.
— Me veo como presidenta de la compañía. Y ustedes, ¿qué van a hacer?
— Uy, no tenemos tan buenas noticias.
— Ay no…
— Y, ¿eso por qué? ¿Qué pasó?
— Yo estoy tristísima. Imaginaos que mi novio se va un año entero a estudiar a Europa.
— No.
— Y bueno y…
— Y…
— ¿Qué van a hacer? ¿Qué va a pasar aquí?
— Escribimos cartas, es lo único.
— Pero…
— Mercedes, te puedes ir a Europa.
— No, no puedo, tengo que trabajar.
— Ay, ¡qué tragedia! Eso sí que está muy triste.
— Sí, imaginaos que encuentra otra novia allá.
— Y a ti, ¿qué vas a hacer?
— Yo pues, yo en la olla.
— Pero, ¿por qué? ¿Qué te pasa?
— Hoy presenté el examen de admisión a la Universidad de Medicina y fracasé. Estoy seguro que fracasé.
— No me digas.
— Sí, durísimo ese examen.
— Ay, ¡qué tragedia! Pero, ¿no hay otra forma? ¿No lo puedes tomar otra vez?
— El año entrante. Mientras tanto, ¿qué voy a hacer?
— Ay, pues tomar un curso, algo, para practicar, algo, porque ay…
— Yo tengo una idea. Mira, Mercedes, mientras tu novio está en Europa yo salgo contigo y a ti te ayudo en el trabajo.
— Bueno, así nos consolamos.
— Solución.
— Solución.

Capítulo 9–Conversación 3

Dos amigos esperan impacientes a un amigo para entrar en el cine. El amigo, como siempre, llega tarde.

— Gerardo, mira la hora que es y Jorge como de costumbre no ha llegado. Vamos a perder la película.
— No te impacientes. Él llega tarde pero estoy seguro que va a llegar.
— Buenas… eh, buenas… ¿Ya compraron los boletos?
— No, te estábamos esperando.
— Oye, ¿qué horas de llegar son éstas? Creo que ya, tú sabes que a mí no me gusta entrar a la película tarde.
— Eh, lo, lo entiendo, ¡qué pena con ustedes! Pero es que no se imaginan lo congestionado que estaba el tráfico.

— Ah, siempre con disculpas. Desde que se inventaron las disculpas, todo el mundo queda bien.

— Bueno, bueno, ya ustedes me conocen. Esto todo es parte del paseo.

— Bueno, no peleemos más, decidamos qué vamos a hacer. Son las siete y cuarto. Ya no podemos entrar en esta película. ¿Por qué no vamos aquí al restaurante de al lado?

— No sé.

— Cenamos y luego vemos la función de las nueve.

— Me parece bien.

— Bueno, está bien. ¿Qué vamos a hacer?

— No, pero, sigues enfadada tú, ¿no es cierto? Tranquilízate, yo creo que vamos a gozar esta cena.

— Ya se me pasará.

— Así lo creo.

Capítulo 10–Conversación 1

Tres amigos discuten sobre las ventajas y desventajas de las computadoras.

— Estoy contentísimo con mi computadora. Ayer la llevé a la casa, la desempaqué, la armamos entre todos, y trabajé hasta las tres de la mañana programándola.

— No, m'ijito, está como con juguete nuevo, pues.

— Ah, es que es maravilloso. No hay como tener una computadora en casa.

— Fiebre de computadora aquí. Fiebre de computadora allá. Y yo creo que esas máquinas son horribles.

— No, no, a mí sí me gustan, a mí me parece que lo importante es saberlas usar. Yo nunca podría quedarme al frente de una computadora más de tres horas, pero me gusta manejar los paquetes que salen nuevos al mercado, y creo que es algo muy práctico que le facilita a uno mucho la vida.

— Oye. Hacen todo. Es decir, yo ya no tengo que volver a trabajar. Esa máquina hace absolutamente todo lo que yo hacía antes y más rápido y mejor.

— Pero, primero tienes que aprender a usarla. Tienes que aprender a programarla mientras tanto pudieses haber hecho el trabajo y pudieses haber estado haciendo otra cosa. Son una pérdida de tiempo y de dinero, también. Además, cometes un error. Ese error se queda en esa máquina el resto de la vida y siempre tienes el mismo error. ¿Cuántas cuentas no te han venido… con errores en … cuentas de crédito con errores de bancos… y de… no sé qué….

— No, no, pero fíjate que… que es como sentarse uno a ver televisión. Todo el día veo televisión y en verdad estoy trabajando, y….

— Otra cosa horrible. Otra cosa horrible.

— ¿Por qué?

— ¿Dónde está la personalidad de la gente? ¿Dónde está la humanidad? Nos estamos convirtiendo en máquinas.

— No, pero es que una cosa es computarizarse y otra cosa es saber utilizarla, y saber aprovechar todos los, los paquetes buenos que, que se ofrecen para facilitarle a uno la vida.

— Ya nunca más tendré que cuadrar la chequera, ni tendré que, que girar un cheque. La máquina lo hace todo.

— Mentiras. Mentiras. Tienes que entrar la información en la máquina.

— Oye, encima de eso. Trae un poco de jueguitos. Puedo disparar, puedo buscar, puedo ir a perder… lo que yo quiera….

— Y, ¿cuándo vas a hablar con la gente…? ¿Cuándo vas a hablar con la gente?

— No, no, no pero sí lo jugamos entre varios.

— Mentira. Te quedas allí, te vas a poner gordo.

— Más gordo. No, no, no, no. Pero fíjate que… yo por lo menos he gozado mucho esta máquina.

— No, yo creo que son una pérdida de tiempo. A lo mejor si las mejoran en el futuro, pero por ahora, no.

Capítulo 10–Conversación 2
Dos amigos discuten sobre música. Uno prefiere la música clásica, el otro la popular.

— Oye, nada más. Escucha esa música que están tocando en el radio. ¡Qué bonita es la música clásica! ¿No te gusta a ti?
— Francamente, no soy muy aficionado a esta clase de música. A mí me gusta la música contemporánea.
— Bueno, mira, la música contemporánea tiene su propósito, y es muy bonita. Sin embargo, yo opino que como la música clásica no puede haber ninguna otra comparación.
— No, ¡qué va! Eso no es tan exacto. En este momento hay que contemplar que ya existe una música que mueve las masas, que le hierve la sangre a uno, que le gusta como la salsa, por ejemplo, o el merecumbé o la cumbia.
— Bueno, eso no es del todo cierto. Mira, gente como Brahms, como Mozart, como Tchaikovsky, como Beethoven, han estado años, años… eh… catalogados como los mejores autores musicales de… tantos siglos.
— Pero lo mismo ocurre con los… con los conjuntos de salsa… con los conjuntos de… de música tropical. Llena los estadios, llena. La gente va a cualquier momento. Tú no tienes que desconocer eso.
— Bueno, pero, mira, hay un… eso no es del todo cierto. Hay un efecto de comercialización que tiene mucho que ver en el suceso de esos eventos musicales.
— A mí no me parece así. De todas maneras la música clásica es música antigua, produce sueños, se suena aburrido.
— No, yo tengo una opinión completamente distinta. Y no estoy en contra de tu música, pero la música clásica se me hace mucho más completa, mucho más elaborada, y para un público mucho más… eh… universal.

Capítulo 10–Conversación 3
Dos jóvenes expresan opiniones diferentes sobre la televisión.

— (risa) ¡Ay, caramba!
— Oye, ¿de qué te ríes?
— Pues, anoche estaba viendo una comedia en televisión y tan cómica y tan cómica que todavía me estoy riendo porque me identifiqué con… excelentes….
— Ésas son las comedias que me gustan a mí. Las que… las que uno… uno participa con los actores en el programa.
— Verdaderamente la de ayer estaba chévere. Me senté y eso era carcajada después de carcajada. Y verdaderamente era una estupidez. Era una cosa tontísima, pero me identifiqué y….
— Pero, ¿sabes que…? Hay tantos programas que ni siquiera son risibles sino son como hechos para tontos, ¿no es cierto? ¿No te parece?
— Pero después de trabajar un día completo con números y gente y que si esto, que si lo otro, yo prendo esa televisión y no tengo que pensar. No tengo que pensar.
— Pero lo emboba a uno igualmente. Estar sentado allí frente al cuadrito ese, viendo la misma cosa y, no… no… no sé, a veces yo me aburro de ver tanta televisión.
— Bueno, a veces es un poquito, un poquito demás, pero… a mí me encanta, especialmente cuando vengo del trabajo, porque aparentemente necesito yo embobecerme.
— Pero, pero, tú te has dado cuenta…. Yo leí por ahí en un libro o en una revista que, que los niños ven a veces hasta cuarenta y cincuenta horas de televisión por

semana. Y eso embrutece, ¿ya? Y por eso, los niños... ya hay muchos niños que no saben ni leer ni escribir sino simplemente ver televisión.

— Ay, yo creo que eso es una exageración. Eso es una exageración. Porque el que quiere aprender a leer y a escribir, aprende. Además de eso la televisión es buena porque le presenta... presenta otros países, presenta otras culturas, y puede presentar muchísimas cosas que no se ven.

— Pero, mira, yo... yo... opino que hay que controlar mucho, eh, lo que uno ve en televisión. Por ejemplo, las noticias, esas tonterías que dicen las noticias, que en veinte minutos, te dan una sinopsis de lo que ocurrió en el mundo en tres años. En veinte minutos, te lo dicen todo.

— Bueno, para eso te dan canales en la televisión. Siempre lo puedes cambiar.

— Ya, pero, ¿tú estás de acuerdo de que hay que controlarlo?

— Bueno, depende de la persona.

— Ya, sí.

Capítulo 11–Conversación 1
Un joven desea descansar oyendo música y su compañero quiere estudiar en silencio.

— ¡Uf! ¡Qué largo día que tuve hoy! Leí como por unas ocho horas. Voy a escuchar un... buen... par de músicas y canciones en este momento.

— Mira, por favor, antes de que lo hagas, te aviso que mañana tengo un examen que es sumamente importante y necesito estudiar toda la noche. Así que, olvida tu música por el día de hoy.

— Pero, ¿qué tiene de malo? Solamente voy a poner unas canciones pocas, y tú puedes también estudiar a un lado.

— Mira, tú bien sabes que yo no puedo estudiar con música alrededor. Entonces, te lo ruego, hoy deja tu música.

— Yo voy a escucharla porque yo también necesito descansar. Yo también necesito relajarme, y a mí me facilita mucho oír música.

— ¿Y eso lo dices sabiendo que mañana me examino? Por favor, ¡qué poco considerado eres!

— No, no soy desconsiderado. Yo también tengo derecho a escuchar mis canciones. Me gustan, y quiero relajarme.

— Bueno, mira, eso lo entiendo, pero te pido en este momento por... eh... lo que ya te expliqué anteriormente del examen, que lo dejes para otro día. No es, no es éste el primer problema que tengo contigo. Ya llevamos casi seis meses viviendo juntos en este cuarto y siempre hacemos lo que... eh... es voluntad. Yo siempre cedo.

— Siempre cedes. Pero de todas maneras, voy a oír mi canción. Voy a relajarme. Ésa es mi intención.

— Bueno, ¿es que yo no tengo derecho un día a estudiar con tranquilidad?

Capítulo 11–Conversación 2
Una jovencita trata de convencer al padre de que la deje salir a bailar a una discoteca.

— Papi, imagínate que me invitaron unos amigos a bailar. Vamos a ir a una discoteca.

— ¿Discoteca? ¿Discoteca con quince años? No, mi hijita, mira, a las discotecas no se puede ir sino hasta que tengas dieciocho años.

— No, papi, ¿cómo no me vas a dejar ir? Cuando tenga dieciocho ya no sé bailar.

— No, no, no, no. Tú sabes que ni a tu mamá ni a mí nos gusta que vayan a bailar.

— Ay, pues yo no sé, porque mi mamá me dijo que si tú me dejabas ir me podía ir.

— No, pues por eso te mandó donde estaba yo porque ya sabe que yo no te doy permiso. No puedes ir a...

— Papi, pero, ¿qué tiene de malo? Voy a ir con mis amigos que tú conoces.

— No. No. Te he dicho que no. No insistas.
— Papi, pero si son los hijos de todos tus amigos.
— Mira, si me sigues insistiendo, te prohibo salir de la casa en quince días. ¿Qué pre...? ¿Qué vas a hacer?
— Ah, ¿y qué vas a hacer tú conmigo aquí quince días?
— No, no, no, es que no puedes ir a bailar. Cuan... Con quince años hay que estudiar. Hay que dedicarse a las cosas sanas.
— Yo me dedico, pero, ¡si bailar es sano!
— No, bailar es muy sano pero lo que pasa es que eso de discotecas hay mucho... es muy oscuro. No, no, no.
— Pero, ¡si la discoteca es buena, papi, es nueva!
— No, no, no. ¿Por qué no más bien invitas a tus amigos y hacemos un baile aquí en la casa?
— Ah, ¡no, eso es muy zanahorio! Te estás volviendo muy catano, papi.
— No, pero mira. Con quince años no se puede ir a bailar...
— Claro que sí se puede ir a bailar. Y mis amigas, ¿por qué van?
— ... y menos a una discoteca.
— Mis amigas también tienen quince años.
— Ah, ah, pero es que así son tus amigas. Yo tampoco pienso mucho de tus amigas. No....
— No, pero tú no quieres a nadie pues.
— No, no, no. A mí me gusta mucho la gente, pero yo creo que hay que tener cosas más sanas.
— No, pero aquí (lo que) podemos hacer es una piñata, pues.

Capítulo 11–Conversación 3
Una señora desea comprar un horno de microonda rebajado que aparece en el periódico y la dependienta le dice que ya no hay.

— Buenos días, señora. ¿En qué puedo ayudarla?
— Ay fíjese. Vine en seguidita que vi el anuncio de los hornos de microonda que están rebajados y en venta especial, y necesito uno inmediatamente.
— Ay, cuánto lo siento, señora, pero se han terminado.
— No me diga usted. ¿Cómo va a ser?
— Ya no quedan. No.
— ¿Cómo que no quedan? Tienen que quedar. Si el anuncio salió en el periódico.
— Sí, yo lo sé. Lo sé. Pero es que fue una... una realización muy popular y hubo una fila de gente fuera esperando por... por... a que abriéramos la tienda para comprarlos.
— Por hornos de micr.... No lo puedo creer. No lo puedo creer. Yo necesito un horno de microonda inmediatamente. Vine... he manejado muchísimas horas, estoy aquí. Necesito este horno.
— No, pero lo siento mucho, señora. Pero no tenemos ya más.
— Y, ¿cuántos tenían ustedes?
— Uy, muchísimos. Pero, no sé cuántos, pero teníamos muchísimos.
— Ay, yo no creo que ustedes tenían muchísimos. Yo creo que ustedes pusieron este anuncio para atraer aquí clientes y ahora no los tienen, esperando que yo compre otra cosa. Y yo quiero este horno de microondas que está en venta.
— Señora, creo que se está pasando porque me está acusando de mentirosa.
— Yo no la estoy acusando a usted de mentirosa. Yo lo que creo es que la tienda está tratando de estafar a las... a los clientes.
— No, no, mire. Está diciendo que la tienda entonces está engañando a los clientes. Eso no. Eso no es verdad. Yo no... ni yo le estoy diciendo mentiras, ni la tienda está tratan... está tratando de engañar a nadie.

— Pues yo creo que los comerciantes son todos iguales, y esto es una estafa. Yo estoy muy disgustada con esto.
— Señora, he tratado de... de... de tratarla a usted con la mayor educación, pero este, usted está portándose de una forma muy, pero muy, impertinente.
— Bueno, pues. Yo no estoy tratando de estafar a nadie como están tratando de estafar en esta tienda. Yo creo que sería una buena idea si yo pudiera hablar con el gerente.
— Sí, yo creo también que es muy buena idea que usted hable con el gerente en este ... se lo voy a llamar. Espere un momento.
— Ahora mismo, por favor.

Capítulo 12–Conversación 1

Un grupo de estudiantes hispanoamericanos en los Estados Unidos conversan sobre lo que les gusta o disgusta del país y sus costumbres.

— Ah, ¿y ustedes no extrañan sus países? A mí me parece que estoy aquí hace un siglo. Recibí anoche una carta de mi familia y me puse tan triste, me puse a recordar todo lo que me hace falta de Colombia.
— A mí me pasa lo mismo.
— Yo también. Yo añoro mucho mi tierra. No sé por qué, hay días en que lo único que yo quisiera hacer es volver a mi tierra.
— Es que uno no se acostumbra, chico, a vivir aquí. ¡Qué difícil es! ¿No?
— Especialmente esos días donde no sale el sol, y a veces duran una semana y el cielo... gris.
— Ay, es que el invierno... tan largo que es el invierno, ¿no es cierto?
— ¡Y tan frío!
— Y tan frío.
— Ese invierno es horrible. Todo el día es de noche...
— Sí, todo el día de noche, ¡imagínate! Es que esas expresiones mismas lo dicen.
— Por eso la gente se encierra. Por eso aquí no hay tiempo para los amigos.
— Tienes toda la razón. Fíjate que las amistades aquí realmente no son profundas como lo son allá en nuestra tierra.
— Sí, aquí todo es como muy programado.
— Es que el frío, el frío llega también al... al....
— ... al corazón.
— ... al ser humano. Sí, al corazón....
— ¿No es cierto? ... que afecta por dentro.
— ... El norteamericano es frío.
— Lo que pasa es que yo creo ellos socializan de una manera diferente a nosotros. La semana pasada estuve en una fiesta y te digo que no duré ni diez minutos.
— No es que aquí no hay parranda.
— Me invitaron a una fiesta que de fiesta, comparada con lo nuestro, no tiene nada. Llegamos a la fiesta y había unas niñas bailando contra unos espejos, unos muchachos tomando cerveza en la cocina, otros muchachos jugando tiro al dardo en la cocina y de pronto un par de locos borrachos....
— Y nadie baila.
— No se divierten, no bailan, no cantan. Nosotros siempre cuando nos reunimos, terminamos cantando. Y es tan alegre, ¿no? Y falta esa alegría aquí.
— No, y fíjate que también es por edades. Los niños, allá por lo menos en Colombia, los niños bailan con los viejos y los... los quinceañeros están bailando con los viejos....
— Esa diferencia... también. Esa diferencia....

Capítulo 12–Conversación 2

El mismo grupo de estudiantes sigue conversando sobre las cosas buenas y las cosas malas de los Estados Unidos.

— Pero siempre hay cosas buenas aquí porque tú sabes... la abundancia que se experimenta aquí en Estados Unidos no se experimenta casi que en ninguna otra parte del mundo....

— Claro que hay cosas buenas.

— Las fiestas son distintas, pero lo que a mí me gusta de las fiestas es que todo el mundo trae algo y todo el mundo coopera. No es como... como en Puerto Rico que viene la gente y se sienta a que uno le sirva....

— Sí, pero es que la vida no son sólo fiestas.

— No, no, tienes razón tú, porque fíjate que aquí la eficiencia de los norteamericanos es increíble. Aquí tú puedes pagar tus cuentas por correo. Nunca tienes que hacer cola para hacer nada. Me gusta eso.

— Sí, casi que tú puedes confiar que cada persona va a hacer el trabajo que...

— ... que le corresponde.

— ... que le corresponde, y la gente se especializa, pero claro que ese problema de la sobre-especialización....

— Pero eso, todo es muy mecánico, también, ¿no? La gente siempre nada más que está... este... haciendo lo que tiene que hacer y trabaja y trabaja y trabaja y llega el fin de semana y entonces, te sientas en frente del televisor y no haces más nada.

— Bueno, y fíjate que uno ni siquiera tiene que hablar con el cajero en el banco porque es una maquin... una maquinita la que te atiende.

— Bueno, pero eso también es a veces... este... frustrante, ¿no? Tú sabes lo que es ponerse a conversar con una maquinita.

— No, pero a mí me parece que los métodos de comunicación acá son excelentes.

— Sí.

— Las vías de comunicación son impresionantes. Es demasiada facilidad poder salirse a pasear a cualquier parte. Solamente pensar en que te vas en tu carro....

— Sí, ¡es verdad!

— ...Tienes todas las comodidades en la carretera pues, para (la) comer, siempre consigues hoteles, tienes descuentos....

— Ah, comer, comer... háblame de la comida....

— No, la comida...

— ¿Ustedes se han acostumbrado a la comida aquí?

— No, la comida ... esta comida rápida es, tal vez, lo peor que se han podido inventar... en este país.

— Pero es muy eficiente....

— Oye, pero hace la vida mucho más fácil.

— Ah, en dos... un instante....

— Se consigue más fácilmente. (risas)

— Sí, es fácil sí, pero... ay... a vec... a mí me dan unos dolores de estómago a verse con los... las hamburguesas y los perros calientes.

— Bueno, pero, ¿quién te va a cocinar? Estás trabajando todo el día? Y no hay sirvienta....

— Sí, es precisamente el problema de aquí.

— ¿Eh? ¿Quién te va a cocinar?

— Sí, no también. Es verdad.

— No, pero lo que tú decías de las comunicaciones aquí... lo que más me gusta a mí es el teléfono. Tú puedes marcar, llamar a cualquier parte del mundo sin un sólo problema.... No es sino coger el teléfono y marcar.

— Oye, ese teléfono funciona... ¡Ése es el milagro, que el teléfono funcione!

— Sí, eso es verdad, sí.

Capítulo 12–Conversación 3

Los mismos estudiantes siguen conversando...

— A mí me gusta, sabes, a mí lo que me gusta también, es que aquí uno a la mejor persona le dan el trabajo. No depende de la familia o de quien uno conoce, de quien es....

— Bueno, bueno, yo creo que... hasta cierto punto... sí.

— ...Hasta cierto nivel, pero yo pienso que uno aquí no podría aspirar a ser gobernador de Massachusetts, o algo así....

— (risas) No, no, no, no pero no estamos hablando de ese nivel, no es tampoco así tan claro el asunto, no.

— O, ¿cuántos presidentes de corporaciones hay que no sean... eh... los comunes y corrientes....

— Bueno, francamente, yo creo que eso de... de... que las amistades le ayudan a uno a conseguir trabajo es igual en cualquier parte del mundo.

— Yo estoy de acuerdo. En cualquier parte del mundo es la misma cosa.

— No, yo creo que aquí es, aquí es diferente. Aquí hay prejuicios, pero los prejuicios son un poquito más distintos.

— Yo creo que acá se notan menos porque hay más gente. Pero existen de todas maneras.

— Sí, pero bueno, el sistema educativo de Estados Unidos, es realmente bueno. Y el sistema de salud, por ejemplo, también es un sistema que funciona bastante bien.

— Con tal de que tenga suficiente para poder pagarlo.

— No... bueno... aún así que los hospitales públicos aquí... aquí te atienden de todas maneras.

— Bueno, sí, hasta cierto punto, tienes razón.

— O sea, que....

— Pero la cosa es que hay cosas buenas y malas. Lo que pasa es que a uno siempre le llama la tierra. Y entonces, pues, vamos a ver lo negativo aquí y este... y... pensamos que todo lo positivo está en la tierra nuestra y... después llegamos a la tierra nuestra y pensamos en lo bueno de aquí y siempre estamos en este conflicto, ¿no? ... Este... a veces es terrible....

— Sí, a mí me parece que es así....

— Sí, como decimos en Colombia, el que (no) esté en la olla, quiere estar afuera y él que está afuera, le gustaría estar adentro.

— ¡Exactamente!

— Así es, así es siempre.

— Pero realmente, lo que pasa, que claro, como... esta... es... Alicia dice que recibe una carta de su familia y entonces todos nos ponemos aquí a añorar y a criticar pero... a veces es bueno....

— Pero da nostalgia....

— Es un sueño en tener todos mi... todos mis amistades de allá, aquí y todos mis amistades de aquí, allá, y tengo estos sueños fantásticos y después digo, esta gente no se llevan los unos con los otros (risas).

— Es difícil acostumbrarse, es difícil.

— No pero, en realidad tenemos suerte de poder haber experimentado dos culturas completamente diferentes. ¿No es cierto?

— Ay, tienes razón, ¿tú ves? Estoy de acuerdo con eso.

— Porque, y eso es lo que yo noto aquí que los norteamericanos realmente no saben nada del resto del mundo.

— Es verdad. Eso nos enriquece a nosotros cuando hemos experimentado dos culturas distintas, sí.

— Ésa es una gran ventaja y hemos tenido suerte.

— Sí, yo pienso que las noticias son responsables en gran parte de... ese... de que los norteamericanos no sepan más del mundo.

— ¿Cómo así?
— Porque realmente otro sistema noticioso, por ejemplo, aun en Latinoamérica, son mucho más orientados hacia afuera... el sistema francés, por ejemplo....
— Mucho más eficientes, las noticias son internacionales. Acá son mínimas.
— Bueno, pero yo creo que en parte es porque aquí son autosuficientes... aquí tienen todo... tú... tú... ¿qué necesitan aquí? ... están....
— No, pero es simplemente curiosidad personal, por saber lo que pasa en el resto del mundo ... ¿no?
— ¿Para qué tener curiosidad cuando no necesitas al resto del mundo?
— Bueno, pero yo creo que eso no es cierto.
— ¿Qué es que no es cierto?
— No creo que Estados Unidos ... eh...
— ...¿sea autosuficiente?
— ....autosuficiente....
— Bueno, cada día menos....
— ... lo fue... lo fue....
— Exacto.
— ...pero ya pienso que cada día menos....
— La gente, en general cree que sí.
— La gente cree que sí. La gente cree que no necesita más nadie. Pero yo creo que es algo... o sea, que no es así. Yo creo que simplemente es que la gente se cree eso.
— Bueno, no sé realmente, porque yo veo que la gente aquí no sabe suficiente sobre lo que está pasando por fuera.

Testing Tapescript

Introducción–Conversación 1
Una joven cuenta a su amigo lo que le ocurrió cuando salió a comer con una amiga.

— Marcos, ¡lo que te tengo que contar de María Luisa!
— A ver, cuéntame.
— Imagínate que salimos el otro día, la otra noche, a comer las dos a un restorán elegantísimo.
— Ajá.
— Nos sentamos a comer y en medio de la comida...
— Sí.
— Se ha levantado, pegó un grito...
— No me digas.
— Y salió corriendo del restorán.
— ¿De veras?
— Sí, hasta este momento no sé qué le sucedió.
— Y, pues... y, ¿no tienes idea por qué hizo eso?
— No, no tengo la menor idea, y, este, pues, me sentí, pues, tan, tan mal, con, con su actitud que, que, pues, ni la he llamado por teléfono, ni nada, no he sabido más nada de ella.
— ¡Qué bárbaro!

Capítulo 1–Conversación 1
Dos jóvenes conversan y un tercero se acerca, se hacen las presentaciones y terminan dándose cuenta de que se conocían.

— Como te venía contando, Teresita. En esas vacaciones pasamos de maravilla.
— ¿Puedo interrupir?
— Ah, sí. Bien pueda.
— Sí, cómo no.
— Gracias. Eh, buenas tardes. Yo soy Cristián Rodríguez.
— Ah, Cristián, ¿qué tal? Mucho gusto. Te presento a mi prima.
— Encantada. Mucho gusto. Me llamo Carmencita.
— Carmencita. Y ¿tú no eres prima también de Margarita Zapata?
— Sí...Margarita es mi prima.
— ¿Sí? Y, ¿hace cuánto que no la ves?
— Ah, pues, como unos tres meses.
— Cristián, ¿cuál es que es tu apellido?
— Rodríguez.
— ¿Rodríguez? También a mí me parece un apellido relacionado por allá con esa familia. ¿Qué crees tú?
— No, Cristián, no. Me parece que nos conocimos hace varios años en casa de Margarita.
— ¿Allá en la fiesta de Cartagena?
— ¡Exactamente!
— Ahora, me acuerdo. Yo creo que también te he visto a ti.
— Sí. Sí.
— Sí, tu cara también me parece familiar.
— Ajá.
— Ay, pero ¡qué gusto de verte otra vez!
— Sí, ¡lo mismo digo yo! Lo mismo digo yo.
— ¡Qué pequeño el mundo!
— Sí, este mundo, dicen, es un pañuelo, ¿no?

Capítulo 2–Conversación 1

Un grupo de estudiantes latinoamericanos comparan la vida universitaria en los Estados Unidos con la de Latinoamérica.

— ¿Te has dado cuenta que aquí hay que asistir a clase mucho más que allá en nuestra patria?

— Sí...aquí hay que asistir siempre.

— Son muy estrictos.

— Sí, porque si no, uno se mete en problemas.

— Sí, en verdad.

— Ahora, una cosa que no me gusta de aquí nada es la falta de, de, este, de compañerismo entre los estudiantes. Yo me siento muy sola en clase.

— A mí me parece lo mismo. Porque uno estudiando en, en, en nuestros países siempre tenemos un grupo de estudio, todo el mundo está pendiente de si uno va mal, de si otro va bien...en qué materia se ayudan...

— Exactamente.

— Nos ayudamos mucho más allá que aquí. ¿No es cierto?

— Sí, tienes razón.

— Aquí tiran rayo...¿no? Cada uno se defiende a sí mismo, y no...no ayuda a los compañeros.

— Sí, a mí me parece que hay mucho individualismo. Además, no hay vida social, tampoco. Uno muchas veces nada más se encuentra con sus compañeros en la clase y escasamente le dice uno, "¿Qué hay? ¿Cómo le va?" En cambio con sus amigos allá, siempre está todo el mundo junto, se reúnen los fines de semana, son amigos personales.

— Sí, salimos siempre por las tardes, y, este, hacemos grupos de estudios, como dijiste antes, nos reunimos en las casas, y es, ay no, mucho más agradable estudiar allá que aquí.

Capítulo 3–Conversación 1

Una joven explica a su amigo cómo llegar a la casa de quien celebra una fiesta.

— ¿Sabes dónde queda la casa de Mariana?

— No, no. Explícame porque yo, yo no sé dónde queda.

— ¿Te acuerdas dónde queda el edificio de Ingeniería?

— Sí.

— Detrás del edificio de Ingeniería está la facultad de arquitectura y detrás de eso quedan unos edificios que son los dormitorios.

— El, ¿los que tienen la escalera adelante?

— Esos que tienen la escalera adelante.

— O.K., entonces, tienes que entrar por el edificio del lado izquierdo y luego pasar por el corredor hasta el segundo piso. Y Mariana vive en el apartamento 201.

— Pero, explícame otra vez. ¿Hay que...?

— O.K.

— ¿Se sube por ascensor o por las escaleras?

— No, por las escaleras. Porque es nada más en el segundo piso.

— Y cuando llego al segundo piso...

— ...apartamento 201, a mano izquierda.

— A mano izquierda. Ya, yo creo que puedo encontrarlo. Entonces, ¿a las siete nos vemos ahí?

— A las siete, sí.

— O.K. ¿Es de corbata, la fiesta?

— No, no, no. No, es informal.

— A ya, de sport, pues, así.

— Sí, casual.

— Casual...O.K. nos vemos a las siete.
— Listo.

Capítulo 4–Conversación 1
La jefa de personal entrevista a una persona interesada en un puesto de vendedor.

— Señor Martínez, ehm...¿por qué le interesa trabajar para nuestra compañía?
— Bueno, a mí me han dicho que aquí, eh...se puede progresar mucho en esta empresa, y como yo soy buen vendedor, pensé que aquí me resultaría todo.
— Ajá, muy bien. Y,...este...qué...¿me puede hablar un poco sobre sus calificaciones? ¿Sus estudios?
— Bueno, yo estudié mercadotécnica en la Universidad de los Andes, y, y...no tengo mucha experiencia vendiendo así comercialmente, pero sí sé que soy buen vendedor.
— Ajá, Y, ¿cuáles son sus planes futuros?
— Bueno, yo pienso, comenzar de vendedor, así de puerta en puerta, casi. Y...y, luego progresar hasta un día ser gerente del departamento de ventas.
— Ajá, muy bien.
— Pero, permítame, le pregunto algo, señorita...
— Sí, dígame...
— Eh, ¿aquí pagan comisión y sueldo, o solamente comisión?
— Bueno, al nivel de... eh...de vendedor al cual usted está apli...aplicando, eh ... empezamos nada más que a...a pagarle los gastos de transporte y un salario básico. Luego, más adelante, cuando vaya progresando dentro de la empresa, le,...este...será más comisión, menos salario, y...este ...o sea, dependiendo del volumen de ventas que usted tenga.
— Ya. Y hablando de otro tema...aquí me proporcionan un carro o, ¿yo encuentro mi propio transporte?
— Ehh...como le digo...en este momento no...no le proporcionaríamos carro. Este...usted tendría que tener su propio carro pero le pagamos los gastos.
— Bueno, la verdad es que yo en el momento no tengo carro, ¿no? Entonces me tendrían que proporcio...o no sé, viajo en bus, o ¿cómo hacemos?
— Bueno, ésas son cosas que realmente podríamos resolver más adelante cuando ya pues hayamos decidido si vamos a emplearlo o no.
— Ya. Quisiera saber otra cosa, señorita. ¿Hay muchos vendedores en la empresa? O, o, ¿cómo es?
— Sí. Ehh, tenemos...depende de ehh. El número de vendedores depende de...del mercado que tenemos. Si el mercado va ampliándose, pues necesitamos más vendedores.
— Ya.
— En este momento tenemos como unos quince vendedores...
— Ajá.
— ...al nivel suyo. Y luego, pues, eh, tenemos vendedores que tienen áreas mucho más grandes y esos son como unos cinco a seis.
— Ya. Eh...Pues yo, yo creo que...tendría buen futuro yo aquí en esta empresa. Me parece.
— Ajá. Muy bien. Muy bien, entonces vamos a ver. Yo, eh, le avisaremos, eh, de nuestra decisión.
— OK, gracias.

Capítulo 5–Conversación 1

Tres amigos se enteran de que sus días de vacaciones coinciden. Quieren hacer un viaje juntos pero no se ponen de acuerdo.

— ¡Buenas noticias! Ya me aprobaron las vacaciones: quince días a partir del dos de enero.
— Uy, ¡qué delicia! Imagínate que el, el mismo tiempo coincide con mis vacaciones. ¡De pronto nos podemos ir juntos!
— ¡Ajá! Y ¿tú en qué andas?
— Bueno, yo todavía no tengo vacaciones, pero puedo arreglar para que me las den en esa época.
— Ajá. Y ¿a dónde iríamos?
— Ay, yo propongo que vayamos a Sur América.
— Yo estoy de acuerdo.
— ¡De acuerdo! Sí.
— ¿A ustedes no les parece que podríamos ir a la Argentina y a Uruguay?
— Pero, ¡tan lejos! Mira, yo propongo que vayamos al Perú. Al Perú, a la tierra del imperio inca.
— Bueno, yo les cuento que... a mí me gusta la idea de Sur América, pero,...ay, yo preferiría ir a las Islas Galápagos. Eh, en esas islas nació la teoría de la evolución y, realmente creo que es una experiencia valiosísima ir a conocer, eh, ese sitio y se tiene que quedar uno por lo menos una semana allá, porque si no, no alcanza a ver nada.
— Ah, a mí no me gustaría quedarme sin conocer la Argentina porque es excelente. Es una, a mí me han dicho que Buenos Aires es una ciudad superculta. Es grande. Hay muchísimo por conocer y también podemos pasar al Uruguay. Inclusive nos podemos ir desde Buenos Aires hasta Montevideo en un tren...o en ferry.
— Bueno, yo tengo una idea. Tengo otra idea.
— A ver, ¿qué dices?
— Podemos irnos a Lima. En avión hasta Lima, un vuelo directo de donde sea, hasta Lima. Y ahí, alquilamos un coche y recorremos todo lo que es el centro del Perú. Podemos ir a Cuzco. Podemos ir a Machu Picchu. Volver a Lima; ir a Callao. Hay mil cosas para hacer ahí. Podríamos pasar los quince días viendo donde vivieron nuestros antepasados.
— Sí, pero yo no quiero pasarme, eh...estas vacaciones sin ir a las Galápagos. Yo no sé qué vamos a hacer entonces.
— Lo que pasa es que eso requiere mucho tiempo.
— Sí...
— Yo creo que en estas vacaciones nos va a tocar a cada uno ir al sitio donde quiere ir. Y luego, en otra ocasión, vamos juntos.
— Bueno...creo parece que va a tocar.
— ¿Qué crees tú?
— Sí, yo creo que puede ser la mejor decisión.

Capítulo 6–Conversación 1

Los padres de la novia discuten los sucesos del día.

— Ay, mi amor, estoy tan cansada, pero la boda quedó preciosa. Me siento muy contenta.
— En realidad que quedó bien la cosa, eh...te diré que sí.
— ¿Viste qué linda lucía, este...Cecilia?
— Sí, se veía realmente que es muy bonita mi hija.
— Te sentías muy orgulloso de ella, me imagino.
— Claro que sí.

— Sí.
— Los Gómez, sabes, somos una familia muy presentable.
— Sí, señor.
— Uy, Felipe, pero te fijaste, chico, la señora ésta, la, la...
— Doña Hilda. No me hables de esa mujer. Oye, qué metiche, ¿no?
— Sí, ¡criticó todo! Y tan lindo que lucía todo y resulta que todo lo criticó. La comida no era suficiente, que si el vino, la marca no era buena.
— Me di cuenta. Eh, apenas si probaba la comida.
— Ah, pero bebieron, la familia bebió mucho.
— Y Vicente, ¿te diste cuenta?
— Sí. Lo tuvieron que sacar.
— Qué diferente, ¿verdad? Qué diferente a nuestros tiempos.
— Uh, sí, aquéllos eran otros tiempos. Qué boda la nuestra, ¿eh?
— Fue preciosa.
— Qué gente tan amable la que fue, a todos.
— Todo tan cordial. Las familias se llevaban tan bien e inclusive hasta la forma de vestirse, o sea...
— Y la ceremonia, ¿no te diste cuenta de ese curita de pelo largo, sacando lecturas que ellos escogieron? Yo no entiendo esas cosas.
— Ay, sí. La verdad es que es difícil adaptarse a estas nuevas, estas nuevas tendencias. Pero...este...gracias a Dios que por lo menos, en el...durante la...la recepción todo, pues, se pudo mantener, aparte de los problemas con la familia de nuestro yerno, todo se pudo mantener, pues, bastante bien.
— Mira, a mí me da gusta que se vayan a vivir por otra parte, ¿sabes? Porque yo creo que doña Hilda estaría metida en su casa, todo el día.
— Ay no, pobrecita, nuestra hija. Y óyeme, pero...este...yo sigo pensando en nuestra...en nuestra boda.
— Eres romántica, ¿eh?
— Ay sí.
— Estuvo tan linda y qué diferencia. Pero a pesar de toda la crítica, la boda quedó preciosa. Ojalá que sí sean muy felices y que les dure esa...esa alegría que...que reflejaban.
— Mira, mira lo que hay que pensar ahora es, a ver cuántos nietos nos traen.
— ¡Ay! ¡No me digas eso!

Capítulo 7–Conversación 1
Un señor regatea el precio de las frutas en el mercado.

— Buenas tardes, señor. ¿Qué se le ofrece?
— ¿Tiene naranjas?
— Sí, mire, aquí las tengo.
— Ay, pero yo quería unas más grandecitas, como para hacer jugo.
— Ay, no, mire, ésta es la mala, temporada mala. Estas son todas las naranjas que tenemos aquí hoy, y yo creo que no encuentre ningún otro tamaño en ningún otro mercado.
— No...y dígame, ¿y a cómo están estas naranjas tan feas?
— Estas naranjas están a una docena de naranjas por 75 pesos.
— Esas naranjas tan feas, ¿a 75 pesos la docena?...Noo...
— 75 pesos. ¿No le parece razonable?
— No, de ninguna manera. Yo creí que eran dos docenas por 75 pesos.
— No, no, no. Dos docenas por 75 pesos, ¡no!
— Pero, ay, es que están muy feas estas naranjas. Déme...transémonos por docena y media por 75 pesos. Ya, y le compro unas lechugas también. ¿A cómo está la lechuga?
— ...Me está pidiendo demasiado.

— ¿A cómo está la lechuga?
— La lechuga está a 10 pesos por lechuga.
— ...10 pesos...usted es carera, ¿no es cierto, señora?
— ¡No! ¿Cómo va a decir eso? ¡Mire! Vea este es una...me parece que todos los precios están muy razonables.
— No, hombre...Pero es que ¡ni que fueran de oro las lechugas, a 10 pesos!
— No, pero mire que fresquecitas están.
— Bueno, arreglemos así: Yo quiero comprar mucho, ya. Déme...
— OK, vamos a ver, ¿qué es lo que quiere?
— 18 naranjas por 70 pesos.
— No, no. A 70 no se las puedo dar.
— Bueno, por 75. Ya, y después tres lechugas por 25. Ya, le doy 100 pesos y quedamos y me lleva la docena y media de naranjas y las tres lechugas.
— Está bien, está bien. Por ser usted que es un...que es un cliente aquí, fijo. Vamos a dárselos.
— Le agradezco, señora. Usted es buena vendedora.
— Gracias.

Capítulo 8–Conversación 1
Un joven pide a su amiga que le aconseje qué curso tomar para completar sus materias electivas.

— Marta, me hace falta una sola materia para terminar las electivas. Tú, ¿qué me recomiendas?
— Pues, ¿en qué área te gustaría tomarla?
— Pues, yo he visto esto de finanzas internacionales. ¿Tú qué opinas?
— Bueno, tú sabes que este es mi campo, ¿no? Yo saqué mi, mi concentración en finanzas. Yo no sé si, si tú has oído que el profesor de esta clase va a ser el, el doctor Jaime Parra...
— Sí, ¿y tú crees que la materia será teórica o práctica?
— Pues, mira, tú sabes que él es graduado en Harvard y fue profesor en otras universidades de Estados Unidos. El está aplicando todos sus, pues todo lo que aprendió allá. Lo vino a aplicar a las universidades de acá. Así que trabajas con casos, trabajas en grupos, tienes que hacer presentaciones, y aparte de eso me parece que las matemáticas que ves en la materia son muy básicas. El resto es puro criterio tuyo.
— ¿Sí? O sea que tú crees que es como más cualitativa que cuantitativa. O sea, ¿no hay demasiadas matemáticas?
— No, y además me parece que sería buenísimo para tu hoja de vida porque en cualquier momento que consigas un trabajo quedas perfecto para poderte ir al exterior, por lo menos ya sabes un poco de finanzas internacionales.
— Y las lecturas, ¿qué tal?
— Bueno, los casos son un poco largos, pero bastante interesantes porque están basados en hechos reales en compañías grandes a nivel mundial.
— ¿Y se trabaja en grupos o individualmente más que todo?
— Muchísimo se trabaja en grupos pero tus criterios individuales son también muy importantes para la participación en clase.
— Y conociéndome a mí, ¿tú crees que me va a gustar?
— Yo creo que te va a fascinar.
— Bueno, estoy persuadido, entonces.
— Me alegro. Hablamos después de que tomes el curso.
— Listo.

Capítulo 9–Conversación 1

Tres amigos conversan alegremente sobre el fin de curso y dos de ellos tienen una noticia sobre sus planes futuros.

— Bueno, por fin terminaron las clases. Me siento que nos han quitado un peso de encima. Ahora sí, a gozar la fiesta.
— Sí, muy buena idea. Muy buena idea porque este semestre ha sido de primera.
— Ay sí, parece mentira. Esta es mucha delicia estar celebrando que ya no vamos a volver a clases. ¡Qué delicia!
— Bueno, ¡ya vacaciones! Eh...y..de ustedes, ¿qué? ¿Cómo va su noviazgo?
— No, pues, es que la noticia todavía no la hemos propagado, pero...
— Ay, pero díle, díle...
— Sí, ¿le cuento? ¿Le cuento?
— Bueno, ¿Cómo te parece?...Nos vamos a casar.
— Bueno, eso sí lo sospechaba.
— ¡No me digas!
— Sí...
— Pero si, nadie no se había dado cuenta...
— No, sí...sí, y hacen bonita pareja.
— Ah sí, ¿te parece?
— ¡Claro!
— Sí, sí, sí, sí. Yo también creo. ¿No es cierto? Hagamos un brindis, pues.
— Bueno, brindemos por los novios.
— Eso, eso. Ay, ya un abracito.
— Bueno. ¡Que sean muy felices entonces!
— Te agradezco mucho.
— ¿Y dónde va a ser la luna de miel?
— No, no, no, eso sí no se lo vamos a decir a nadie.
— Pero ¿por qué?
— Ay, no. ¿Con las maldades que le hacen a uno en la luna de miel? Yo no...
— ...solamente para nosotros, dos.
— Exacto, ¡es privado!
— Bueno, pero más maldades que las que hemos hecho en todo este tiempo aquí en la universidad, pues, para dónde ....
— ¡Por eso! Después de conocerte al último que le diríamos, ¡sería a tí!
— (Risas) ¡Sí!
— Bueno, bueno. Entonces, ¡que se diviertan!
— Ay, sí. Eso sí, vamos a hacer. Gozamos...Díos mío...Es que me imagino el futuro que vamos a tener.
— Bueno, yo voy a hablar con aquel otro grupo...¡Nos vemos más tarde!
— OK. ¡Chao, pues!
— Chao.

Capítulo 10–Conversación 1

Dos amigas expresan sus opiniones sobre la televisión.

— ¡Je, je, je, je! ¡Ay, Dios!
— ¿Qué es, Carmen?
— Sí. No, pues es que me estaba acordando de un programa que vi ayer en la televisión.
— Pero tú siempre, la televisión, y la televisión...tu vida, tu vida sí cómo que gira alrededor de la televisión.
— Pues, mira, ¿para qué te voy a negar? A mí me gusta. Siempre que llego de la oficina estoy sola, entonces la prendo, y me divierto con los programas.

— Bueno, para mí la televisión es simplemente así como un medio de distracción cuando no tengo otra cosa que hacer.
— No creas, sí hay programas muy buenos. A mí me gustan muchísimo los programas de deportes. Ahorita están transmitiendo el campeonato de fútbol y me parece excelente. Y también me gustan los, los partidos de tenis que transmiten. De vez en cuando una novelita de ésas también me gusta, ¿por qué no, si uno se divierte?
— No, como te digo, hay cosas que sí que son muy buenas, y este, muy positivas, pero en, en su mayoría, los programas, en realidad, son una porquería.
— Bueno, eso depende de la hora en que tú mires los programas y el canal que escojas, también. Porque hay canales educativos. El canal dos es un canal excelente.
— Y ¿qué es lo que a ti más te gusta?
— A mí me gustan los programas de deportes. Es lo que más...
— ...los programas de deportes. Pues, fíjate, yo quizás lo que más veo es lo, eh, los programas, eh, los, las comedias me gustan. Tú sabes, lo que es divertido, me gusta y luego, pues el canal público, que es muy bueno y que trae unas...unas obras de teatro fantásticas. Eso me gusta, pero como te digo, eh...no todo el tiempo, sino de vez en cuando.
— Ahora están pasando unas series muy buenas. Son series históricas y duran dos, tres días completos en la semana...
— Ay, no, pero es eso lo que hace es amarrarte a la televisión, porque miras un día, entonces tienes que seguir mirándolo los otros días.
— Ay, pero son sólo dos or tres días en la semana.
— Ay, no...tú ves, eso no puedo. No me puedo amarrar a la televisión.

Capítulo 11–Conversación 1
Un joven desea descansar oyendo música y su compañero quiere estudiar en silencio.

— ¡Qué día tan terrible! Leí como por unas ocho horas. Voy a poner un disco preferido mío...en este momento.
— Mira..., por favor. Mañana tengo un examen que es muy importante en mis estudios y no quisiera que me fuera muy mal. Necesito estudiar arduamente toda la noche, así que, deja tu música para otro día.
— Pero, yo...yo voy a poner mi música. Yo, yo, yo puedo escuchar mi música. Yo también voy a descansar oyendo.
— ¡Qué poco conside...considerado eres! ¿Cuántas veces nos ha pasado en que yo tengo deseos de hacer una cosa y simplemente por, eh, corresponder a tus necesidades he dejado de hacerlas?
— Bueno, pero ¿qué tiene de malo poner una canción y escucharla y relajarse?
— Mira, por favor, déjame ahorita en paz. Necesito concentrarme para que me vaya bien en mi examen. Todavía no he estudiado mucho y hay mucho material que cubrir todavía.
— Es una canción suavecita. Es preciso que inclusive tú le puedes poner atención y puedes estudiar confortable.
— Mira...eso...esa decisión, déjamela a mí. Eh, llevamos ya casi seis meses de compartir este cuarto y siempre he tenido problemas. Yo siempre accedo a las solicitudes que tú haces, así que, por favor, en esta ocasión, por ser tan importante, deja que no pongas tu música.

Capítulo 12–Conversación 1

Un grupo de estudiantes latinoamericanos en los Estados Unidos conversan sobre lo que les gusta o disgusta del país y sus costumbres.

— Miren, una cosa que yo no...yo...a mí todavía no me convence del todo es que la gente aquí en Estados Unidos es demasiada fría para muchas cosas.

— Sí, bueno, pero, las...aquí hay cosas buenas y cosas malas. Eh, la gente será fría, pero es organizada. Eh, en Latinoamérica, somos un poco menos fríos, más calientes, si tú quieres más calurosos con la gente, pero somos desorganizados.

— Sí, pero yo, yo realmente prefer...prefiero el cariño, el, el, tú sabes, esa sensación de que, de, calurosa que tú dices. No, ah, simplemente esa organización.

— Perdone que los interrupa....De todas maneras es cierto. Pero yo sí estoy de acuerdo con lo demás. El americano es esencialmente frío. Es flemático. No percibe a...afecto.

— Saben que allá donde yo trabajo, una de las cosas que reconozco, me molesta más, es que un día una persona lo puede a uno saludar muy calurosamente, y al otro día ni voltea la cara. Eso me molesta.

— Sí, eso es verdad. Pero es que es una manera distinta de ver las cosas. Fíjate de que, eh, eso sucede pero en el momento en que tú los necesitas, allí están. Seguro...que están allí para ti.

— Volvamos, volvamos a lo que tú propusiste. La parte científica. ¿Qué querías hablar de...de eso? Es importante.

— Bueno, pues, a mí me parece que, eh, esa frialdad precisamente es la que hace posible que ellos puedan dedicarse tanto tiempo a estudiar una cosa sistemáticamente hasta cuando...hasta que llegan a conclusiones. Nosotros a veces, empezamos un trabajo, y no lo concluimos...

— ¿No crees...no crees? ¿Crees que eso ocurre siempre?

— No, bueno, pues, no siempre, pero...a veces...

— Yo creo que hay un precio...Hay un precio en todo esto...Eh, efectivamente cuando comparamos nuestras culturas con la americana, hay grandes diferencias. Y estamos hablando quizás de situaciones extremosas.

— Hay otro aspecto que a mí me fastidia de los americanos...y es la monotonía de su comida...comidas frías...comidas enlatadas...

— Bueno, en eso sí estoy totalmente de acuerdo...

— Ay, sí. Estamos, estamos de acuerdo.

— Sí, una de las pestes que puede haber aquí es, eh, son esas comidas rápidas. Yo añoro, y eso sí les confieso, añoro la comida de mi casa.

— Mire, la verdad es que yo aquí como muy bien. Porque hay comidas de todo el mundo...

— Yo también sí.

— Pero es que, tú eres casado...

— ...no, eso es independiente....Cuando salimos fuera a un restorán, aquí uno puede comer comida de todo el mundo. Hay restoranes...eso es muy bueno.

— Sí, pero eso de que al mediodía tú lo que te comes es un sandwichito, un perro caliente, una hamburguesa y eso es terrible. A mí me gusta, eh...almorzar.

— Sí, y eso viene desde la familia. Porque a los niños los educan de una manera tan independiente aquí, que precisamente hace que vivan una vida aparte, cada uno. Cada uno va y se mete a su Burger King al mediodía, solo. A comer, y luego sale...

— Me gusta ese tema, ese tema que propusiste es bueno. Otro problema de los americanos es la forma tan indiferente, tan apática como educan a sus hijos. Ellos tienen problemas con sus hijos...

— Como en todos lados. La verdad es que es como en todos lados.

— Bueno, yo creo que mientras son niños pequeños es muy buena la relación. Ahora, una vez que, que son adolescentes, ahí se pierde todo...¿no?

— La gran diferencia es que lo...un adolescente en Latinoamérica es mucho mayor que un adolescente aquí en Estados Unidos.
— Bueno, yo pienso que es todo lo contrario. Pienso que aquí la gente, como decimos nosotros, se madura viche. Desde muy temprano salen del hogar. Tú sabes que, por ejemplo en Latinoamérica, uno a los veinte, veinticinco años si vive en la misma ciudad...,
— Sí, (lo que) los americanos quieren es producir. Por eso sacan a esos muchachos tan jóvenes...
— ...Sí, pero déjame terminar ese punto, sí, espérate este, estábamos...Cuando el joven tiene aquí catorce, quince años ya está pensando en tener apartamento aparte.
— Sí, pero estábamos hablando de la relación entre los padres y los hijos,y como era la independencia que adquiere el niño, a una, a una muy temprana edad, entonces, no existe esa...esa relación de padres e hijo que existe en Latinoamérica.
— Mira, eso sí es cierto, yo conozco, yo conozco en mi país niños de diez años, once años que trabajan. Pero no trabajan en verano. Trabajan ocho horas al día porque necesitan ganar un dinero...
— Exacto, ésa es una opinión muy real. Ellos necesitan dinero, necesitan la plata, pero los americanos...crean la necesidad de estar ganando dinero bien jóvenes.
— No, yo creo que eso tiene su motivo. La misma sociedad se mueve en temas de producción. Entonces es parte de la educación que uno sienta el valor del dinero...que uno trabaje en un verano para ganar un poco de dinero y sentir lo que esto vale. Eso es importante.
— Sí, y es...y ésa es otra cosa distinta, la cuestión de, del muchacho que empieza a trabajar temprano, es, es ya, ya es distinto. Yo de lo que hablaba era de otro, de otro tipo de relación.
— Pero, si ven ustedes, eh, que todavía, aun así con toda esa frialdad, que decimos que tiene los americanos, y todo esto, la cantidad de gente que quiere cruzar los bordes...
— Sí, pero mire eso es un term...es, ese es un, es un tema fascinante y muy complicado. Mira, yo creo que, yo...hay una cosa mucho más simple. Yo una cosa que no entiendo en los americanos es que ellos trabajan muy duro durante el fin de semana, durante la semana, perdón, y el fin de semana se la pasan viendo la televisión. Eso, yo realmente no lo entiendo...Yo no sé cómo pueden sacar algún placer en eso...
— Es un buen punto.
— Hay poca diversión.
— Hay personas adictas a televisión en este país, niños, adolescentes, ancianos. Ese es otro problema, otro, otra, otro opio que tienen ellos aquí.
— Y no sólo eso sino que hay, eh, adictos especialistas. Hay unos que se la pasan el fin de semana viendo deportes.
— Pero entre las cosas buenas que, eh, han, eh, producido aquí últimamente, está éste...esta tendencia a conservarse bien físicamente, y si ustedes se dan cuenta, en todo el mundo están copiando esa tendencia...
— Sí...es muy positivo eso. Eso sí es verdad.
— La gente sale a trotar. La gente, eh, hace ejercicio. Claro que por ahí vi un aviso, en que le decían a la gente que tuviera cuidado porque los centros estos, eh,...
— Sí, engañan a la gente. Yo estoy de acuerdo: engañan a la gente, les formulan medicinas que ni siquiera saben el nombre...eh, hormonas, eso es la locura...
— Esteroides, ¿no?
— Yo estoy de acuerdo en eso, en eso de que la salud en general es muy buena aquí. Sin embargo, no estoy de acuerdo que la gente lo haga mecánicamente.
— ¿Sabe qué dicen allá en mi país?...que los americanos son gordos artificiales también...

— ...Y ¿saben qué es lo que se dice...saben qué es lo que pasa aquí...? Qué éste es el único país donde la gente se gasta la mitad del tiempo comiendo, y la mitad del tiempo pensando cómo perder peso...(risas)
— ¡Eso es muy bueno, es muy bueno!

Appendix

Vocabulary Student Tape

Note: You may wish to make this vocabulary available to your students before they listen to each chapter's segments.

Introducción
Conversación 1 Una joven cuenta a su amigo lo que le ocurrió cuando salió a cenar con otra amiga.

lo que te tengo que contar	what I have to tell you
A ver, a ver	Go on, go on
cuéntame	tell me
extraño	strange
juntas	together
lo más bien	really well, very fine
de momento	suddenly
se para	she stands up
para qué tenía la cita	why (for what reason) she had the appointment
ojalá que no le pase nada.	I hope nothing has happened to (is wrong with) her.

Conversación 2 El profesor hace una explicación a una joven pero ella no le entiende.

asunto	subject, topic
sonar	sound
cómo se está fabricando	how they are manufacturing
vacuna	vaccine
a expensas de	as a result of
se ponen a funcionar	they begin to act
reaccionan entre ellas	they react among themselves
lenta	slow
acelerada	accelerated
sustancia mediadora	intermediary substance
catalizador	catalyst
reactantes	reactors
el medio	environment
por fuera de	outside of
concebir	to conceive, think of
eso último	that last (part)
se juntan	come together
medio adecuado	suitable environment
para que la reacción sea efectiva	so that the reaction is effective

Conversación 3 Tres amigos conversan sobre una película que vieron recientemente.

¿Qué les pareció?	What did you think of it?
la razón de ser	reason for it (the movie)
lo propio de la ficción	inherent (characteristic) of fiction
la han concebido	they have made it

factible	feasible, possible
dejar la imaginación correr	let your imagination run wild
imaginarse lo que uno quiera	imagine what you wish
la actuación	acting
mensaje	message
la escenografía	scenery
lo mejor de todo	the best of all
amena	pleasant
harto	fed up
y ya	and that's that
palomitas	popcorn
no saben ver cine	you don't know how to watch a movie
la crítica	reviews, critiques
tu propio concepto	your own opinion (idea)

Capítulo 1

Conversación 1 El primer día de clase, después de las vacaciones, dos amigos descubren que van a estar en la misma clase de historia.

de maravilla	marvelously, wonderfully
¡No me digas!	You don't say?
¡Qué maravilla!	Great!, Wonderful!

Conversación 2 Dos jóvenes conversan y un tercero se acerca, se hacen las presentaciones y terminan dándose cuenta de que se conocían.

como te venía contando	as I was telling you
ahora caigo	now I understand
este mundo es un pañuelo	this is a small world
recuerdos	regards
la vuelvas a ver	you see her again

Conversación 3 Una joven presenta a dos amigos.

¿Qué les parece...	What do you think. . .
nos vemos aquí a la salida	we'll meet here after (class)

Capítulo 2

Conversación 1 Unos padres conversan con su hija acerca de sus planes para matricularse en la universidad.

la secundaria	high school
la matrícula	registration
solicitar formularios	to request application forms
beca	scholarship
costosas	expensive
plazos fijos	set time limits
fechas límites	deadlines
pedir referencias	to ask for references
te ha ido muy bien	you've done very well
motivo por el cual	reason why
me estoy entusiasmando tanto	I'm getting so excited

Conversación 2 Dos jóvenes conversan sobre sus cursos y descubren que van a estar en la misma clase de filosofía.

demasiados	too many
Me asigné en	I'm already enrolled in
dejarlos	drop them
más bien	rather
materia	subject, course
gimnasia	gymnastics
sino cenar nada más	but only have dinner

Conversación 3 Dos jóvenes conversan con una profesora sobre el estudio en el extranjero.

al extranjero	abroad
a pesar de	in spite of
según entiendo	as far as I understand
traban amistad	make friends
requisitos	requirements
rellenar	to fill out, complete
el plazo	deadline

Capítulo 3

Conversación 1 Una joven explica a su amigo como llegar a la casa de quien celebra una fiesta.

cúpula	dome
Vas derecho	Go straight
Doblas a la izquierda...	Turn left . . .
cuadras	blocks (street)
anuncio de pare	stop sign
más bajo	farther down
escándalo	racket, uproar, noise
Chao	Bye

Conversación 2 Una joven le cuenta a su amiga sobre su cita del viernes pasado.

¡Qué casualidad!	What a coincidence!
¡Justo la persona a quien quería ver!	Just the person I wanted to see!
cita	date
¿Qué tal es?	What's he like?
encantador	charming
me vino a buscar	he picked me up
me llevó a cenar	he took me to dinner

Conversación 3 A una señora se le ha perdido el anillo de bodas en el baño y llama al plomero para que le ayude.

Plomería...	Plumbing Company. . .
a la orden	at your service
¡Aló!	Hello!
desesperada	desperate
¡Cálmese!	Calm down!
anillo de bodas	wedding ring

el lavamanos	sink
la tina	bathtub
el inodoro	toilet
abajo	down below
el tapete	rug
el tubo	pipe
de arriba	from up above
gabinete	cabinet
para ahorrarle a Ud. el viaje	to save you (the cost of) the trip
la llave inglesa	monkey wrench
la saco de este percance	I'll get you out of this jam

Capítulo 4
Conversación 1 Un joven solicita un puesto en una empresa.

solicitar	to apply for
puesto de vendedor	position as a salesperson
empresa	firm, company
segundo apellido	mother's maiden name
fecha de nacimiento	date of birth
casado	married
soltero	single (unmarried)
dirección	address
le avisaremos	we'll notify you

Conversación 2 La jefa de personal continúa entrevistando al joven interesado en el puesto.

vendedor	salesperson
vendedor sencillo	entry-level salesperson
de puerta en puerta	door-to-door
gerente de ventas	sales manager
lapso de tiempo	period of time
administración de empresas	business administration
con especialización en ventas	with an emphasis in sales
o sea de que	what you mean is
hacer carrera	to follow a career
prestancia	prestige

Conversación 3 El joven aspirante le hace preguntas a la jefa de personal sobre el puesto de vendedor.

sueldo	salary
nivel	level
gastos de transporte	travel expenses
más adelante	later on
me proporcionan	de they provide me
fuera de...mi territorio	outside. . . my jurisdiction
áreas de venta	sales regions
jefe	boss

Capítulo 5

Conversación 1 Tres amigos se enteran de que sus vacaciones son los mismos días. Quieren hacer un viaje juntos pero no se ponen de acuerdo.

Me acaban de avisar...	They just informed me . . .
quince días	fifteen days (two weeks)
a principios	at the beginning
año que entra	coming year
Las pedí libre	I asked for them (two weeks) off
tengo ganas de	I feel like
genial	outstanding
un poco abajo	a little far down
me encantaría	I'd love to
He oído hablar de eso	I've heard of that.
el tiempo que nos toma	the time it will take us
pasajes	fares, tickets
por un solo precio	for one fixed price (rate)
Que yo sepa, no.	As far as I know, no.
Ya tengo mi corazón ya puesto	I already have my heart set on
un par de días	a couple of days

Conversación 2 Tres amigos se reúnen para planificar el viaje que harán juntos.

me voy a encargar de	I'll be in charge of
en cuanto	as soon as
pasajes aéreos	airfares
yo consigo	I'll get (conseguir)
clima frío	cold weather
tú te encargas de	you are in charge of
ambas	both
bombillas	flashbulbs

Conversación 3 Los tres amigos se reúnen otra vez para establecer sus planes y sus horas de salida.

¡Qué emocionante!	How exciting!
encontrar	to meet
recoger	to pick up
entregamos las maletas	we'll check our suitcases
chequear los pasajes	to confirm our airfares (tickets)
pasar por la inmigración	to go through immigration
pagar los impuestos	to pay taxes
tienda libre de impuestos	duty-free shop
radio de onda corta	short-wave radio
parada	stop
alquilar	to rent
te recojo	I'll pick you up
¡No puedo esperar!	I can't wait!
Estoy loca por irme!	I'm thrilled about going!
¡Yo estoy listo para viajar ya!	I'm already ready to go!

Capítulo 6
Conversación 1 Una joven cuenta una anécdota a su amiga sobre ella y su hermano cuando eran niños.

disfraces	disguises, costumes
el menor	the youngest
la mayor	the oldest
tejado	roof
brincamos	we jumped
en ésas	at that very moment
espinas	thorns
nos castigaron	they punished us
no se aguantó con nosotros	he couldn't put up with us
nos sacó a la calle	he threw us out into the street

Conversación 2 Una joven cuenta una anécdota a su amiga sobre su hermano cuando era pequeño.

grandecitos	old enough
en nuestras mejores galas	in our best clothes
sopa de tortuga	turtle soup
que si esto y que si lo otro	and then this and then that
A todo lo que da.	And everything else that goes on.
meseros	waiters
no se ocupan mucho	don't get too concerned
quitar	to remove
el tenedor	fork
lo apuñaló	he stabbed him
dejó caer el plato	he let the plate fall (dropped the plate)
dió un grito que quedó en el cielo	he screamed to high heaven
se iba a morir	was mortified
siguío comiendo	continued eating

Conversación 3 Una madre cuenta a un amigo una anécdota sobre su hijo.

lo que me ha sucedido	what has happened to me
se sienten un poco mal	they feel a little bad
se le ocurre	it occurs to him
rana	frog
el tamaño	size
afuera	outside
discusión	argument
cubo	pail, bucket
moscos	mosquitos
de al lado	next door
un dálmata	a Dalmatian

Capítulo 7
Conversación 1 Una señora y un señor regatean el precio de las naranjas en el mercado.

¿Qué se les ofrece, señor?	How can we help you, sir?
más grandecitas	a little larger
¿a cómo están?	how much are they?

mire	look
por unidad	singly
a media docena	by the half-dozen
docena entera	a whole dozen
¿Me las deja por 120?	Will you give them to me for 120?
Trancémonos	Let's compromise (agree on)
De acuerdo	OK, Agreed

Conversación 2 Un joven desea devolver los zapatos que compró pero el dependiente no quiere aceptarlos.

¿En qué le podemos servir?	How can we help you?
devolver	to return
me quedan	they fit me
apretados	tight
con un uso adecuado	after moderate use
iban a ceder	they would give, loosen
medias delgadas	light (thin) socks
un material...muy ordinario	a very . . . coarse material
cambió de gusto	you changed your mind
Me están doliendo los pies	My feet are hurting me
dueño	owner

Conversación 3 Un joven entra en una tienda en busca de un vestido para su novia.

¿en qué puedo servirle?	How can I help you?
ando buscando	I'm looking for
talle	figure, shape
parecido al suyo	similar to yours
de mangas largas	long-sleeved
por encima de la rodilla	over the knee
talla	size
apagado	dull, faded
descotado	low-cut neckline
seda	silk
ponérselo	to try it on
le queda	it fits you
me llevo	I'll take

Capítulo 8

Conversación 1 El paciente, después de oír el diagnóstico del médico, no quiere seguir sus recomendaciones.

análisis	tests
¿Cómo me le va...?	How's it going . . . ?
lo defina	defines you
un paciente de alto riesgo	a high-risk patient
infarto del corazón	heart attack
ya me puso esto nervioso	this is already making me nervous
medidas	measures
dejar la grasa	eliminate the fat (the greasy foods)
no me llena	doesn't fill me up
tenga conciencia de	be aware of
hacer ejercicio	to exercise

dejar a un lado	to put aside
la vida sedentaria	sedentary life-style
deportista	athlete
trotar	to jog
el trote	jogging
músculos	muscles
¡qué barbaridad!	what nonsense!
de la noche a la mañana	overnight
la natación	swimming
me arden los ojos	my eyes burn
el cloro	chlorine
las albercas	swimming pools (Mexico)
perseguir	to chase after

Conversación 2 Un joven necesita completar sus cursos y le pide consejo a su amiga sobre qué curso tomar.

me faltan	I need
actúa	act
crecer	to grow
aplicarse	to apply oneself
te has especializado	you majored
divertidos	fun
mientras más clases...	the more classes . . .
pues más interesantes	then the more interesting
ellos mismos	they themselves
rareces	peculiarities, eccentricities

Conversación 3 Un joven desea comenzar a trotar y le pide consejos a su amigo.

llevo cinco años trotando	I've been jogging for five years
mínimos	at least
sudaderas	sweat shirts
camisetas	T-shirts
zapatos cómodos	comfortable shoes
protegen	protect
los tobillos	ankles
las rodillas	knees
vestuario para correr	running wardrobe
millas	miles
no comienzas con lo que te dé el cuerpo	you don't go all out in the beginning
aumentando	increasing
te va a quedar molido el cuerpo	your body will feel worn out, sore

Capítulo 9
Conversación 1 Un joven cuenta las últimas noticias a su amigo sobre personas que ambos conocen.

la última noticia	the latest news
¿Ese suertudo?	That lucky guy?
¡Qué bárbaro!	What luck!
bobito	foolish
Ese tipo...	That guy . . .

Adivina	Guess
Una chusquita ella	She's a cute one
bajita	a little short
de ojos claros	with light eyes
él está yendo bien	he's doing well
lo ajució	he came to his senses
dejó	he stopped
el vicio de fumar y de tomar	his smoking and drinking habit
merecía	he deserved
gravísimo	very ill
hospitalizado	hospitalized
vesícula	bladder
cirugía	surgery
unidad de cuidado intensivo	intensive-care unit

Conversación 2 Tres amigos conversan sobre sus planes después de la graduación. Dos de ellos no tienen tan buenas noticias.

¡No me aguanto!	I can't stand it!
¡Qué felicidad salir de aquí!	How happy I am to be getting out of here!
extática	ecstatic
vendedora	salesperson
¡Estás hecha!	You've got it made!
¿Qué va a pasar aquí?	What's going to happen here?
lo único	the only thing
en la olla	in a lot of trouble, in a mess
fracasé	I failed
volver a tomar	to take over
el año entrante	next year
mientras tanto	meanwhile

Conversación 3 Dos amigos esperan impacientes a un amigo para entrar en el cine. El amigo, como siempre, llega tarde.

mira la hora que es	look what time it is
como de costumbre	as usual
perder la película	to miss the movie
no te impacientes	don't get impatient
¿qué horas de llegar son éstas?	What time is this to be arriving?
¡qué pena con ustedes!	I'm sorry for causing you trouble!
lo congestionado	how congested
disculpas	excuses
Esto todo es parte del paseo.	It's all part of the experience. These things happen.
no peleemos más	let's not argue anymore
de al lado	next door
la función de las nueve	the nine o'clock show
sigues enfadada	you're still angry
tranquilízate	calm down
gozar	to enjoy
Ya se me pasará.	I'll get over it.

Capítulo 10

Conversación 1 Tres amigos discuten las ventajas de las computadoras.

la desempaqué	I unpacked it.
la armamos	we set it up
juguete	toy
fiebre	fever
manejar	to handle
facilita	facilitates
pudieses haber hecho	you could have done
pérdida de tiempo	waste of time
cometes un error	you make a mistake
se queda	remains
cuentas	bills
cuentas de crédito	charge accounts
convirtiendo	becoming
computarizarse	to become computerized
utilizarla	to use it
aprovechar	to take advantage of
cuadrar la chequera	to balance your checkbook
girar un cheque	to draw a check
mentiras	lies
encima de eso	besides that
Trae un poco de jueguitos.	It comes with a few little computer games.
disparar	to shoot
ir a perder	to go on and lose
ponerse gordo	to become fat
he gozado	I've enjoyed
si las mejoran	if they improve them

Conversación 2 Dos amigos discuten la música. Uno prefiere la música clásica, el otro la popular.

aficionado	fond of
propósito	purpose
¡qué va!	Come on!, What nonsense!
mueve las masas	stirs the masses
le hierve la sangre a uno	it gets a person excited, it turns people on
la salsa	
el merecumbé	different types of Latin American music
la cumbia	
catalogados	classified
siglos	centuries
conjuntos	groups
Llena los estadios...	It fills the stadiums . . .
desconocer	disregard
eso no es del todo cierto	that's not entirely true
tiene mucho que ver	has a lot to do
el suceso	outcome, happening, event
sueños	dreams
se suena	sounds

Conversación 3 Dos jóvenes expresan opiniones diferentes sobre la televisión.

me identifiqué	I identified myself
participa con	takes part in
chévere	terrific, great
carcajada	laughter (outburst of)
estupidez	stupidity
tontísima	very foolish
ni siquiera	not even
risibles	laughable
hechos para tontos	made for fools
que si esto, que si lo otro	this and that
yo prendo	I turn on
lo emboba	it fascinates, hypnotizes you
cuadrito	little square box (TV screen)
me aburro	I get bored
embobecerme	to become stupid, hypnotize myself
embrutece	makes (one) dull, stupid
las noticias	news broadcasts
tonterías	foolishness
sinopsis	summary
canales	channels

Capítulo 11

Conversación 1 Un joven desea descansar oyendo música y su compañero quiere estudiar en silencio.

antes de que lo hagas	before you do it
te aviso	I warn you
sumamente	extremely
¿qué tiene de malo?	What's so bad about it?
te lo ruego	I'm asking (begging) you
relajarme	to relax
me facilita mucho	makes it much easier for me
me examino	I have an exam
¡qué poco considerado eres!	How inconsiderate you are!
tengo derecho	I have a right
Ya llevamos casi seis meses viviendo juntos	We've been living together now for six months
cedo	I give in
con tranquilidad	in peace, peacefully

Conversación 2 Una jovencita trata de convencer al padre de que la deje salir a bailar a una discoteca.

sino hasta	until
sanas	wholesome
zanahorio	archaic, "nerdy"
catano	old-fashioned

Conversación 3 Una señora desea comprar el horno de microonda rebajado que aparece en el periódico y la dependienta le dice que ya no hay.

en seguidita	at once
el anuncio	advertisement
hornos de microonda	microwave ovens
rebajados	reduced
en venta	on sale
¿Cómo va a ser?	How can that be (possible)?
Ya no quedan.	There aren't any more left.
¿Cómo que no quedan?	What do you mean there aren't any more left?
realización	sales event
fila	line
he manejado	I drove
atraer	to attract
se está pasando	you're going too far
acusando	accusing
estafar	to swindle, cheat
engañando	deceiving
comerciantes	salespeople
estafa	fraud
tratarla	to treat you
con la mayor educación	with the utmost courtesy
portándose	behaving

Capítulo 12

Conversación 1 Un grupo de estudiantes latinoamericanos en los Estados Unidos conversan sobre lo que les gusta y no les gusta del país y de sus costumbres.

no extrañan	don't you miss
me hace falta	I miss
añoro	I long for
uno se acostumbra	one gets used to
no sale el sol	the sun doesn't rise
se encierra	stay inside
profundas	deep
socializan	they socialize
no duré	I didn't {last} stay
una fiesta que de fiesta	a party, which is a party
parranda	good time, binge
espejos	mirrors
jugando tiro al dardo	playing darts
un par de	a couple of
locos borrachos	crazy drunks
por edades	by age groups
quinceañeros	fifteen-year olds

Conversación 2 El mismo grupo de estudiantes latinoamericanos siguen conversando sobre las cosas buenas y las cosas malas en los Estados Unidos.

se experimenta	one experiences
cuentas	bills
por correo	by mail

hacer cola	to form a line
confiar	to trust
que le corresponde	that he/she is responsible for
se especializa	specialize in
ni siquiera	not even
cajero	teller
te atiende	serves (helps) you
métodos de comunicación	means of communication
vías de comunicación	communication channels
comodidades	comforts
carretera	highway
consigues	you get
descuentos	discounts
dolores de estómago	stomach aches
perros calientes	hot dogs
sirvienta	maid
marcar	to dial
funciona	it works

Conversación 3 Los mismos estudiantes latinoamericanos siguen conversando...

prejuicios	prejudices
sistema educativo	educational system
sistema de salud	health-care system
te atienden	they treat (help) you
el que (no) esté en la olla, quiere estar afuera y el que está afuera, le gustaría adentro	the grass is always greener on the other side of the fence
no se llevan los unos con los otros	they don't get along with each other
tenemos suerte	we're lucky
enriquece	enriches
ventaja	advantage
autosuficientes	self-sufficient
por fuera	on the outside